Die Frau im Recht des Nationalsozialismus

Eine Analyse ihrer familien-, erb- und arbeitsrechtlichen Stellung

Europäische Hochschulschriften

Publications Universitaires Européennes
European University Studies

Reihe II

Rechtswissenschaft

Série II   Series II

Droit
Law

Bd./Vol. 699

Verlag Peter Lang
Frankfurt am Main · Bern · New York · Paris

Cosima König

Die Frau im Recht des Nationalsozialismus

Eine Analyse ihrer familien-, erb- und arbeitsrechtlichen Stellung

Verlag Peter Lang
Frankfurt am Main · Bern · New York · Paris

CIP-Titelaufnahme der Deutschen Bibliothek

König, Cosima:

Die Frau im Recht des Nationalsozialismus : e. Analyse ihrer familien-, erb- u. arbeitsrechtl. Stellung / Cosima König. - Frankfurt am Main ; Bern ; New York ; Paris : Lang, 1988.
(Europäische Hochschulschriften : Reihe 2, Rechtswissenschaft ; Bd. 699)
Zugl.: Bielefeld, Univ., Diss., 1987
ISBN 3-8204-1018-X

NE: Europäische Hochschulschriften / 02

D 361
ISSN 0531-7312
ISBN 3-8204-1018-X

Printed in Germany

Abstract

Die Arbeit befaßt sich mit der Stellung der Frau im Recht des Nationalsozialismus unter besonderer Berücksichtigung des Familien-, Erb- und Arbeitsrechts. Die Betonung lag bei der Bearbeitung des Stoffes darauf, die geschlechterspezifischen Besonderheiten in den einzelnen Rechtsgebieten aufzuzeigen. Insbesondere im Familienrecht und dort in dem Teilbereich des Scheidungs- und Scheidungsfolgerechts stellte sich heraus, daß die nationalsozialistische Rechtsprechung und Gesetzgebung - erstere zum Teil im Wege richterlicher Rechtsfortbildung - seit 1933 zwecks "Erhaltung und Mehrung der deutschen Rasse" bevölkerungspolitische Aspekte in den Vordergrund rückte. Naturgemäß waren Frauen von dieser Bevölkerungspolitik besonders stark betroffen.

Inhaltsverzeichnis

Literaturverzeichnis

Achilles-Greiff, Kommentar - BGB
15. Aufl., Berlin 1939
16. Aufl., Berlin 1941

Aleff, Eberhard (Hrsg.), Das Dritte Reich
16. Aufl., Hannover 1970

Amtliche Begründung des Gesetzesentwurfs des Gesetzes gegen Mißbräuche bei der Eheschließung und Annahme an Kindes Statt in: DJ, 33, 765

Amtliche Begründung zu dem Gesetz über die Vereinheitlichung des Rechts der Eheschließung und der Ehescheidung im Lande Österreich und im übrigen Reichsgebiet vom 6. Juli 1938 (RGBl. I, 807) abgedr. in: DJ 38, 1102 ff.
Zit.: Amtliche Begründung zum EheG 38

Amtliche Begründung zur Verordnung über die neue Fassung der Arbeitszeitordnung und über andere arbeitszeitrechtliche Vorschriften. Abgedr. in: Rohmer, Arbeitszeitordnung und Jugendschutzgesetz, 5. Aufl., München, Berlin 1939, S. 295 f.
Zit.: Amtliche Begründung zur AZO 38, abgedr. in: Rohmer

Arbeitswissenschaftliches Institut der DAF (Hrsg.), Die Einsatzfähigkeit von Arbeitskräften für Fließbandarbeit, Jahrbuch 1939, Db. I, S. 446 ff.

Arbeitswissenschaftliches Institut der DAF (Hrsg.), Zum Arbeitseinsatz der Frau in Industrie und Handwerk Jahrbuch 1940/41, Bd. I, S. 383

Auert, Hermann, Die Eheauflösung im neuen deutschen Recht, Berlin 1936

Bajohr, Stefan, Die Hälfte der Fabrik. Geschichte der Frauenarbeit 1914-1945, Marburg 1979

Bauer, Berlin, Die Frau in der gewerblichen Arbeit unter Berücksichtigung ihrer Konstitution und häuslichen Pflichten, in: RArbBl. 1941, III, S. 278 ff.

Bauer, Duisburg, Arbeitszeit und Pausenregelung für die Frau, in: RArbBL. 1941, III, S. 285 ff.

Baumecker, Otto, Handbuch des Großdeutschen Erbhofrechts, 4. Aufl., Köln 1940

Barth, Heinrich, Die Erfahrungen mit § 55 Ehegesetz und ihre rechtspolitischen Lehren, in: DR 39, S. 470 ff.

Beitzke, Günther, Familienrecht. 23. Aufl., München 1983

Berlitz, Erich, Ehestandsdarlehen. Berlin 1940

Bleuel, Hans Peter, Das saubere Reich. Theorie und Praxis des sittlichen Lebens im Dritten Reich, Bern 1972

Blunck, Max, Die Unterhaltspflicht des schuldig geschiedenen Ehemannes nach dem Gesetz vom 8. Juli 1938, in: JW 38, 3147

Boehmer, Gustav, Zur Neuordnung der privatrechtlichen Formen des Familienunterhalts, in: Zeitschrift der Adademie für Deutsches Recht, 8. Jahrgang 1941, S. 46 ff.

Zur nachträglichen (postmortalen) Eheschließung und Ehescheidung, in: ACP 150 (1949), S. 234 ff.

Bohn, August, Das Reichserbhofgesetz, Baden-Baden 1937

Bracher, Sauer, Schulz, Die nationalsozialistische Machtergreifung - Studien zur Errichtung des totalitären Herrschaftssystems in Deutschland 1933/34, Köln 1960

Bracher, Karl Dietrich, Stufen der Machtergreifung in: Bracher, Sauer, Schulz: Die nationalsozialistische Machtergreifung, Köln 1960, S. 31 ff.

Brandis, Ernst, Die Gesetzgebung auf dem Gebiete des Familienrechts, DJ 35, S. 368 ff.

Brünneck, von, Wiltraut, Die Industriearbeiterin im Recht in: DR 38, S. 96 ff.

Buch, Walter, Gedanken um das Familienrecht, in: DR 34, S. 145 ff.

Bulla/Buchner, Mutterschutzgesetz, Kommentar. 5. Aufl., München 1981

Bundesgeschäftsstelle der CDU (Hrsg.), Niederschrift des 33. Bundesparteitages der Christlichen Demokratischen Union Deutschlands, Essen, 19.-22. März 1985

Bundesminiser für Jugend, Familie und Gesundheit (Hrsg.), Frauen in der Bundesrepublik Deutschland, Bonn 1984

Buresch-Riebe, Ilse, Frauenleistung im Kriege. Berlin 1942

Burgdörfer, Friedrich, Bevölkerungspolitik und Steuerrecht, in: DR 35, S. 249 ff.

Butterwegge, Karl, Die Ehefrau im Reichserbhofrecht, Würzburg 1935

Cammerer, Neues bürgerliches Recht nach dem Reichserbhofgesetz, in: DJZ 34, S. 254 ff.

Creifelds, Carl, Kann dem Unterhaltsanspruch der geschiedenen Frau mit dem Hinweis auf ihre Arbeitspflicht begegnet werden?
in: JR 49, S. 135 ff.

Damm, Christiana, Die Stellung der Ehefrau und Mutter nach Urteilen des Reichsgerichts von 1879-1914. Eine Untersuchung zum Spannungsverhältnis zwischen dem Ideal der Gleichberechtigung und der von Recht und Ideologie legitimierten sozialen Wirklichkeit. Diss., Marburg 1983

Danner, Susanna, Kinder, Küche, Kriegsarbeit - Die Schulung der Frauen durch die NS-Frauenschaft,
in: Frauengruppe Faschismusforschung, Mutterkreuz und Arbeitsbuch, S. 215 ff.

Danzer, Klaus, Frauenarbeit und Geburtenfrage
in: DR 38, S. 109 ff.

Dahm, Georg, Grundfragen der neuen Rechtswissenschaft, Berlin 1935

Darré, Walter, Das Bauerntum als Lebensquell der nordischen Rasse, 6. Aufl., München 1937

Neuadel aus Blut und Boden, München 1930

Deutscher Juristinnenbund (Hrsg.), Juristinnen in Deutschland. Eine Dokumentation (1900-1984),
München 1984

Diedrich, Der Beruf der Frau zur Rechtsprechung,
in: DJZ 33, S. 1255 ff.

Dölle, Hans, Das Bundesgesetz über die Rechtswirkungen der nachträglichen Eheschließung, in: JZ 51, S. 291 ff.

Die nachträgliche Eheschließung, in: DRZ 1947, S. 39 ff.

Lehrbuch des Reichserbhofrechts, 2. Aufl., München 1939

Domarus, Max, Hitler. Reden und Proklamationen
Bd. 1.1. 1932 - 34
1.2. 1935 - 38
2.1. 1939 - 40
2.2. 1941 - 45
München 1965

dtv-Lexikon, Ein Konversationslexikon in 20 Bänden.
Nördlinen 1975

Eben-Servaes, Ilse, Die Frau und Mutter im nationalsozialistischen Familienrecht,
in: DR 38, S. 90 ff.

Eggener, Elfriede, Die Frau im öffentlichen Leben,
in: DR 38, S. 92 ff.

Elling, Hanna, Frauen im Deutschen Widerstand 1933-45,
3. Aufl., Frankf./M. 1981

Erffa, Margarethe Freiin von, Das neue Eherecht,
Berlin 1940

Fallheyer, Gestaltung des Transportes durch Frauen in der Textilindustrie, in: RArbBl., 1941, III, S. 313 ff.

Felgentraeger, Wilhelm, Zur Erneuerung des Ehegüterrechts, in: Jahrbuch der Akademie f. deutsches Recht 1937, S. 71 ff.

Fest, Joachim C., Das Gesicht des Dritten Reiches, München 1964

Hitler. Eine Biographie, Frankfurt a.M., Berlin, Wien 1973

Fieberg, Gerhard, Justiz im nationalsozialistischen Deutschland, Hrsg. v. Bundesministerium der Justiz, Bundesanzeiger Köln 1984

Fischer-Henle, Bürgerliches Gesetzbuch (Kommentar) München 1927

Fraenkel, Ernst, Der Doppelstaat. Recht und Justiz im "Dritten Reich", Frankfurt/M., 1984
Original: New York 1941

Frank, Hans (Mitarbeiter), Nationalsozialistisches Handbuch für Recht und Gesetzgebung, München 1935
zit.: Mitarbeiter, abgedr. in: Frank NS-Handbuch

Rede vor einer Studentinnengruppe über die Stellung der Frau im Rechtswahrerberuf; abgedr. unter der Rubrik "Aus der deutschen Rechtsfront", JW 37, S. 1619

Frantz, Richtung und Grundgedanken der reichsgerichtlichen Rechtsprechung zum Ehegesetz, in: DR 41, S. 1028 ff.

Frauengruppe Faschismusforschung (Hrsg.), Mutterkreuz und Arbeitsbuch: Zur Geschichte der Frauen in der Weimarer Republik und im Nationalsozialismus, Frankfurt/M. 1981

Freisler, Roland, Die Aufgaben der Reichsjustiz entwickelt aus der biologischen Rechtsauffassung, in: DJ 35, S. 468 ff.

Die Ausbildung des Juristen, in: DJ 33, S. 462 f.

Der nationalsozialistische Kämpfer in der Justiz, in: DJ 33, S. 382 ff.

Volk, Richter, Recht, in: DJ 35, S. 1160 ff.

Vom alten zum neuen Ehescheidungsrecht. Kritik, Vorschlag, Begründung. Unter Mitwirkung von Dr. Schönke u. Dr. Bodo Richter, Berlin 1938

Fritzsche, Die gesetzgeberischen Maßnahmen zur Förderung u. zum Schutze der Wirtschaft, in: Frank, NS-Handbuch, S. 572 ff.

Furler, Hans, Der Unterhaltsanspruch des geschiedenen Ehegatten, Berlin 1941

Gersdorff, Ursula von, Frauen im Kriegsdienst 1914-1945, Stuttgart 1969

Gernhuber, Joachim, Lehrbuch des Familienrechts 3. Aufl., München 1980

Gerke, Rasse und Recht, in: Frank, NS-Handbuch S. 11 ff.

Gerhardt, Johannes, Deutsche Arbeits- und Sozialpolitik 2. Aufl., Berlin, 1944

Geiersbach, Karl, Die gesetzlichen Versorgungsansprüche des Reichserbhofgesetzes (Diss.), Köln 1936

Gförer, Das Recht der Familie im Dritten Reich, in: DR 34, S. 151 ff.

Gitter, Wolfgang, Gleichberechtigung der Frau: Aufgaben und Schwierigkeiten - Eine Erörterung über ein "Antidiskriminierungsgesetz" in: NJW 84, S. 1567 ff.

Göring, Hermann, Über die Vereinheitlichung der Justiz. Rede des Preußischen Ministerpräsidenten beim Staatsakt am 2.4.35 zum Tage der Verreichlichung der Justiz, abgedr. in: DJ 35, S. 536 ff.

Gröninger, Karl; Thomas, Werner, Mutterschutzgesetz, Kommentar, in: Der Wirtschaftskommentar, Frankfurt/Main 1982

Grunau, Ehetauglichkeit, in: Jahrbuch der Akademie für deutsches Recht 1936, S. 237.

Grundmann, Friedrich, Agrarpolitik im Dritten Reich. Anspruch und Wirklichkeit des Reichserbhofgesetzes, Hamburg, 1979

Gülland, Paul, Das Reichserbhofrecht, Berlin 1935

Gürtner, Franz, Über den Unterhaltsanspruch der geschiedenen Frau, in: DR 39, S. 467 ff.

Gütt/ Linden/ Maßfeller, Blutschutz- und Erbgesundheitsgesetz, München 1936

Hagemeyer, Hans, Frau und Mutter - Lebensquell des Volkes, 2. Aufl., München 1942

Hase, Die Bäurin im Anerbenrecht, in: JW 34, S. 389 ff.

Härtling, Else, Die Lage der erwerbstätigen Frau unter besonderer Berücksichtigung der gehobenen Berufe und der arbeitseinsatzpolitischen Fragen. Diss., Heidelberg 1941

Hattenhauer, Hans, Die geistesgeschichtlichen Grundlagen des deutschen Rechts. Zwischen Hierarchie und Demokratie - Eine Einführung, 2. Aufl., Heidelberg, Karlsruhe 1980

Heitmeyer, Die Rechtstellung der Bäurin nach dem Tode des Bauern nach dem REG, Diss. Bonn 1936

Hennig, Franz, Das Reichserbhofrecht, Berlin 1935

Herwig, Renate, Gemeinschaft u. Frauenarbeitsdienst, Diss. (jur.), Jena 1935

Hipfinger, Harald, Vom Reichserbhofrecht. Ziel und Inhalt des Reichserbhofgesetzes, Berlin 1938

Hirsch, Martin; Mayer, Diemut; Meinck, Jürgen (Hrsg.), Recht, Verwaltung und Justiz im Nationalsozialismus. Ausgewählte Schriften, Gesetze und Gerichtsentscheidungen von 1933 bis 1945, Köln 1984

Hitler, Adolf, Die Reden des Führers. Rückschau auf den Parteitag der Ehre, in: DJ 36, S. 1385 ff., 1391

Mein Kampf, München, Ausgabe 1941

Hofer, Walther (Hrsg.), Der Nationalsozialismus, Dokumente 1933-1945, Frankfurt/M. 1957

Hoffmann/Stephan, Ehegesetz (Kommentar), München 1950

Holzhauer, Heinz, Die Scheidungsgründe in der nationalsozialistischen Familienrechtsgesetzgebung, in: NS-Recht in historischer Perspektive, Kolloquium des Instituts für Zeitgeschichte, S. 53 ff., München, Wien 1981

Horst, Arbeitsschutz bei der Frauenarbeit, in: RArbBl. 1941, III, S. 271 f.

Die Frauenarbeit in den gewerblichen Betrieben und ihre Beschränkung, in: RArbBl. 1941, III, S. 274 ff.

Erfahrungen beim Einsatz der Frau in den Betrieben vom Standpunkt des Arbeitsschutzes, in: RArbBl. 1941, III, S. 324 ff.

Jamrowsky, Otto (Hrsg.), Handbuch des Betriebsführers, 2. Aufl., Berlin 1941

Jobst, Hans-Dietrich, Das Reichserbhofgesetz im Vergleich mit älteren deutschen Anerbenrechten, Diss., Würzburg 1936

Jonas, Martin, Zum neuen Ehescheidungsrecht, in: Festschrift für Bumke, Berlin 1939, S. 203 ff.

Der Unterhalt der geschiedenen Ehegatten, in: DR 41, S. 755 ff.

Kirschenmann, Dietrich, "Gesetz" im Staatsrecht und in der Staatsrechtslehre des Nationalsozialismus, Berlin 1970

Kirstaedter, Horst, Der Erbbegriff und die Rechtsstellung des Erben im Erbhofrecht, Diss., Berlin 1937

Klaus, Martin, Mädchen im Dritten Reich, Der Bund Deutscher Mädel (BDM), Köln 1983

Kleinewefers, Anneliese, Ehefrau und ehemänliches Entscheidungsrecht, Diss., Düsseldorf 1939

Klinksiek, Dorothee, Die Frau im NS-Staat. Schriftenreihe der Vierteljahreshefte für Zeitgeschichte, Nr. 44, Stuttgart 1982

Krämer, Friedrich Eduard, Die vermögens- und erbrechtliche Stellung der Ehefrau im Erbhofrecht, Diss., Lippstadt 1937

Kranig, Andreas, Arbeitsrecht im NS-Staat, Texte und Dokumente, Köln 1984, zit.: Kranig, Arbeitsrecht

Lockung und Zwang, Zur Arbeitsverfassung im Dritten Reich, Stuttgart 1983, zit.: Kranig, Lockung und Zwang

Kremer, Betriebsschutz und Frauenarbeit - Arbeitsplatzgestaltung - Arbeitskleidung, in: RArbBl., 1941, III, S. 287 ff.

Kuczinski, Jürgen, Studien zur Geschichte der Arbeiterin in Deutschland von 1700 bis zur Gegenwart, Berlin/DDR 1963

Kühl, Josef, Die Rechtsnatur der Anerbenfolge nach dem Reichserbhofgesetz und den Landesanerbengesetzen, Diss., Bochum 1938

Kühnl, Reinhard, Der deutsche Faschismus in Quellen und Dokumenten, Köln 1975

Kuhn, Annette; Rothe, Valentine, Frauen im deutschen Faschismus
Band 1: Frauenpolitik im NS-Staat
Band 2: Frauenarbeit und Frauenwiderstand im NS-Staat
2. Aufl., Düsseldorf 1983

Landmanns/ Rohmer, Kommentar zur Gewerbeordnung für das Deutsche Reich, 8. Aufl., München 1932,
2. Band, 2. Teil

Lange, Heinrich, Nationalsozialismus und Bürgerliches Recht, in: Frank, NS-Handbuch, S. 933 ff.

Die Ordnung der gesetzlichen Erbfolge
(2. Denkschrift des Erbrechtsausschusses der Akademie für Deutsches Recht), Tübingen 1938

Lange-Wulf, Höfeordnung, Kommentar, 6. Aufl, München 1965

Larenz, Karl: Grundsätzliches zum Ehescheidungsrecht, in: DR 37, S. 184 ff.

Lauterbach, Die Pflicht der geschiedenen und getrennt lebenden Ehefrau zur Übernahme einer Erwerbstätigkeit, in: DR 40, S. 1543 ff.

Leiß, Großdeutsches Abstammungsrecht, Berlin Leipzig Wien 1943

Lück, Magret, Die Frau im Männerstaat. Die gesellschaftliche Stellung der Frau im Nationalsozialismus, Eine Analyse aus pädagogischer Sicht, Frankfurt/M. 1979

Marawske-Birkner, Lilli, Der weibliche Arbeitsdienst. Seine Vorgeschichte und gegenwärtige Gestaltung, Leipzig 1942

Mason, Timothey W., Arbeiterklasse und Volksgemeinschaft, Dokumente und Materialien zur deutschen Arbeiterpolitik 1936-1939, Opladen 1975

Sozialpolitik im Dritten Reich. Arbeiterklasse und Volksgemeinschaft, Opladen 1977

Zur Lage der Frauen in Deutschland 1930-1940: Wohlfahrt, Arbeit, Familie
in: Gesellschaft, Beiträge zur Marxschen Theorie 6, Frankfurt 1976, S. 118 ff.

Maßfeller, Franz, Familienrecht für Standesbeamte.
Band 1: Das Innerstaatliche Recht der Bundesrepublik Deutschland, 3. Aufl., Frankfurt a.M., Berlin 1964

Das neue Ehegesetz, Berlin 1938
zit.: Maßfeller, Ehegesetz

Sittlichkeit im Familienrecht, in: DJ 33, S. 752 f.

Die Auswirkungen des Gesetzes zur Verhütung erbkranken Nachwuchses, in: DJ 35, S. 780ff. (mit Statistiken über Sterilisationen)

Das Erbgesundheitsgesetz und die erste Durchführungsverordnung hierzu, in: DJ 35, S. 1875 f.

Meier-Scherling, Anne-Gudrun, Die Benachteiligung der Juristin zwischen 1933 und 1945, in: DRiZ 75, S. 10 ff.

Meisel, Peter G.; Hiersemann, Walter, Arbeitszeitordnung, Kommentar, 2. Aufl., München 1977

Messer, Die Unterhaltspflicht des schuldig geschiedenen Ehemannes nach dem Gesetz vom 6.7.38, in: DR 41, S. 2793 ff.

Mestwerdt, Reinhard, Das Sozialbild der Ehe im Spiegel der Gesetzgebung u. Rechtsprechung der letzten 150 Jahre Diss., Göttingen 1961

Meyer, Wilhelm, Westfälisches Anerbenrecht (Gesetz vom 2. Juli 1898), Bielefeld 1931

Mitteis, Heinrich, Die Ehe in der Rechtsprechung des Reichsgerichts, in: Reichsgerichtspraxis im deutschen Rechtsleben, Festgabe der juristischen Fakultät zum 50jährigen Bestehen des Reichsgerichts, Bd. III, Berlin 1929, S. 180 ff.

Mößmer, Ferdinand, Familien-einschließlich Eherecht, in: Jahrbuch der Akademie für Deutsches Recht I, 1933/34, S. 198, Berlin 1934

Neugestaltung des deutschen Ehescheidungsrechts, Berlin 1935

Neugestaltung des Ehescheidungsrechts, in: JW 36, S. 353 ff.

Münchener Kommentar zum Bürgerlichen Gesetzbuch, Hrsg. Rebmann u. Säcker, Band 5: Familienrecht, München 1978 zit.: Münchener Kommentar, Bearbeiter

Noack, Erwin, Kommentar zur Reichs-Rechtsanwaltsordnung i.d.F. v. 21.2.1936, 2. Aufl., Leipzig 1937

Oekinghaus, Emma, Die gesellschaftliche und Rechtliche Stellung der deutschen Frau, Jena 1925

Palandt, BGB 2. Aufl. (unverändert) 1939
6. Aufl. 1944 m. EheG 38
7. Aufl. 1949
44. Aufl. 1985 m. EheG 46
zit.: Palandt, Bearbeiter

Pax; Raffauff; Schroedel (Hrsg.), Sonderdruck aus dem Handbuch für Mittelschulen, Halle, S. ohne Jahrgang

Peter, Rolf, Bevölkerungspolitik, Erb- und Rassenpflege in der Gesetzgebung des Dritten Reiches, in: DR 37, S. 235 ff.

Pfundtner / Neubert, Das neue Deutsche Reichsrecht, Band II b: Bürgerliches u. Handelsrecht 1933-1944

Picker, Henry, Hitlers Tischgespräche im Führerhauptquartier Stuttgart 1976

Pilz, Sozialpolitische Forderungen bei der Beschäftigung von Frauen in der Industrie, in: RArbBl. 1941, III, S. 316 ff.

Quante, Das Einkommensteuergesetz, in: Archiv für Bevölkerungswissenschaft und -politik 1935, S. 35 ff.

Ramm, Thilo, Eherecht und Nationalsozialismus, in: Klassenjustiz u. Pluralismus, Festschrift für Ernst Fraenkel, Hamburg 1973, S. 151-166, zit.: Ramm, Eherecht

Das nationalsozialistische Familien- und Jugendrecht Heidelberg 1984

Regelinis/Westphal (Hrsg.), Die Frau im politischen Plakat Berlin 1979

RGRK Das Bürgerliche Gesetzbuch mit besonderer Berücksichtigung der Rechtsprechung des Reichsgerichts - Kommentar, Band IV, Familienrecht
1. Aufl., Leipzig 1910
8. Aufl., Berlin 1935
9. Aufl., Berlin 1940
10./11. Aufl., Berlin 1968
zit.: RGRK, Bearbeiter

Reichenau, Charlotte von, Frauenarbeit im Dritten Reich: Einschränkende Bestimmungen nach der Machtübernahme (1937), in: Die Frau in der Gesellschaft, Frühe Texte, Frauenarbeit und Beruf, Hrsg. Gisela Brinker-Gabler, Frankfurt 1979, S. 364 ff.

Reichsjugendführung (Hrsg.), Mädel im Dienst, Jungmädelsport

Rexroth, Das neue Recht der Ehescheidung, in: JW 38, S. 2080 ff.

Richter, Bodo; Völker, Hans, Das Deutsche Eherecht, Berlin 1940

Rilkmann, Anmerkung zum Urteil RGJW 39, S. 156 ff. in: JW 39, S. 158 f.

Rohmer, Gustav, Arbeitszeitordnung und Jugendschutzgesetz 5. Aufl., München, Berlin 1939

Ronzcki, von; Hoewel von, Das Gesetz gegen Mißbräuche bei der Eheschließung und Annahme an Kindes Statt vom 23.11.1933, in: DRZ 34, S. 151

Roquette, Hermann, Eheaufhebung und Ehescheidung, Berlin 1938

Anmerkung zu: RG DR 40, S. 2243f., in: DR 40, S. 2244

Rosenberg, Alfred, Der Mythos des 20. Jahrhunderts. Eine Wertung der seelisch-geistigen Gestaltenkämpfe unserer Zeit, München 1930

Zum Muttertag 1935, in: DJ 35, S. 729

Rosten, Curt, Das ABC des Nationalsozialismus, 5. Aufl., Berlin 1933

Rühle, Gerd, Das Dritte Reich, Band I-V, Berlin 1934 - 1938

Rüthers, Bernd, Die unbegrenzte Auslegung-Zum Wandel der Privatrechtsordnung im Nationalsozialismus, Frankfurt/M., 1973

Rumpf, Ehezerrüttung und Witwenpension, in: DR 42, S. 830 ff.

Said, Erika, Zur Situation der Lehrerinnen in der Zeit des Nationalsozialismus, in: Frauengruppe Faschismusforschung, (Hrsg.), Mutterkreuz und Arbeitsbuch, S. 105 ff.

Saure, Wilhelm (Hrsg.), Das Reichserbhofgesetz, Berlin 1933

Das Reichserbhofgesetz, in: Frank, NS-Handbuch, S. 1054 ff.

Scanzoni, Gustav von, Das großdeutsche Ehegesetz vom 6. Juli 1938, Kommentar,
2. Aufl., Berlin 1939
3. Aufl., Berlin 1943,
zit.: Scanzoni, Ehegesetz

Eheschutz für gealterte Frauen
in: DR 42, S. 60 ff.

Scheidung ohne Verschulden, 3. Aufl., Berlin 1943

Schätzel, Walter, Nochmals die nachträgliche Eheschließung
in: DRZ 47, S. 214 ff.

Schenkel, Karl, Deutsche Gewerbeordnung nebst Vollzugsvorschriften, 2. Band,
2. Aufl., Karlsruhe 1894

Schmidt, F.H., Ausnahmen vom Arbeitsschutz,
in: RArbBl. 1939, III, S. 295 f.

Schmidt/Bauer, Mutterschutzgesetz, Leipzig 1944

Schmidt, Marita/ Dietz, Gabi (Hrsg.), Frauen unterm Hakenkreuz, Eine Dokumentation,
Berlin 1985

Schneider, Richard; Wolkersdörfer, Hans, Arbeitszeitordnung vom 26.7.1934, Berlin, Leipzig 1937

Schreiber-Lobbes, Karl, Die Rechtstellung der Ehefrau im Erbhofrecht, Diss. Köln 1936

Schröder, Die Rechtstellung der Ehefrau im REG,
Breslau 1935

Schubert, Helmut, Bevölkerungspolitische Maßnahmen und der Familienlastenausgleich, in: DR 37, S. 231 ff.

Schüler, Georg, Der Ehegatten-Erbhof, Leipzig 1938

Schumann, Hans Gerd, Nationalsozialismus und Gewerkschaftsbewegung, Hannover 1958

Sering, Max, Erbhofrecht und Entschuldung unter rechtsgeschichtlichen, volkswirtschaftlichen und biologischen Gesichtspunkten, Altenburg/Thüringen 1934

Syrup, Friedrich Verordnung über die Arbeitszeit vom 21. Dezember 1923, Berlin 1924

Siebert, Wolfgang, Das Recht der Familie u. die Rechtstellung der Volksgenossen, 3. Aufl., Berlin 1944

Skaupy, Walter, Wann ist die geschiedene Frau nach dem neuen Ehegesetz zur Übernahme einer Erwerbstätigkeit verpflichtet, in: DR 39, S. 344 ff.

Soergel, Bürgerliches Gesetzbuch mit Einführungsgesetz und Nebengesetzen - Kommentar, Band 3, 6. Aufl., Stuttgart 1937

Staudinger, Kommentar zum Bürgerlichen Gesetzbuch und dem Einführungsgesetz, IV. Band Familienrecht, 1. Teil, 9. Aufl., München 1926 zit.: Staudinger, Bearbeiter

Steinhoff, Der Zerrüttungsgrundsatz in der Geschichte des deutschen Ehescheidungsrechts, In: DWR 39, S. 302 ff.

Stolleis, Michael, Gemeinwohlformeln im nationalsozialistischen Recht, Berlin 1974

Thalmann, Rita, Frausein im Dritten Reich, München, Wien 1984

Thiersch, Das Recht der Familie im Dritten Reich, in: JW 34, S. 1625 ff.

Tidl, Georg, Die Frau im Nationalsozialismus, Wien 1984

Triebel, Heinz, Die wirtschaftliche Stellung der deutschen Ehefrau in Vergangenheit, Gegenwart und Zukunft, Halle (Saale) 1936

Tröger, Annemarie, Die Frau in ihrem wesensmäßigen Einsatz, in: Frauengruppe Faschismusforschung (Hrsg.), Mutterkreuz und Arbeitsbuch, S. 246 ff., Frankfurt a.M. 1981

Türcke, Niedenfuhr, Winter, Das Bürgerliche Recht - Kommentar, 3. Aufl., Berlin 1911

Volkmar, Antoni, Fischer, Rexroth, Ans, Großdeutsches Eherecht, Kommentar zum Ehegesetz vom 6. Juli 1938, München 1939

Vogels, Werner, Reichserbhofgesetz v. 29. September 1933 4. Aufl., Berlin 1937

Wagemann, Gustav; Hopp, Karl, Reichserbhofgesetz v. 29.9.33, Berlin 1935

Walter, Toni, Die rechtliche Stellung der Bäurin, in: DR 38, S. 98 ff.

Warneyer, Otto, Das Bürgerliche Gesetzbuch für das deutsche Reich, 9. Aufl., Berlin 1940

Weinkauff, Hermann, Die deutsche Justiz und der Nationalsozialismus - Ein Überblick
in: Die deutsche Justiz u.d. Nationalsozialismus, Hrsg. Institut für Zeitgeschichte, Stuttgart 1968

Weiß, Hans, Die Familie im 3. Reich, in: DR 34, S. 156 ff.

Weyrather, Irmgard, Numerus Clausus für Frauen - Studentinnen im Nationalsozialismus,
in: Frauengruppe Faschismusforschung (Hrsg.), Mutterkreuz und Arbeitsbuch, S. 131 ff.,
Frankfurt a.M. 1981

Winkler, Dörte, Frauenarbeit im Dritten Reich, 1. Aufl., Hamburg 1977

Wittrock, Christine, Weiblichkeitsmythen. Das Frauenbild im Faschismus und seine Vorläufer in der Frauenbewegung der 20er Jahre, Frankfurt 1983

Wöhrmann, Otto, Das Reichserbhofrecht zum Anerben.
Berlin 1934

Vom Anerbenrecht der Töchter nach dem Reichserbhofgesetz, in: JW 36, S. 548 f.

Zeitler, Ralf; Staenicke, Ernst (Hrsg.), Das Neue Deutsche Arbeitsrecht seit der Machtübernahme durch die nationalsozialistische Regierung.
Stuttgart, Berlin 1934

Ziehlke, Lilli, Die Rechtstellung der germanischen Frau
in: DR 38, S. 101 ff.

Zimmer, Die Rechtsgeschäfte des Erbhofrechts, 2. Aufl., Berlin 1937

Zweigert, Konrad, Gewohnheitsrecht und Ordre public, in: DRZ 1948, S. 113 ff.

Abkürzungsverzeichnis

a.A.	anderer Ansicht
abgedr.	abgedruckt
Abs.	Absatz
AcP	Archiv für die civilistische Praxis
a.F.	alte Fassung
a.E.	am Ende
ähnl.	ähnlich
allg.	allgemein
AN	Arbeitnehmer
Anm.	Anmerkung
AnO	Anordnung
AOG	Gesetz zur Ordnung der Nationa Arbeit vom 20.1.1934, RGBl I, ff.
arg.e.	argumentum ex
Art	Artikel
Aufl.	Auflage
AZO	Arbeitszeitordnung
AZO34	Verordnung über die neue Fass der Arbeitszeitordnung 26.7.1934, RGBl. I, 803 ff.
AZO 38	Verordnung über die neue Fass der zeitrechtlichen Vorschrif vom 30.4.1938, RGBl. I, 446 ff.
Bd.	Band
betr.	betreffend
BGB	Bürgerliches Gesetzbuch i.d.F. 18.8.1896, RGBl. I, 195 ff; BG Bundesgesetzblatt
BNSDJ	Bund Nationalsozialistischer De scher Juristen
bzgl.	bezüglich
bzw.	beziehungsweise
etc.	et cetera

DAF	Deutsche Arbeitsfront
DGWR	Deutsches Gemein- und Wirtschaftsrecht, (Jahr und Seite)
Diss.	Dissertation
DJ	Deutsche Justiz (Jahr und Seite)
DJZ	Deutsche Juristen Zeitung (Jahr und Seite)
Dok.	Dokumente
DR	Deutsches Recht (Jahr und Seite)
DRZ	Deutsche Rechtszeitung (Jahr und Seite)
DRiZ	Deutsche Richter Zeitung (Jahr und Seite)
d. Verf.	die Verfasserin
DVO	Durchführungsverordnung
ED-DVO	1. Durchführungsverordnung zur Gewährung von Ehestandsdarlehen vom 20.6.1933, RGBl., I, 337 ff.
EGBGB	Einführungsgesetz zum Bürgerlichen Gesetzbuch vom 18.8.1896, RGBl. I, 604 ff.; BGBl. III, 4, Nr. 400-1
EheG	Ehegesetz
EheG 38	Gesetz zur Vereinheitlichung des Rechts der Eheschließung im Lande Österreich und im übrigen Reichsgebiet vom 6.7.1938, RGBl. I, 807 ff.
EheG 46	Ehegesetz vom 20.2.1946, BGBl. II, 4, Nr. 404-1
EHFV	Verordnung zur Fortbildung des Erbhofrechts (Erbhofrechtsfortbildungs VO) vom 30.9.1943, RGBl. I, 549 ff.
EHRV	Erbhofrechtsverordnung vom 23.12. 1936, RGBl. I, 1071 ff.
Einl.	Einleitung

EStG	Einkommensteuergesetz vom 16.10. 1934, RGBl., I, 1065
f	folgende
ff	fortfolgende
FN	Fußnote
gem.	gemäß
ggf.	gegebenenfalls
GewO	Gewerbeordnung in der jeweils angegebenen Fassung
HJ	Hitlerjugend
h.L.	herrschende Lehre
HMBl.	Handelsministerialblatt (Jahr und Seite)
HöfeO	Höfeordnung in der jeweils angegebenen Fassung
Hrsg.	Herausgeber
HRR	Höchstrichterliche Rechtsprechung
HS	Halbsatz
i.d.F.	in der Fassung
i.d.R.	in der Regel
JR	Juristische Rundschau (Jahr u. Seite)
JW	Juristische Wochenschrift (Jahr und Seite)
JZ	Juristenzeitung (Jahr und Seite)
Kap.	Kapitel
K F V	Verordnung über die Gewährung von Kinderbeihilfen an kinderreiche Familien vom 15.9.1935, RGBl, I, 1160
K F V D V	Durchführungsbestimmungen zur KFV vom 26.9.1935, RGBl. I, 1206
KG Berlin	Kammergericht Berlin
lfd. Nr.	laufende Nummer
LG	Landgericht
MBlWiA	Ministerialblatt für Wirtschaft und Arbeit (Jahr und Seite)

m.E.	meines Erachtens
MuSchG 42	Gesetz zum Schutze der erwerbstätigen Mutter (Mutterschutzgesetz) vom 17.5.1942, RGBl I, 321 ff.
m.w.N.	mit weiteren Nachweisen
NSDAP	Nationalsozialistische Deutsche Arbeiterpartei
Nr.	Nummer
o.ä.	oder ähnlich
o.g.	oben genannt
OLG	Oberlandesgericht
preuß.	preußisch
RArbBl.	Reichsarbeitsblatt, Amtsblatt des Reichsarbeitsministeriums der Reichsversicherungsanstalt, der Reichsanstalt für Arbeitsvermittlung und Arbeitslosenversicherung und der Reichsversicherungsanstalt für Angestellte, Jahrgang, Teil, Seite
REG	Reichserbhofgesetz vom 29.9.1933, RGBl. I, 685 ff.
RG	Reichsgericht
RGBl.	Reichsgesetzblatt
RGRK	Kommentar, herausgegeben von Reichsgerichtsräten (in der jeweils angegebenen Auflage)
RGZ	Amtliche Sammlung der Reichsgerichtsrechtsprechung in Zivilsachen (Band u. Seite)
RM	Reichsmark
RM d.J.	Reichsminister der Justiz
RuStAG	Reichs- und Staatsangehörigkeitsgesetz i.d.F.v. 22.7.1913, RGBl. I, 583
RVO	Reichsversicherungsordnung in der jeweils angegebenen Fassung

S.	Satz, Seite
s.o.	siehe oben
sog.	sogenannte(e, er)
StGB	Strafgesetzbuch i. d. F. v. 1941, RGBl. I, S. 549 ff.
u.	und
u.a.	unter anderem
usw.	und so weiter
v.	vom
VO	Verordnung
VStG	Vermögenssteuergesetz vom 16. 1934, RGBl I, 1052
W R V	Verfassung des Deutschen Rei (Weimarer Reichsverfassung) 11.8.1919, RGBl I, 1383 ff.
z.B.	zum Beispiel
ZAkDR	Zeitschrift der Akademie für D sches Recht (Jahr und Seite)
Zif.	Ziffer
zit.	zitiert

Einleitung

Frauen haben im Recht des Nationalsozialismus in vielen Bereichen eine besondere Behandlung erfahren. Eine Differenzierung zwischen den Geschlechtern ist allerdings keine nationalsozialistische Erfindung, sondern läßt sich im gesellschaftlichen und rechtlichen Leben jeder Epoche finden. Auch heute kann von einer (völligen) Gleichberechtigung von Mann und Frau nicht die Rede sein; die allgemeine[1] und juristische[2] Diskussion über dieses Thema ist keinesfalls beendet.

In der Zeit von 1933 bis 1945 sind aber in der "Frauenfrage" - nicht zuletzt in Gesetzgebung und Rechtsprechung - Tendenzen und Fakten hervorgetreten, die sich in anderen Zeiten und unter anderen politischen und ideologischen Verhältnissen nicht oder nicht mit derselben Intensität widerspiegeln.
Im folgenden sollen die rechtlichen frauenbezogenen nationalsozialistischen Eigenarten und Besonderheiten aufgezeigt werden, wobei die Betonung gleichermaßen auf allen drei Adjektiven liegt. Wegen der Fülle des Stoffs mußte die Bearbeitung auf Aspekte des Familien-, Erb- und

---

1. vgl. Bundesminister für Jugend, Familie und Gesundheit (Hrsg.), Frauen in der Bundesrepublik Deutschland; Bundesgeschäftsstelle der CDU (Hrsg.), Niederschrift des 33. Bundesparteitages der Christlich Demokratischen Union Deutschlands - der CDU-Parteitag beschäftigte sich mit Fragen der Frauenpolitik (Frauen in Beruf und Familie S. 321 ff - im Berufsleben S. 367 ff u. in Politik und Gesellschaft S. 413 ff).

2. Die Gleichberechtigung der Frau war z.B. Thema der Schlußveranstaltung des 54. Deutschen Juristentages und Inhalt des Aufsatzes von Gitter NJW 82, 1567 ff, der Überlegungen zu einem "Antidiskriminierungsgesetz" anstellt.

Arbeitsrechts begrenzt werden.

Weil wegen der Ausrichtung der Arbeit rechtliche Gesichtspunkte im Vordergrund stehen, kann keine vollständige Abhandlung über das Frauenbild im deutschen Nationalsozialismus erfolgen; ein kurzer Abriß erscheint jedoch zur Verdeutlichung von Umfeld und Hintergrund der zu behandelnden Rechtsfragen unerläßlich.
Dabei ist allerdings eine generelle Aussage kaum möglich. Schon innerhalb der von Frauen verfaßten Literatur sind Strömungen unterschiedlichster Natur erkennbar - je nach sozialer, ethnischer, politischer oder religiöser Einstellung und Herkunft der Verfasserin geprägt[3].

Männliche Autoren haben die Vielfalt der Ansichten noch erweitert.[4] Trotz immer wieder propagierter Ansichten über die Rolle der Frau existierte keine offizielle Anweisung im Deutschland von 1933 bis 1945, Frauen um ihrer selbst willen speziell zu behandeln und ihre Belange in Gesetzgebung und Alltag zu berücksichtigen. Z.B. das Parteiprogramm der NSDAP vom 25.2.1920[5] befaßte sich mit der Frau, deren Stellung und Problemen überhaupt nicht. Dieser Bereich scheint einer besonderen Würdigung nicht wert gewesen zu sein. Vielmehr sprach das Parteiprogramm die Frau allein in ihrer Eigenschaft als Mutter an, Nr. 21: "Der Staat hat für die Hebung der Volksgesundheit zu sorgen durch den Schutz der Mutter und des Kindes, durch Verbot

---

3. Frauengruppe Faschismusforschung, Mutterkreuz und Arbeitsbuch, Einleitung S. 9; Wittrock, Weiblichkeitsmythen S. 14 ff.

4. vgl. statt vieler Rosenberg, Mythos des 20. Jahrhunderts. S. 455 ff in dem Kapitel: Der Staat und die Geschlechter m.w.N.

5. abgedr. in: Kühnl, Der deutsche Faschismus in Quellen und Dokumenten S. 105 ff.

der Jugendarbeit..."[6]. Auch später wurde jede ideologische des Frauenbildes Fixierung vermieden[7], so daß sich allenfalls Tendenzen aufzeichnen lassen.

Je nach Bedarf sind Frauen als aufopferungsvolle Mütter oder bzw. und ständig einsatzbereite Industrie- und Rüstungsarbeiterinnen[8] dargestellt und propagiert worden. Ein Auswechseln der Funktion der Frauen ausgerichtet an der allgemeinen wirtschaftlichen Situation ist zwar keine nationalsozialistische Neuerung[9], sondern ist jeweils in Zeiten wirtschaftlicher Rezession oder in kriegsbedingten Ausnahmesituationen in unterschiedlichster Ausprägung zu finden. Dem Nationalsozialismus eigen sind jedoch Schärfe, Härte und Vielfältigkeit der Propagandamittel, mit denen das Regime die gerade notwendige Verwendung der Frau duchzusetzen versuchte.

Wenn es überhaupt eine "Frauenideologie" im Dritten Reich gab, dann war dies eine "Mutterschaftsideologie"[10]. Dabei läßt sich die populäre Grundlegung der nationalsozialistischen Weltanschauung anhand des folgenden Zitats nachvollziehen: "Die deutschen Frauen wollen ... in der Hauptsache Gattin und Mutter ... sein. Sie haben keine Sehnsucht nach dem Büro und auch keine Sehnsucht nach dem Parlament. Ein trautes Heim, ein lieber Mann und eine Schar glücklicher

---

6. abgedr. in: Kühnl S. 106.

7. Wittrock, Weiblichkeitsmythen S. 230.

8. vgl. Ausführungen bei Buresch-Riebe, Frauenleistung im Kriege S. 45 f, die feststellte, daß "Frauen Lücken in allen Berufen" füllen; Elling, Frau im deutschen Widerstand S. 18 ff.

9. Frauengruppe Faschismusforschung, Mutterkreuz und Arbeitbuch, Einleitung S. 13.

10. Klinksiek, Die Frau im NS-Staat S. 24.

Kinder steht ihrem Herzen näher"[11]. Haushalt und Kindererziehung wurden aber nicht nur dem Willen und Wunsch der Frau, sondern auch und gerade ihrem Intellekt entsprechend dargestellt, so daß die "...sich aus dem Leben ergebende Folgerung die Feststellung zeitigt, daß der Mann auf allen Gebieten der Forschung, Erfindung und Gestaltung dem Weibe überlegen ist, dessen Wert aber auf dem ebenso wichtigen, alles andere voraussetzenden Wert der Blutserhaltung und Rassenvermehrung beruht."[12]

Damit korrespondiert eine Äußerung Adolf Hitlers in einer Rede vor der NS-Frauenschaft: "Die höchste Erhebung für die Frau ist deren Mutterschaft"[13]. Aus der Blut- und Bodenpolitik des Nationalsozialismus ergibt sich zwanglos, daß dies nicht eine bloße Lobeshymne auf die Gebärfähigkeit der Frauen beinhaltete, sondern gezielt auf Rassenerhalt und -vermehrung gerichtet war: "Jedes Kind, das sie (die Frau - d. Verf.) zur Welt bringt, ist eine Schlacht, die sie besteht für Sein oder Nichtsein ihres Volkes"[14].

---

11. Rosten, Das ABC des Nationalsozialmus S. 198; vgl. auch Darrè, Das Bauerntum S. 408, der betont, daß die Tatsache, daß Frauen in erster Linie Hausfrau und Mutter seien und sein wollten, auf germanische Ursprünge zwecks Erhalts der "nordischen Rasse" zurückzuführen sei.

12. Rosenberg, Mythos des 20. Jahrhunderts S. 456.

13. Hitler, Rede vor der NS-Frauenschaft v. 13.09.35 abgedr. in: Domarus, Hitler-Reden und Proklamationen S. 531; eine Äußerung Helmut Kohls zeigt allerdings, daß nicht nur die Nationalsozialisten an der Frau als Mutter interessiert waren: "Die wichtigste Funktion der Frau in der Gesellschaft ist, Mutter zu sein" zitiert nach: Frankfurter Rundschau Jahrgang 39 vom 15.01.1983 Nr. 12 S. 2.

14. Hitler, Rede vor der NS-Frauenschaft v. 8.9.34 abgedr. in: Domarus, Hitler-Reden und Proklamationen S. 451; ähnl. Rosenberg, Mythos des 20. Jahrhunderts S. 482.

Um die diesbezüglichen Ziele zu realisieren, wurden die dem Nationalsozialismus typischen Propagandamittel eingesetzt, die mit klarer, ausdrucksvoller und unmißverständlicher Sprache zur Folgschaft und Befolgung anhielten. In den "Grundsätzen der NS-Frauenschaften" hieß es u.a.: "... Wir (Frauen) kämpfen für die Reinerhaltung der arischen Rasse... (Wir) bejahen die Ausbildung und Eingliederung aller Frauenkräfte der Nation, soweit sie nicht in Ehe, Familie und Mutterschaft ihren nächstliegenden Dienst am Volksganzen leisten können. Wir erstreben eine neue wahre Lösung der Frauenfrage... Wir kämpfen ...für die Ertüchtigung der Frau zu wahrem Muttertum in Familie und Beruf."[15].
"Staatsbürgerin" in diesem Gefüge sollte nur die Frau sein, "die ihre ganze Lebenskraft als Ehefrau und Mutter oder als berufstätige Volksgenossin für Volk und Vaterland einsetzt"[16].

Die Beachtung und Anerkennung der Frauen erfolgte demnach nicht um ihrer selbst willen, sondern allein, um den bevölkerungspolitischen Belangen genüge zu tun. Erst wo dies nicht möglich erschien, sollte die Frau als Arbeitskraft ihren Platz im "Volksganzen" einnehmen. Allerdings muß beachtet werden, daß ein derartiges "Funktionieren" nicht nur von Frauen erwartet wurde. Allgemein entstand die "Idee des neuen Menschen"[17], der im nationalsozialistischen Staatsapparat

---

15. Grundsätze der NS-Frauenschaften abgedr. in: Kuhn/Rothe, Frauen im deutschen Faschismus Bd. 1 S. 67; Hervorhebung entspricht dem Original.

16. Grundsätze der NS Frauenschaften s. FN 14 S. 68; s. auch Hitler, Mein Kampf S. 491, wonach ein deutsches Mädchen von der "Staatsangehörigen" zur "Staatsbürgerin" nur mittels Eheschließung sollte aufsteigen können.

17. Fest, Hitler S. 734.

seinen möglichst nutzbringenden Platz einzunehmen hatte. In diesem Zusammenhang ist der Ausspruch Hitlers: "Wir sozialisieren die Menschen"[18] anzuführen.
Aber anders als bei den Männern, von denen - zumindest in Friedenszeiten - keine ihren Lebensbereich unmittelbar betreffende Änderung ihrer Tätigkeiten verlangt wurde, sollte das Dasein der Frau auf Kinder und Haushalt reduziert werden; dies in einer Zeit, in der die Frauenbewegung erst 20-30 Jahre zuvor begonnen hatte, die herkömmliche Rolle der Frau ernsthaft infrage zu stellen. Allerdings hob vor 1933 auch die konservative Mehrheit der bürgerlichen Frauenbewegung die Mutterrolle im Leben der Frau hervor und trug damit der traditionellen Weiblichkeitsvorstellung Rechnung[19].

Inwieweit die nationalsozialistische Frauenpolitik frauenfeindlich oder -verachtend war, läßt sich nicht einheitlich feststellen. Es wird die Ansicht vertreten, die Rückführung der Frau in den "natürlichen Lebens- und Arbeitsbereich" habe damals nicht auf die Minderwertigkeit der Frau hinweisen sollen[20]. Andere bezeichnen die nationalsozialistische Ideologie schlicht als "frauenfeindlich"[21]. Festzustellen, ob sich aufgrund der Gesetzgebung und Rechtsprechung im Dritten Reich eine deutlichere Antwort geben läßt, ist Gegenstand dieser Arbeit.

---

18. Fest, Hitler S. 594.

19. Wittrock, Weiblichkeitsmythen S. 1.

20. Klinksiek, Die Frau im NS-Staat S. 23.

21. Fest, Das Gesicht des Dritten Reiches S. 356; Kuhn/Rothe, Frauen im deutschen Faschismus Bd. 1 S. 85.

§ 1 Inhalte der Ehe

Art. 119 I WRV lautet: "Die Ehe steht als Grundlage des Familienlebens und der Erhaltung und Vermehrung der Nation unter dem besonderen Schutz der Verfassung. Sie beruht auf der Gleichberechtigung der Geschlechter."[22].

Auch in der Zeit von 1933 bis 1945 galt in Deutschland Art. 119 I 2 der Weimarer Reichsverfassung. Er wurde 1919 als Programmsatz aufgestellt und ist in der Weimarer Republik Programm geblieben. An den konservativen Elementen im Familienrecht des BGB von 1900, die den Mann und dessen Rechte in den Vordergrund stellten, änderte sich im Recht des Nationalsozialismus nichts. So hatte der Mann die Entscheidungsgewalt in allen Angelegenheiten, die das gemeinschaftliche Leben betrafen (§ 1354 I 1. HS BGB a.F.[23]) und bestimmte Wohnort und Wohnung (§ 1354 I 2. HS BGB a.F.) - jeweils beschränkt durch das Mißbrauchsverbot des § 1354 II BGB a.F. . Des weiteren oblag zwar der Frau die Leitung des Hauswesens (1356 BGB a.F.), sie war aber in diesem Bereich ebenfalls den Weisungen des Mannes unterworfen (§§ 1354 u. 1357 BGB a.F.). Die Aufnahme einer außerhäuslichen Tätigkeit war nur mit der Zustimmung des Mannes möglich (§ 1354 I BGB a.F.), der unter bestimmten Voraussetzungen nach § 1358 BGB a.F. sogar ein Kündigungsrecht gegenüber dem Arbeitgeber der Frau hatte. Darüberhinaus sah der gesetzliche Güterstand die

22. Verfassung des Deutschen Reichs v. 11.8.19, RGBl. I, 1383 ff.

23. BGB i. d. F. v. 18.8.1896, RGBl. I, 195 ff.

Nutznießung und Verwaltung des Mannes über das Vermögen der Frau gem. § 1363 BGB a.F. vor. In § 1626 BGB a.F. war zwar von der "elterlichen" Gewalt die Rede, so daß der Eindruck entstehen könnte, die Frau sei in gleicher Weise wie der Mann beteiligt gewesen. Die Ausübung der "elterlichen" Gewalt blieb jedoch nach §§ 1627 bis 1683 BGB a.F. weitgehend dem Mann vorbehalten.

Diese ungleiche Behandlung im Familienrecht des BGB von 1900 veranschaulicht und bestätigt die traditionelle Aufgabenteilung zwischen Mann und Frau: dem Mann der Beruf, der Frau der Haushalt[24].

Zu Inhalt und Aufgabe von Ehe und Familie enthielt das BGB von 1900 darüber hinaus jedoch keinerlei Anhaltspunkte. Familie war für das BGB lediglich die Gesamtheit der durch Ehe und Verwandtschaft verbundenen Personen[25]. Vor 1933 hat das Reichsgericht die Ehe als ein vorwiegend sittliches Verhältnis bezeichnet, dessen natürliches Band die Grundlage der Gesellschaft und des Staates als organisierter Gemeinschaft sei[26]. Mit dieser Begriffsbestimmung bewegte sich das Reichsgericht genau in den Bahnen, die Vertreter der Rechtswissenschaft Ende des 19. Jahrhunderts festgelegt hatten[27].

---

24. Ramm, Eherecht und Nationalsozialsmus S. 152; vgl. statt vieler: Schreiber-Lobbes, Die Rechtsstellung der Ehefrau im Erbhofrecht S. 5 f, der ausdrücklich auf die (biologische) Notwendigkeit dieser Aufgaben- u. Rollenverteilung hinweist und u.a. von der "natürlichen Überlegenheit des Mannes" ausgeht.

25. RGRK, Erler, BGB, 1. Aufl., Bd. II Familienrecht 1. S. 1.

26. RGZ 71, 85 ff U. v. 22.4.09; Warneyers Rechtsprechung 1926 S. 212.

27. Vgl. Mitteis, Die Ehe in der Rechtsprechung des Reichsgerichts in: Reichsgerichtspraxis im deutschen Rechtsleben S. 180 ff, 200.

Der Nationalsozialismus hat sich mit einer derart allgemein gehaltenen Aussage über Sinn und Inhalt von Ehe und Familie nicht begnügt. In der amtlichen Begründung zum Ehegesetz von 1938 heißt es: "Ehe und Familie sind die Grundlagen des völkischen Gemeinschaftslebens, von denen Kraft und Gesundheit, Wert und Bestand der Volksgemeinschaft abhängen. Sie bergen in sich die Kräfte, deren Entfaltung und Wirkung die Ewigkeit des völkischen Lebens sichert"[28]. Die Ehe sei unerläßliche Voraussetzung einer gesunden und geordneten Erziehung der Nachkommenschaft[29] und Grundlage des völkischen Lebens[30]. "Der nationalsozialistische Staat faßt die Ehe als die natürliche Keimzelle kommender Geschlechter und als Hort deutschen Blutes auf. Der Mutter (nicht: "der Frau" (d.Verf.)) soll sie Schutz und Halt geben, den Eltern eine Erziehung gesunder Kinder zur Pflicht machen."[31]. Zweck der Ehe nach nationalsozialistischer Weltanschauung ist demnach die Erzeugung von Nachkommen, die das Leben des Volkes fortsetzen sollten[32]; anders ausgedrückt stand der ras-

---

28. Amtliche Begründung zum EheG 38 DJ 38, 1102 ff, 1107; vgl. auch Zitatensammlung in Hirsch, Mayer, Meinck (Hrsg.) Recht, Verwaltung u. Justiz im Nationalsozialmus S. 392 ff.

29. Amtliche Begründung zum EheG 38 DJ 38, 1107.

30. Amtliche Begründung zum EheG 38 DJ 38, 1102; Palandt, Lauterbach, BGB, 2. u. 6. Aufl., Einl. vor EheG 38 Anm. 1.

31. Gütt, Linden, Maßfeller, Blutschutz- und Erbgesundheitsgesetz, Vorwort S. III.

32. Lange, Nationalsozialismus und Bürgerliches Recht in: Frank, NS-Handbuch S. 933 ff, 954; Pfundtner/Neubert, Das neue Deutsche Reichsrecht Bd. IV d 13 S. 1; vgl. dazu: Kuczinski, Geschichte der Arbeiterin S. 254. Picker, Tischgespräche im Führerhauptquartier, S. 68 u. 240; Rüthers, Die unbegrenzte Auslegung S. 4.

sische Zuchtgedanke im Mittelpunkt nationalsozialistischer Ideologie zur Ehe[33]. Dabei wurde betont, daß sich "nicht in einer Zuchtanstalt deutsche Art, deutsches Wesen und Volkstum" erhalten läßt, "sondern nur an den Stätten seines Wachstums, nur im Schoße seiner Familien"[34].

Diesen Gedanken hatte Hitler schon 1924 in "Mein Kampf" niedergeschrieben: "Auch die Ehe kann nicht Selbstzweck sein, sondern muß dem einen größeren Ziele, der Vermehrung und Erhaltung der Art und Rasse dienen. Nur das ist ihr Sinn und ihre Aufgabe"[35]. Nicht zuletzt wegen dieser eindeutigen Sinngebung der Ehe wird heute im Blick auf die Zeit der nationalsozialistischen Herrschaft von einer "Reduktion des öffentlichen Interesses (an der Ehe - d. Verf.) auf eine rassenzüchterische Perspektive" gesprochen[36]. Der Gedanke, daß die Ehe der Vermehrung zu dienen habe, ist nicht zuerst von Nationalsozialisten verlautbart worden[37], ist aber vor 1933 in keinem Rechtssystem so deutlich und ausschließlich im Zusammenhang mit der Begründung

---

33. Kuhn/Rothe, Frauen im deutschen Faschismus Bd. 2 S. 113; Darrè, Neuadel aus Blut und Boden S. 199, der einen Vergleich mit der "Zucht edler Pferde" anstellt; der Ausdruck "Zucht" bezogen auf Menschen bzw. Frauen und Mütter hat allerdings nicht nur im Nationalsozialismus selbstverständliche Verwendung gefunden. Auch heute läßt sich eine derartige Wortwahl vereinzelt finden: vgl. Neue Westfälische Zeitung Bielefeld vom 28.4.84, in der von der "Aufzucht der Kinder" die Rede ist (Artikel: Reform des Scheidungsrechts - Heiraten wird wieder zum Risiko).

34. Buch DJ 34, 145 ff, 147.

35. Hitler, Mein Kampf S. 275 f.

36. Stolleis, Gemeinwohlformeln im nationalsozialistischen Recht S. 76.

37. vgl. z.B.: 1. Moses 1, 22: "Seid fruchtbar und mehret Euch".

des Eherechts geäußert worden. Dem entspricht der Hinweis, daß die Ehe kein Vertrag, sondern eine Rechtseinrichtung im Interesse des Fortbestandes des deutschen Volkes sei, bei der das individualistische Interesse der Ehegatten nicht mehr entscheidend sein könne[38]. Nach dem "neuen Rechtsempfinden" beinhalte die Ehe nicht mehr nur die Pflicht gegenüber dem Ehegatten, sondern in erster Linie eine solche gegenüber der Volksgemeinschaft[39]. Vieles sei im bisherigen Recht zu sehr auf die Wünsche des einzelnen abgestellt gewesen; dies bedürfe nunmehr der Unterordnung unter die Ansprüche der Allgemeinheit der Volksgemeinschaft[40]. U.a. wurde gefordert, für die Pflichterfüllung in der Ehe auf Freiheiten und bestimmte Arten der Lebensführung zu verzichten und die persönlichen Interessen deutlich hinter die der Volksgemeinschaft zurückzustellen[41], wobei dies bei kinderreichen Familien eher nötig sei als bei kinderarmen[42]. Die bevölkerungspolitische Ausrichtung der Ehe und die damit verbundene Notwendigkeit, Belange der Volksgemeinschaft in stärkerem Maße zu betonen und zu berücksichtigen als die des einzelnen, trägt dem sich durch das gesamte Recht des Nationalsozialismus ziehenden Grundsatz Rechnung: "Gemeinnutz geht vor Eigennutz"[43].

---

38. Palandt, Lauterbach, BGB, 6. Aufl., Einl. vor EheG 38 Anm. 2; Amtliche Begründung zum EheG 38 DJ 38, 1102.

39. Klinksiek, Die Frau im NS-Staat S. 69; Lange, s. FN 30 S. 953.

40. Brandis DJ 35, 368 ff, 368; Gerke, Rasse und Recht in: Frank NS-Handbuch S. 11 ff, 13.

41. Auert, Die Eheauflösung im neuen deutschen Recht S. 7 f; Rexroth JW 38, 2080 ff, 2081.

42. Erffa, Das neue Eherecht S. 46; Lange, s. FN 30 S. 954.

Für die Frau bedeutete dies, daß nach Eheschließung ihre Mutterschaft nahezu gefordert wurde[44]. An den Inhalten der Ehe nach nationalsozialistischer Ideologie wird klar, daß eine Ehe-Frau nur als Mutter denkbar ist, damit Rasse und Art erhalten und vermehrt werden. Führt man sich die imperialistischen Bestrebungen des Dritten Reiches vor Augen, so mußte zur Besiedelung der zu erobernden Gebiete mit Menschen "deutschblütiger Abstammung" zwangsläufig eine möglichst hohe Anhebung der Geburtenrate erreicht werden. Politische Pläne sollten nicht am mangelnden "Menschenmaterial" scheitern.

Wie wenig es bei Ehe und Geburt um die Belange der Frau ging und wie sehr die bevölkerungspolitischen Aspekte im Vordergrund standen, wird an während des Zweiten Weltkrieges angestellten Überlegungen der Reichsführung deutlich: wegen der im Krieg gefallenen Männer seien bei Kriegsende viele unverheiratete oder verwitwete Frauen vorhanden, für die einfach kein deutschblütiger Mann im passenden Alter mehr existiere. Um auch diese Frauen für die Vermehrung der Deutschen "einsetzen" zu können, sei es ratsam, pro Mann zwei Ehefrauen zu gestatten[45]. Es erscheint

---

43. Vgl. Stolleis, Gemeinwohlformeln S. 76; Fraenkel, Der Doppelstaat S. 113; ähnl. Hattenhauer, Die geistesgeschichtlichen Grundlagen des deutschen Rechts S. 301, der den Satz "Du bist nichts - Dein Volk ist alles" als "Quintessenz nationalsozialistischer Sozial- und Rechtsdoktrien überhaupt" bezeichnet.

44. Es wurde darauf hingewiesen, daß "neben der Verpflichtung als Ehe- und Hausfrau ... die große Aufgabe der Frau als Mutter" liege: Eben-Servaes DR 38, 90 ff, 90 und die Ehe "vorweg den Lebensnotwendigkeiten der Nation zu dienen" habe: Mößmer JW 36, 353 ff.

45. Vgl. Fest, Hitler S. 937 m.w.N.; Kühn/Rothe, Frauen im deutschen Faschismus Bd. 2 S. 116 Quelle 113;

fraglich, ob die Preisgabe der Einehe - eines in unserem Kulturkreis tiefverwurzelten Instituts - überhaupt durchführbar gewesen wäre. Der Wert der Frau innerhalb der nationalsozialistischen Ideologie läßt sich an diesen Erwägungen dennoch ermessen.

§ 2 Beeinflussung der Frau zur Eheschließung und Familiengründung

A Propaganda

Der gut funktionierende Propagandaapparat der NSDAP machte auch und gerade vor der persönlichen Sphäre des einzelnen nicht Halt. Mit taktisch und psychologisch wohl ausgefeilten Reden, Plakaten, Massenveranstaltungen etc. sollte die Frau in ihre "ursprüngliche Bestimmung" in Ehe, Haushalt und Mutterschaft zurückgeführt werden[46]. Schon seit Mitte der 20er Jahre wertete die NSDAP das Image der Hausfrau und Mutter auf. Die Ehe wurde als Erfüllung dessen angepriesen, "was von der Natur gewollt ist: die Erfüllung der großen Lebenssehnsucht"[47]. In Reden vor Frauen waren Bezeichnungen, wie Ehre, Glück und Adel die Regel - Auszeichnungen, die der Frau als Mutter galten[48]. Plakate stellten die Frau in ihrer "natürlichen Rolle" im Bild dar und

---

Ramm, Eherecht S. 160 m.w.N.

46. Vgl. Dammer, Susanna, Kinder, Küche, Kriegsarbeit in: Frauengruppe Faschismusforschung; Mutterkreuz und Arbeitsbuch S. 215 ff, S. 229 ff.

47. Picker, Tischgespräche S. 118.

48. Hitler, Reden vor der NS-Frauenschaft v. 8.9.34 und 13.9.35 abgedr. in: Domarus, Hitler-Reden und Proklamationen, S. 449 ff und 530 ff.

verkündeten ein Lebensglück für jede Frau, die sich diesem Bild entsprechend verhielt[49].
Daß diese Propaganda eigentlich nicht die Frau und Mutter an sich meinte, sondern "ihre Funktion als kostenlose Erzieherin (und Vermehrerin (d.Verf.)) rassisch wertvollen, einsatzfähigen und gehorsamen 'Menschenmaterials"[50], blieb - wie geplant - vielen Frauen verborgen. Vielfach verwendetes und wirksames Mittel, die Frauen in die gewünschte Richtung zu drängen, war der Vergleich der Mutterschaft mit den Aufgaben des Mannes und die ausdrückliche Gleichstellung von beiden, wie z.B. in einem Ausspruch Alfred Rosenbergs zum Muttertag 1935: "Gibt man zu, daß das eiserne Gefüge eines Staates vorwiegend in der Hand des Mannes liegt, so ist damit zugleich die Erkenntnis ausgesprochen, daß Art und seelische Haltung des Volkes in gesteigertem Maße von der Frau aus bestimmt wird."[51].

B Ehestandsdarlehen

Vor dem Hintergrund der allgemeinen Propagandamittel versuchte die NS-Führung auch durch entsprechende Gesetzgebung, Frauen zur Ehe und Familie zu drängen. Dabei wurde ein direkter Zwang vermieden und vielmehr ein sozialpolitisches Instrumentarium eingesetzt.
In Abschnitt V des Gesetzes zur Verminderung der Arbeitslosigkeit vom 1.6.1933[52] - im folgenden dem zeitgenössischen Sprachgebrauch entsprechend Gesetz zur Förderung der Eheschließung genannt - war die "Förderung der Eheschließung" geregelt.

---

49. vgl. Plakate in Regelinus/Westphal, Die Frau im politischen Plakat und Abbildungen u. Kommentare in Schmidt/Dietz (Hrsg.), Frauen unterm Hakenkreuz.

50. Klinksiek, Die Frau im NS-Staat S. 85.

51. Rosenberg DJ 35, 729 - zum Muttertag 1935.

52. RGBl. 33, I, 323 ff.

Nach § 1 des Gesetzes zur Förderung der Eheschließung konnten deutsche Reichsangehörige anläßlich ihrer Eheschließung ein unverzinsliches Darlehen von 1.000,-- RM mit einer monatlichen Tilgungsrate von 1 %[53] in Anspruch nehmen. Als Voraussetzung für die Darlehensgewährung mußte die Ehefrau gearbeitet, die Arbeit zwecks Verheiratung aufgegeben und keine neue Arbeit aufgenommen haben[54].

Anhand diesen Inhalts wird die damalige Intention des Gesetzgebers deutlich. In Zeiten wirtschaftlicher Rezession sollten die Frauen aus dem Arbeitsleben ausgegliedert und ihrer "natürlichen Rolle" als Ehefrau und Mutter zugeführt werden. Um dies zu erreichen, durfte der finanzielle Anreiz des Darlehens nur solchen Frauen gegeben werden, die vor ihrer Heirat einen Arbeitsplatz innehatten und diesen einem arbeitslosen Mann wegnahmen. Das Ziel, den Arbeitsplatz für einen Mann freizuhalten, konnte nur erreicht werden, wenn sich die Frau nach ihrer Eheschließung nicht erneut um Arbeit bemühte - dem entspricht § 1 I c) des Gesetzes. Diese Interpretation wird durch den Umstand bestärkt, daß die Darlehensgewährung mit keinerlei Beschränkungen für Männer behaftet war.

Das sogenannte "Ehestandsdarlehen" wurde in Form von Bedarfsdeckungsscheinen ausgegeben (§ 3 des Gesetzes), für die bei annahmeberechtigten Betrieben Möbel und Haushaltsgeräte angeschafft werden konnten. Die dadurch bedingte Zweckbe-

---

53. § 2 Abs. 1 des Gesetzes zur Förderung der Eheschließung.

54. § 1 Abs. 1 a-c des Gesetzes zur Förderung der Eheschließung.

stimmung des Darlehens sollte für eine Ankurbelung der betroffenen Industriezweige sorgen und somit mittelbar weitere Arbeitsplätze - für Männer s. § 1 Ic) des Gesetzes - schaffen. Abbau der Arbeitslosenquote und Ermöglichung des Möbel- und Hausratkaufs sollten für "Tausende den Eheschluß erleichtern"[55], wegen der positiven finanziellen Auswirkung für jeden einzelnen den Kinderreichtum unterstützen[56] und für junge "Volksgenossen ein eigenes Heim schaffen". Die dann entstehende Notwendigkeit von Anschaffungen und die mit einem besseren Einkommen generell verbundene Steigerung der Bedürfnisse war geplant als Beitrag zur Fortentwicklung der gesamten Nation[57].

Das Gesetz zur Förderung der Eheschließungen von 1933 diente damit arbeitsmarkt- und bevölkerungspolitischen Belangen[58]. Die Finanzierung der Ehestandsdarlehen erfolgte durch die "Ehestandshilfe", eine Abgabe, die alle ledigen Personen leisten mußten, die Einkommensteuer zahlten (§ 4 des Gesetzes). Eine Eheschließung brachte insoweit doppelten Vorteil: die Darlehensgewährung und zugleich die Befreiung von der Abgabe.

Die auf Vermehrung der deutschen Bevölkerung bezogene Ausrichtung des Gesetzes läßt sich daran veranschaulichen, daß unverheiratete Frauen <u>mit</u> Kindern keine Abgaben zahlen mußten.

---

55. Weiß DR 34, 156 ff, 158.

56. Gerke, s. FN 38 S. 15; ähnl.: Schubert DR 37, 231 ff, 231, der die bevölkerungspolitische Komponente hervorhob.

57. Fritzsche, Die gesetzgeberischen Maßnahmen zur Föderung und zum Schutze der Wirtschaft in: Frank, NS-Handbuch S. 572 ff, 579.

58. Berlitz, Ehestandsdarlehen S. 38 f; Ramm, Eherecht S. 154.

Dasselbe galt für ledige Personen über 55 Jahre. (§ 5 II Nr. 1 und 3 des Gesetzes). Die einen hatten ihrer Pflicht zur Erhaltung und Mehrung der deutschen Rasse schon genüge getan; die anderen waren wegen ihres Alters in dieser Hinsicht uninteressant - bedurften mithin auch keinerlei Beeinflussung.

Bei einer Gütertrennung erhielten die Eheleute je die Hälfte der 1.000,-- RM Darlehen[59]. Im gesetzlichen Güterstand der Verwaltung und Nutznießung hingegen wurde die Darlehensvaluta allein an den Ehemann ausgezahlt (§ 1 IV des Gesetzes). In § 2 II des Gesetzes war aber eine Haftung beider Ehegatten als Gesamtschuldner für die Rückzahlung angeordnet. Obwohl also die Frau bei dem in den meisten Ehen bestehenden gesetzlichen Güterstand keine oder nur geringe Verfügungsgewalt über das Geld hatte, sollte sie mit ihrem ganzen Vermögen voll haften.

Die 1. Durchführungsverordnung zur Gewährung von Ehestandsdarlehen vom 20.6.1933[60] unterstrich die bevölkerungspolitische Intention des Gesetzgebers. Nach § 1 ED-DVO war eine Darlehensgewährung bei Erbkrankheiten und körperlichen oder geistigen Gebrechen ausgeschlossen, so daß nur 'wertvolle' Ehen gefördert wurden.
§ 8 I ED-DVO bestimmte den Erlaß von 25 % der Darlehenssumme für jedes Kind. Darüber hinaus bestand nach jeder Geburt die Möglichkeit, die Tilgung der Valuta für 12 Monate zu unterbrechen (§ 8 II ED-DVO). Bei diesen Rückzahlungs- und Stundungsmodalitäten war es also theoretisch denkbar, nach der Eheschließung im 12-Monats-

---

59. § 1 Abs. 4 des Gesetzes zur Förderung der Eheschließung.

60. ED-DVO RGBl. 33, I, 377 ff.

Rhythmus 4 Kinder zu bekommen und dann im Endeffekt nur während der ersten 9 Monate der Ehe zur Tilgung von monatlich 10,-- RM verpflichtet zu sein. Damit wurde das Darlehen praktisch zur Schenkung, was einerseits einen gewissen Anreiz für junge Eheleute darstellen, diese aber bei engen wirtschaftlichen Verhältnissen auch unter Druck setzen konnte. Dementsprechend war im Volksmund vom "Abkindern" des Darlehens die Rede[61]. Die Folgen dieses gesetzlichen Anreizes bzw. Drucks - nämlich schnell aufeinanderfolgende Kinder und deren Versorgung - hatten die Frauen zu tragen.

Um weitere Ehen bzw. Frauen und zukünftige Mütter zu erfassen, konnte der Reichsminister der Finanzen bei Fehlen der Voraussetzungen zur Gewährung eines Ehestandsdarlehens Ausnahmen zulassen, wenn der Zweck des Gesetzes erreicht wurde[62].

Daß es bei den Ehestandsdarlehen nicht allein darum ging, Ehen und damit Kinderreichtum oder gar Frauen zu fördern, zeichnet sich an der Gesetzgebung seit Anfang 1934 ab. Nach § 1 I c) des 1. Gesetzes zur Änderung des Gesetzes über die Förderung der Eheschließung vom 28.3.1934[63] durfte die Frau nur so lange nicht (mehr) arbeiten, wie der Mann nicht der Arbeitslosenunterstützung bedurfte. Diese Lockerung des ursprünglichen Weiterarbeitsverbots nach der Eheschließung erfolgte wohl Anfang 1934 noch nicht wegen der langsam einsetzenden Tendenz wirt-

---

61. Kühn/Rothe, Frauen im deutschen Faschismus Bd. 1 S. 89; Picker, Tischgespräche S. 99.

62. § 3 der 4. ED-DVO v. 22.8.33, RGBl. I, 596.

63. RGBl. I, 253.

schaftlichen Aufschwungs, sondern zunächst, um Arbeitslosenunterstützung einzusparen. Eine arbeitende Frau erschien insoweit als das kleinere Übel, als u.U. Unterhaltszahlungen an eine ganze Familie aus der Reichskasse leisten zu müssen. Das Sinken der Arbeitslosenzahlen und damit die Möglichkeit, in einzelnen Bereichen wieder Frauen zu beschäftigen, führte dazu, daß seit Juli 1936 der Reichsminister der Finanzen die Weiterarbeit der Ehefrau trotz Darlehensgewährung gestatten konnte, auch wenn der Mann nicht hilfsbedürftig war[64].

1937, in einer Zeit, in der die Arbeitslosenquote merklich gesunken, fast die Vollbeschäftigung erreicht war und Industrie- und Arbeitswelt die Frau als "billige Arbeitskraft" verlangte, entfiel die Pflicht der Ehefrau, bei Ehestandsdarlehensgewährung auf die Weiterarbeit zu verzichten[65]. Allerdings wurde die monatliche Tilgungsrate auf 3 % heraufgesetzt[66]. Dies traf nicht nur Doppelverdienerehen, sondern auch solche Ehen, in denen die Frau allein verdiente. Letztendlich wurde daher weiterhin ein Druck dahin ausgeübt, daß bei nur einem außerhäuslich Erwerbstätigen dies der Mann sein mußte. Diese Vorstellung dürfte aber 1937 kaum bei der Bevölkerung Aufmerksamkeit auf sich gezogen haben. Auch heute erscheint es (noch) ungewöhnlich, wenn der Mann die Hausarbeit verrichtet und die Frau berufstätig ist.

---

64. § 1 der 6. ED-DVO v. 28.7.36, RGBl. I, 576.

65. § 2 Abs. 2 des Dritten Gesetzes zur Änderung des Gesetzes zur Förderung der Eheschließungen v. 3.11.37, RGBl. I, 1158 f.

66. wie FN 65.

Eine besondere Regelung wurde für die strukturell schwache Landbevölkerung getroffen, bei der der wirtschaftliche Aufschwung auch 1938 noch nicht in dem Maße zu verzeichnen war wie in der Industrie. So wurden der Landbevölkerung die Tilgungsbeiträge (für höchstens 10 Jahre) gestundet[67]. Eine zehnjährige Tätigkeit in der Landwirtschaft auch nur eines der Ehegatten bewirkte den Erlaß des Darlehens[68]. Dabei wurde zwischen Frauen und Männern nicht differenziert - was aber weniger ein Ansatz zur Gleichberechtigung der Geschlechter zu sein scheint, als vielmehr der Versuch, Arbeitskräfte für die Landwirtschaft zu gewinnen.

Insgesamt spiegelt die Gesetzgebung zum Ehestandsdarlehen die Tendenz und den Versuch wieder, Frauen in den Bereichen einzusetzen, in denen sie gerade gebraucht wurden:[69] 1933 zunächst nur als Mutter möglichst vieler Kinder und 1938 dann schon wieder als Arbeitskraft in Industrie und Landwirtschaft.
Anhand von Statistiken läßt sich nicht eindeutig belegen, ob das Gesetz zur Förderung der Eheschließung den gewünschten Erfolg hatte. Zwar stiegen Eheschließungen und Geburtenraten seit 1933 - insbesondere 1934 - leicht an[70]. Dies muß aber nicht allein Folge der staatlichen Förderungsmittel gewesen, sondern kann in mindestens gleicher Weise auf die allgemeine Konjunkturlage

---

67. Abschnitt I § 1 Abs. 1 der VO zur Förderung der Landbevölkerung v. 7.7.38, RGBl. I, 835 ff.

68. Abschnitt I § 1 Abs. 2 der VO.

69. vgl. Elling, Frauen im deutchen Widerstand S. 18 ff m.w. N.

70. Quelle: Statistisches Jahrbuch 1937, S. 37, Tabelle I.

zurückzuführen sein[71].

C Kinderbeihilfen

Getreu dem Grundsatz, das Kind als kostbarstes Gut eines Volkes zu betrachten und zu behandeln, wurden ab dem 1.10.1935[72] Kinderbeihilfen gewährt: Nach § 1 der Verordnung über die Gewährung von Kinderbeihilfen an kinderreiche Familien vom 15.9.1935[73] erhielten kinderreiche Familien auf Antrag eine einmalige Kinderbeihilfe. Die Finanzierung sollte aus dem für die Ehestandshilfe gebildeten Sondervermögen des Reiches erfolgen[74]. Dabei wurden u.a. die aus den Rückzahlungen von Ehestandsdarlehen einfließenden Beträge für die Kinderbeihilfen verwendet[75].
In Durchführungsbestimmungen wurden folgende Voraussetzungen für die Gewährung einer einmaligen Kinderbeihilfe aufgestellt: es mußten mindestens 4 Kinder unter 16 Jahren im elterlichen Haushalt leben, die Eltern mußten deutsche Reichsbürger sein[76] und einen einwandfreien Leumund haben; des weiteren durften Eltern und Kinder keine vererblichen geistigen oder körperlichen Gebrechen haben und es mußte Bedürftig-

71. Klinksiek, Die Frau im NS-Staat S. 87; Mason, zur Lage der Frauen in Deutschland 1930 - 1940 in: Beiträge zur Marxschen Theorie 6 S. 118 ff, 149 -153.

72. § 3 der VO v. 15.9.35, RGBl. I, 1160.

73. RGBl. 35, I, 1160.

74. § 1 S. 2 der VO.

75. Peter DR 37, 235 ff, 241.

76. entsprechend dem Reichsbürgergesetz (RGBl. 35, I, 1146) mußten die Eltern deutschen oder artverwandten Blutes sein und ein Verhalten zeigen, das geeignet war, dem deutschen Volk zu dienen.

keit vorliegen[77]. Wenn diese Voraussetzungen erfüllt waren, wurde für jedes Kind 100,-- RM Beihilfe gewährt, höchstens jedoch 1.000,-- RM[78]. Wie beim Ehestandsdarlehen erhielten die Berechtigten die Beihilfe in Form von Bedarfsdeckungsscheinen, für die Möbel, Hausrat und Wäsche angeschafft werden konnten (§§ 11 und 12 KFVDV). Ab Juli 1936 gab es neben diesen einmaligen Kinderbeihilfen auch sog. "laufende"[79]. Laufende Kinderbeihilfen wurden erst ab dem 5. Kind unter 16 Jahren gezahlt (§ 1 der 3. KFV DV[80]). Für die ersten 4 Kinder blieb es bei einer einmaligen Beihilfe (§ 4 I der 3. KFV DV). Die laufende Kinderbeihilfe betrug monatlich 10,-- RM (§ 4 II der 3. KFV DV).

Im Hinblick auf diese Kinderbeihilfen wiesen zeitgenössiche Autoren darauf hin, daß das "Augenmerk des Staates auf die soziale Lage kinderreicher Familien" gerichtet sei[81]. Betrachtet man allerdings die Voraussetzungen, unter denen die Kinderbeihilfen gewährt wurden, so wird deutlich, daß es nicht um die Unterstützung kinderreicher Familien schlechthin ging, sondern um die Erhaltung und Förderung 'wertvollen' Erbgutes. Diese im Gesetzestext verankerte eugenische Komponente zeigt, daß tatsächlich nicht

---

77. § 1 Zif. 1-5 der Durchführungsbestimmungen zur Verordnung über die Gewährung von Kinderbeihilfen an kinderreiche Familien v. 26.9.35 RGBl. I, 1206 ff (KFVDV).

78. § 3 KFVDV.

79. § 1 der VO zur Änderung der VO über die Gewährung von Kinderbeihilfen an kinderreiche Familien v. 24.3.36, RGBl. I, 252 ff.

80. 3. KFVDV v. 24.3.36 RGBl. I, 252 ff u. 5. KFVDV v. 20.8.36, RGBl. I, 649.

81. Pfundtner/Neubert, Reichsrecht Bd. V a 15 S. 1.

soziale, sondern bevölkerungspolitische Aspekte verwirklicht werden sollten. Dementsprechend sollte nicht die Lage der mit Erziehung und Haushalt befaßten Mütter verbessert werden. Auch war eine leicht verbesserte finanzielle Situation lediglich als Anreiz gedacht, mehr Kinder zu gebären und zu erziehen und die Familiengründung zu fördern[82]. Nach 1936 erhielten die Beihilfen noch einen etwas anderen Charakter. Neben finanzieller Hilfe sollten sie auch Zeichen dafür sein, daß der Wille zum Kind trotz der verstärkten Einbeziehung der Frau in die Wirtschaft keineswegs aufgegeben worden war[83].

D Steuerermäßigungen

Neben diesen direkten Zahlungen von Ehestandsdarlehen und Kinderbeihilfe sollte die Steuerrevision am Jahre 1934 mit Ermäßigungen für Familien mit Kindern bevölkerungspolitische Ansätze bringen.
"Erhaltung, Entfaltung und Stärkung der Volkskraft, die Sicherung und Hebung des Volksbestandes nach Art und Zahl ... ist das Ziel aller Ziele"[84]. Bevölkerungspolitik, die notwendig ist, um dies zu erreichen, mußte auch die Steuerpolitik beeinflussen[85].

---

82. Peter DR 37, 235 ff, 241.

83. Klinksiek, Frauen im NS-Staat, S. 89.

84. Burgdörfer DR 35, 249 ff, 249.

85. Burgdörfer DR 35, 250.

Bei der Lohn- und Einkommensteuer sah das EStG vom 16.10.1934 eine Ermäßigung vor, wenn minderjährige Kinder vorhanden waren (§§ 39 II Zif. 2; 32 II Zif. 2 EStG[86]). Die hierin enthaltene Neuerung beschränkt sich zunächst darauf, daß diese Ermäßigung für Kinder bis zu ihrem 25. Lebensjahr geltend gemacht werden konnte, so lange deren Berufsausbildung noch nicht abgeschlossen war (§ 32 II Zif. 2 EStG). Im übrigen sind die Prozentsätze der steuerfreien Einkommensgrenze bei vorhandenen Kindern geändert worden. Eine derart positive Änderung zugunsten von kinderreichen Familien, wie Autoren es kurz nach Erlaß der neuen Steuergesetze verlautbarten, hat allerdings nicht stattgefunden. Zum Teil wurde dargestellt, bei einer Familie mit 6 Kindern seien 100 % des Einkommens steuerfrei - also überhaupt keine Steuern mehr zu zahlen -, ohne nach der Höhe des Einkommens zu differenzieren[87]. Aus den Lohnsteuertabellen zum EStG geht jedoch hervor, daß erst das 11. Kind zur Steuerfreiheit führte[88].
Darüberhinaus waren die Sätze vor der Reform mit denen nach 1934 nicht ohne weiteres vergleichbar, weil die Berechnung des steuerpflichtigen Einkommens einer Änderung unterworfen war. So wurden u.a. die Freibeträge für Werbungskosten und Sonderausgaben gekürzt. Bei einer Gesamtbetrachtung wird deutlich, daß sich die Einkommensteuerbe- bzw. -entlastung für kinderreiche Familien kaum verändert hat[89], so daß die diesbe-

86. EStG v. 16.10.34 RGBl. I, 1065 ff.

87. Burgdörfer DR 35, 251; Peter DR 37, 243; aufgegriffen von Klinksiek S. 88.

88. RGBl. 34, I, 1072.

89. Burgdörfer DR 35, 249; Quante, Archiv für Bevölke-

zügliche Steuergesetzgebung auf die Situation der Frauen keinen Einfluß gehabt haben dürfte - finanzielle Vorteile wie bei Ehestandsdarlehen und Kinderbeihilfen als Anreiz zur Mutterschaft fehlten.

II. Vermögens- und Erbschaftssteuer

Verbesserungen für kinderreiche Familien brachten die Änderungen der Vermögens- und Erbschaftssteuer. Nach § 5 des VStG waren für den Steuerpflichtigen, dessen Ehefrau und jedes Kind je 10.000,-- RM vermögenssteuerfrei[90], wohingegen vor 1934 bei der Vermögenssteuer nicht zwischen Verheirateten und Ledigen differenziert wurde. § 17 b des Gesetzes zur Änderung der Erbschaftssteuer erhöhte den Steuerfreibetrag für Kinder von 5.000,-- auf 30.000,-- RM pro Kind[91], wobei unter Hinweis auf die bevölkerungspolitischen Ziele der Steuergesetzgebung eine Staffelung nicht nach der Höhe des Nachlasses, sondern nach der Kinderzahl verlangt,[92] aber nicht durchgesetzt wurde.

Inwieweit diese steuerlichen Vergünstigungen allerdings Auswirkungen auf die Familienplanung und die Bereitschaft der Frauen, Hausfrau und Mutter zu werden, hatten, ist nicht nachprüfbar. Die Steuergesetzgebung zur Vermögenssteuer betraf nur einen relativ geringen - besserbemittelten Anteil der Bevölkerung, bei dem die Entscheidung für ein Kind ohnehin nicht von

---

rungswissenschaft und- politik 1935, 35 ff.

90. VStG v. 16.10.34 RGBl. I, 1052.

91. wie 86.

92. Burgdörfer DR 35, 249 ff, 252.

diesen finanziellen Zuwendungen beeinflußt gewesen sein dürfte. Die geringere Erbschaftssteuer konnte sich naturgemäß nur mittelbar und sporadisch auf die finanzielle Situation in den Familien auswirken und setzte außerdem eine für damalige Verhältnisse nicht unbedeutende Erbmasse voraus[93], so daß sich auch hier der bevölkerungspolitische Einfluß in engen Grenzen gehalten haben wird und dementsprechend eine Bedeutung für die Situation der Frau nicht gegeben war.

E Mutterkreuz

Weiteres Mittel, Frauen in die bevölkerungspolitisch erwünschte Rolle der Mutter zu drängen, waren die ideologische Aufwertung der Mutter in Reden, die feierliche Begehung des Muttertages und letztendlich die Verteilung des Mutterverdienstkreuzes.

Der seit 1923 in Deutschland eingeführte Muttertag wurde 1933 reichseinheitlich auf den 2. Sonntag im Mai gelegt[94]. Darüberhinaus mußte auf Erlaß des Kultusministeriums schon ab 1933 in den Schulen auf den Muttertag hingewiesen werden, und sogar SA und SS hatten am Muttertag dienstfrei[95].

1938 erging die "Verordnung des Führers und Reichskanzlers über die Stiftung des Ehren-

---

93. bei drei Kindern und Ehefrau: 120.000,-- RM; zum Vergleich der Brutto-Durchschnittslohn eines Angestellten: 231,-- RM s. Aleff, Das Dritte Reich, S. 118.

94. dtv - Lexikon, Stichwort Muttertag.

95. Klinksiek, Frauen im deutschen Faschismus S. 84 m.w.N.

kreuzes der Deutschen Mutter"[96] mit folgendem Wortlaut: "Als sichtbares Zeichen des Dankes des Deutschen Volkes an kinderreiche Mütter stifte ich das Ehrenkreuz der Deutschen Mutter. Die Einzelheiten bestimmt die Satzung.

Der Führer und Reichskanzler..."

Art. 1 der Satzung[97] betonte, daß es sich um eine Auszeichnung für Verdienste um das deutsche Volk handelte. Sinn des "Ehrenkreuzes der Deutschen Mutter" sollte ein Lob "für die Nation erbrachte Opfer" sein[98]. Zur Verdeutlichung des Stellenwertes der Mutterschaft wurden plastische Vergleiche herangezogen: "Die deutsche kinderreiche Mutter soll den gleichen Ehrenplatz in der Volksgemeinschaft erhalten wie der Frontsoldat, denn ihr Einsatz von Leib und Leben für Volk und Vaterland war der gleiche wie der der Frontsoldaten im Donner der Schlachten..."[99].

Daß es auch bei dem "Mutterkreuz" nicht allein um die Anerkennung der Frau als Mutter schlechthin ging, machen die in Art. 2 der Satzung[100] aufgestellten Voraussetzungen für die Verleihung deutlich. So mußte es sich um deutschblütige, erbtüchtige und lebend geborene Kinder und um würdige Mütter handeln. Nur für die Volksgemeinschaft wertvolles Erbgut wurde also ausgezeich-

96. VO v. 16.12.38 RGBl. I, 1923.

97. Satzung des Ehrenkreuzes der Deutschen Mutter v. 16.12.38 RGBl. I, 1924.

98. Pfundtner/Neubert, Reichsrecht Bd. I a) 6 b S. 47.

99. Reichsärzteführer auf dem Parteikongreß des Reichsparteitages der Arbeit, Nürnberg 1937, zit. in: Pfundtner/Neubert, Reichsrecht Bd. I a) 6 b S. 57.

100. wie 97.

net. Auch Mütter aus asozialen Großfamilien sollten kein Mutterkreuz erhalten. Als asozial galten arbeitsscheue, unwirtschaftliche, hemmungslose Familien bzw. Mütter ohne geordneten Haushalt, die ihre Kinder als Einnahmequellen[101] betrachteten und eine Erziehung der Kinder zu ordentlichen Volksgenossen nicht gewährleisten konnten[102].

Das "Mutterverdienstkreuz" wurde in 3 Klassen ausgegeben: 3. Stufe - 4 und 5 Kinder
2. Stufe - 6 und 7 Kinder
1. Stufe - 8 und mehr Kinder[103]

- jede nächst bessere Klasse als weiterer Anreiz.

§ 3 Eherecht

A Begleitmaßnahmen und Gesetze zur Unterstützung der Ehe-, Familien- und Rassepolitik

I. Gesetz zur Verhütung erbkranken Nachwuchses

Den ersten direkten Eingriff in die Rechte des Individuums auf dem Gebiet der Ehe-, Familien- und Rassegesetzgebung stellte das Gesetz zur Verhütung erbkranken Nachwuchses vom 14.7.1933[104] dar. § 1 des Gesetzes sah die Zwangssterilisation Erbkranker vor, wobei "erbkrank" als dehnbarer Begriff aufgefaßt werden muß. Es fielen z.B. auch Menschen mit körperli-

---

101. z.B. um Kinderbeihilfe auch zum eigenen Lebensunterhalt beziehen und verwenden zu können.

102. Pfundtner/Neubert, Reichsrecht Bd. I a) 6 b S. 58.

103. Art 3 der Satzung wie FN 97.

104. RGBl. 33, I, 529.

chen Mißbildungen und Alkoholkranke unter § 1. In der Literatur wird keinerlei geschlechtsspezifische Unterscheidung bei Deutung und Anwendung des Gesetzes zur Verhütung erbkranken Nachwuchses vorgenommen[105]. Statistiken über sterilisierte Frauen und Männer zeigen kaum zahlenmäßige Unterschiede[106].

II. Gesetz über die Anwendung deutschen Rechts bei der Ehescheidung

Das Gesetz über die Anwendung deutschen Rechts bei der Ehescheidung vom 24.1.1935[107] änderte Art. 17 EGBGB, der bestimmt hatte, daß bei einer Ehescheidung das Recht des Staates Anwendung findet, dem der Ehemann zur Zeit der Scheidungsklage angehörte. Nun sollte, wenn einer der Ehegatten - Mann oder Frau - deutsche Staatsangehörige waren, für die Scheidung deutsches Recht gelten. Ob hierdurch eine Gleichberechtigung zwischen deutschen Männern und Frauen herbeigeführt werden sollte, erscheint höchst zweifelhaft. Zwar wurde darauf hingewiesen, daß die Anwendung ausländischen Rechts für die Frau eine Härte bedeuten könne, wenn dort die Scheidungsvoraussetzungen anders, insbesondere enger gestaltet waren, als dies nach deutschem Recht der Fall war[108]. Der deutschen Frau sollte "in Fragen, die ihre ureigensten Persönlichkeitsrechte angehen, wieder Lebensraum und Lebensmöglichkeit"[109] verschafft werden. Dieser "frauen-

105. Maßfeller DJ 35, 780 ff.

106. wie 105.

107. RGBl. 35, I, 48.

108. Brandis DJ 35, 368 ff, 370.

109. Brandis DJ 35, 371.

freundlichen" Argumentation gegenüber ist aber zu bedenken, daß mit einem Ausländer verheiratete deutsche Frauen i.d.R. die deutsche Staatsangehörigkeit verloren und so zur Erhaltung und Mehrung des deutschen Volkes nicht mehr beitragen konnten, weil auch ihre Kinder eine fremde Staatsangehörigkeit hatten. Wenn aber nach deutschem Recht eine Scheidung und damit die Wiedereindeutschung der Frau möglich war, bestand die Chance auf weitere deutsche Kinder bei Heirat eines Deutschen. Insoweit scheinen (auch) bevölkerungspolitische Aspekte hinter dieser Gesetzesänderung gestanden zu haben.

III. Verordnung zum Schutz von Ehe, Familie und Mutterschaft

Die eben angesprochene Tendenz, möglichst einen Bevölkerungszuwachs zu erreichen, wird in der VO zum Schutz von Ehe, Familie und Mutterschaft v. 9.3.1943[110] deutlich, die hier wegen ihres ausdrücklichen Bezugs zur Ehe mitbehandelt werden soll. Nach der VO wurde nicht nur Abtreibung, Kindestötung und Aussetzung Hilfloser wie schon bisher nach §§ 218, 217 und 221 StGB a.F., sondern auch Unfruchtbarmachung, Herstellung von schwangerschaftsunterbrechenden Mitteln, Vernachlässigung von Kindern usw. mit Gefängnis bedroht; darüberhinaus wurde mit Gefängnis bestraft, wer einer von ihm Geschwängerten gewissenlos Hilfe versagte und dadurch Mutter und Kind gefährdete. Anhand der Straftatbestände zeigt sich, daß es nicht darum ging, die schwangere Frau an sich, sondern die Frau als Mutter eines (für die Volksgemeinschaft wichtigen und nützlichen) Kindes zu schützen. So wurde zwar das Vernachlässigen eines Kindes bestraft, nicht

---

110. RGBl. 43, I, 140.

aber das der schwangeren Frau schlechthin. Diese war nur dann geschützt, wenn Mutter und Kind gefährdet waren.

B Eheliches Güterrecht

Von 1933 bis 1945 ist der das eheliche Güterrecht betreffende Teil des BGB nicht geändert worden. Gesetzlicher Güterstand war nach wie vor der der Nutznießung und Verwaltung (§§ 1353 ff. BGB a.F.[111]), in dem der Mann die alleinige Verwaltung und Entscheidungsgewalt auch über das Vermögen der Frau innehatte[112].

Wie weit der gesetzliche Güterstand des BGB von 1900 in die Rechtsstellung der Frau eingriff, wird daran deutlich, daß folgende Abgrenzung in der Literatur für notwendig befunden wurde: "Ehe und Güterstand ändern nichts an der Geschäftsfähigkeit der Frau"[113]. Schon vor und um 1900 wurde gefordert, dem Güterrecht den Gedanken der Einheit und Gemeinsamkeit zugrunde zu legen[114]. Darüber hinaus verlangte Art. 119 WRV die Gleichberechtigung der Geschlechter. Auch in der Zeit des Nationalsozialismus wurde an eine Änderung des gesetzlichen Güterstandes gedacht und daran gearbeitet.

Anstelle der Nutznießung und Verwaltung sollte der Güterstand der "Errungenschaftsgemeinschaft"

---

111. RGBl. 1896, I, 195 ff.

112. s.o. 1. Kap. § 1.

113. RGRK, Hallamik, BGB, § 1395 Anm. 1; Soergel, BGB, § 1363 Anm. 2; Damm, Die Stellung der Ehefrau und Mutter S. 61 ff.

114. vgl. Felgentraeger Jahrbuch der Akademie für deutsches Recht 1937, 71, der u.a. Otto von Gierke, Mitteis, Binding u. Bähr anführt.

treten[115], der ähnlich konzipiert war wie die heutige Zugewinngemeinschaft und die Frau an dem, was der Mann verdiente, teilhaben ließ[116].

Allerdings war die Reformidee an sich nicht typisch nationalsozialistisch, sondern vor allem von dem Gedankengut der Frauenbewegung vor 1933 geprägt[117]. Nationalsozialistischen Ursprungs sind aber die Gründe, aus denen eine Reform für erforderlich erachtet wurde. Zwar erfolgte der Hinweis, das gesetzliche Güterrecht sei zu sehr auf den Eigennutz des Mannes ausgerichtet[118] und deshalb sei eine Änderung nötig, weil es "deutscher Art" entspreche, die Selbständigkeit der Frau zu achten[119]. Wiederum stand bei diesen Reformvorschlägen aber nicht die Frau bzw. deren Rechtstellung an sich im Vordergrund. Vielmehr sollte die "Einordnung der Frau" in die Ehe gefördert werden: Für die Deutschen ist die "Anerkennung des Wertes der Frau eine Selbstverständlichkeit geworden, gerade weil wir unser Ideal nicht in der Pflichtenlosigkeit, sondern in der freiwilligen, freudigen Erfüllung der Pflicht aus eigenem Antrieb sehen. Gerade weil der Einsatz der Frau im Hause für das gesamte volkliche Dasein unentbehrlich scheint, wird

---

115. Soergel BGB, vor § 1363 Anm. 1; Gförer DR 34, 151 ff, 152.

116. z. T. wurde allerdings des bestehende Güterrecht zur Gleichstellung von Mann und Frau für ausreichend befunden und es als "Sache des Mannes" dargestellt, "sich seines Entscheidungsrechts würdig zu erweisen". Kleinewefer, Ehefrau und ehemännliches Entscheidungsrecht S. 48 im Ergebnis ihrer Untersuchung der Wege zur Besserstellung der Ehefrau.

117. Klinksiek, Die Frau im NS-Staat S. 86.

118. Lange, s. FN 30 S. 951.

119. Felgentraeger, Jahrbuch der Akademie für deutsches Recht 1937, 76.

ihre ... Teilnahme am Erwerbsleben außerhalb des Hauses beschränkt"[120]. Das Ziel, die Frau ins Haus zurückzuführen, sollte die Einführung des Güterstandes der Errungenschaftsgemeinschaft rechtfertigen[121]. Durch Verbesserung des Status der Frau im gesetzlichen Güterstand sollten demgemäß Frauen zur Eheschließung bewegt werden. Dies entspricht den schon verschiedentlich aufgezeigten bevölkerungspolitischen Vorstellungen und dem Leitbild, die Familie als "Urquell aller Volkskraft, der Volkseinheit und Volksgesundheit" zu sehen[122].

C Einführung neuer Ehenichtigkeitsgründe

I Gesetz gegen Mißbräuche bei der Eheschliessung und Annahme an Kindes statt

Mit dem Gesetz gegen Mißbräuche bei der Eheschließung und Annahme an Kindes statt vom 23.11.1933[123] wurde § 1325 a BGB und damit ein neuer Ehenichtigkeitsgrund in das Bürgerliche Gesetzbuch eingefügt. Danach war eine Ehe nichtig, die nur geschlossen war, um den Familiennamen der Frau zu ändern.

§ 1325 a BGB sollte verhindern, daß Ehen allein der Namensänderung wegen eingegangen wurden und Frauen so in den Genuß eines klangvollen Namens oder eines Adelstitels gelangten, ohne eine eheliche Lebensgemeinschaft zu vollziehen oder

120. Felgentraeger wie FN 116 S. 79.

121. Gförer DR 34, 152.

122. Mößmer Jahrbuch der Akademie für deutsches Recht 1933/34 S. 198.

123. RGBl. 33, I, 979.

auch nur zu wollen[124]. Der Name der Familie wurde als ein hohes Gut angesehen, der nicht Gegenstand eines Handels werden durfte[125]. Die in § 1325 a BGB festgelegte Nichtigkeit solcher Ehen sollte dementsprechende "Schachergeschäfte" unterbinden[126]. Für den Staat begründete dieser Nichtigkeitsgrund ein Prüfungsrecht darüber, ob die eheliche Lebensgemeinschaft tatsächlich vollzogen wurde[127], da nach § 1325 a BGB a.F. die Ehenichtigkeitsklage auch von der Staatsanwaltschaft erhoben werden konnte.

Allerdings fiel nicht jede Ehe ohne eheliche Lebensgemeinschaft unter § 1325 a BGB a.F. . Vielmehr verwies das Reichsgericht noch 1943 darauf, daß zwar jede Ehe, die keine Lebensgemeinschaft bilde, als von der Allgemeinheit nicht erwünscht sei, aber nach § 1325 a BGB nur solche Ehen nichtig seien, die nur des Namens wegen geschlossen seien. Eine Ausweitung dieses Nichtigkeitsgrundes auf andere Ehen komme nicht in Betracht. In dem dem Reichsgericht vorliegenden Fall ging es um eine Heirat wegen Schwangerschaft der Frau, wobei nach einer Fehlgeburt die eheliche Lebensgemeinschaft nicht aufgenommen wurde. Hierbei handele es sich nicht um eine sog. "Namensehe"[128]. Dennoch blieb eine Kontrollmöglichkeit der Staatsanwaltschaft für alle Ehen ohne eheliche Lebensgemeinschaft erhalten. Daraus ergibt sich, daß auch ein bevölkerungspo-

---

124. Pfundtner/Neubert, Reichsrecht Bd. II, 2 II b 23 S. 1 und 2.

125. Maßfeller DJ 33, 752 f.

126. Amtliche Begründung des Gesetzesentwurfes des Gesetzes gegen Mißbräuche bei der Eheschließung und Annahme an Kindes Statt DJ 33, 765; Ronzcki/Hoewel DRZ 34, 151.

127. Ramm, Eherecht S. 155.

128. RGZ 171, 79 ff U. v. 21.4.43.

litischer Hintergrund des Gesetzes denkbar erscheint: "Ehe"partner sollten nicht allein des Geldes oder des Namens wegen eine Ehe eingehen und so dem restlichen "Heiratsmarkt" entzogen werden.
Mit dem Ehegesetz von 1938[129] wurde § 1325 a BGB a.F. in § 23 EheG 38 fortgeführt und dahingehend erweitert, daß es für die Nichtigkeit einer Ehe ausreichend sei, daß sie "vorwiegend" zum Zwecke der Namensänderung geschlossen worden sei, und darüber hinaus wurde als weiterer Nichtigkeitsgrund eingefügt, wenn die Heirat den Erwerb der Staatsangehörigkeit des Mannes ermöglichen sollte (§ 23 I 2. Fall EheG 38), ohne daß die eheliche Lebensgemeinschaft begründet werden sollte. § 23 II EheG 38 heilte die Nichtigkeit der Ehe, wenn die Ehegatten entgegen ihrer ursprünglichen Intention die Lebensgemeinschaft aufnahmen. Anders als die weiteren Nichtigkeitsgründe des EheG von 1938 galt § 23 I 2. Fall EheG 38 auch für vor dem Inkrafttreten des EheG 38, aber nach 1918 geschlossene Ehen (§ 86 I u. II EheG 38), griff also u.U. in schon lange bestehende Ehen ein.

§ 1325 a BGB a.F. und später § 23 EheG 38 behandelten nur die Änderung des Familiennamens der Frau. Dies deshalb, weil § 1355 BGB seit 1900 unverändert galt und bestimmte, daß Familienname der Name des Mannes war. Ein Wahlrecht zwischen dem Namen der Frau und dem des Mannes gab es nicht. Insoweit konnten Männer keinen Mißbrauch bei der Eheschließung bzgl. des Namens betrei-

---

129. Gesetz zur Vereinheitlichung des Rechts der Eheschließung und Ehescheidung im Lande Österreich und im übrigen Reichsgebiet v. 6. Juli 1938 RGBl. I, 807 ff.

ben, so daß sich der Wortlaut der Bestimmungen mit ihrer Beschränkung auf die Frauen daraus erklären läßt. Dieser Gedankengang gilt auch für den zweiten Nichtigkeitsgrund des § 23 I EheG 38, da gem. § 6 RuStAG a.F.[130] die Frau durch die Eheschließung mit einem Deutschen die Staatsangehörigkeit des Mannes erwarb.

II Erbgesundheitsgesetz

Das Gesetz zum Schutz der Erbgesundheit des deutschen Volkes (Erbgesundheitsgesetz) vom 18.10.1935[131] verbot Ehen, bei denen gesunder Nachwuchs nicht erwartet werden konnte. Die Eheverbote des § 1 des Gesetzes waren: a) ansteckende Krankheit mit Folgen für Ehepartner und Kinder, b) Entmündigung, c) Geisteskrankheit ohne Entmündigung, d) Erbkrankheit. Dabei sollte die Aufzählung der Gründe zeigen, "daß nur solche Ehen verboten werden, die im Interesse der Volksgesundheit unbedingt verhindert werden müssen"[132], wobei die staatlichen Verbote nach dem Fortschritt der Vererbungsforschung unerläßlich seien[133].

Maßgeblich war dabei allein die "Verhütung erbkranken Nachwuchses" - nicht Wohl und Wehe der Eheleute. Das wird an der folgenden - typischen - Entscheidung eines Erbgesundheitsgerichts

130. § 6 des Reichs- und Staatsangehörigengesetzes vom 22.7.13 RGBl. I, 583 blieb bis zum Zusammenbruch des Reiches gültig und galt über die letzte Änderung des RuStAG (RGBl. 42, I, 4) in der nationalsozialistischen Ära hinaus fort.

131. RGBl. 35, I, 1246.

132. Maßfeller DJ 35, 1875 f.

133. Grunau Jahrbuch der Akademie für deutsches Recht 1936, 237.

deutlich: Mann und Frau erfüllten die tatbestandlichen Voraussetzungen des § 1 Zif. c Erbgesundheitsgesetz; die Frau hatte die Volksschule nicht beendet und hatte sich in Fürsorgeerziehung befunden, der Mann hatte seine Lehre nicht beendet und Geld entwendet. Von beiden sei deshalb Nachwuchs wegen des wenig wertvollen Erbgutes nicht erwünscht. Eine Ehe jeweils mit einem "gesunden" Ehegatten liefe bevölkerungspolitischen Zwecken zuwider. Wegen der Unfruchtbarkeit der Frau sah sich das Erbgesundheitsgericht aber in der Lage, die Ehe dennoch nicht zu verbieten. Weil die Frau ohnehin keine Kinder bekommen könne, sei durch eine Ehe mit dieser Frau auch "schlechter, erbkranker oder erblich belasteter" Nachwuchs des Mannes ausgeschlossen. Daher sei das Ziel, erbuntaugliche Kinder zu verhindern, erreicht, und die Ehepartner seien "ehetauglich"[134].

Die auf Rassenerhalt und -vermehrung gerichtete Intention des Gesetzgebers wird ebenfalls am Beispiel des § 25 der ersten Durchführungsverordnung des Erbgesundheitsgesetzes[135] deutlich, wonach die Unfruchtbarkeit einer Frau über 45 Jahre nicht mehr festgestellt zu werden braucht - ab einem Alter also, in dem Geburten in aller Regel naturgemäß ausgeschlossen sind.

Wiederum ging es in diesen Fragen nicht um Belange des einzelnen Ehepartners. Unter den verschiedenen Krankheiten, von denen Auswirkungen auf die Gesundheit des Nachwuchses bzw. auf den Erfolg bzgl. des Nachwuchses erwartet werden konnten, wurden neben Blutkrankheiten, Krankhei-

---

134. Erbgesundheitsgericht Lübeck Beschl. v. 26.11.37 JW 38, 399.

135. RGBl. 35, I, 1419.

ten der Atmungsorgane, des Herzens, der Nieren etc. auch Frauenkrankheiten genannt[136]. Es sollte auch die Beckengröße untersucht werden, wobei auf Gefahren und Schwierigkeiten eines zu engen Beckens und einer Schnittentbindung hingewiesen wurde - allerdings nicht wegen der Gefährdung der Frau: Es "ist zu erwägen, ob sonst wertvolles Erbgut die Fortpflanzung unter Hintansetzung der persönlichen Gefahrenmomente wünschenswert erscheinen läßt"[137]. Auch in diesen ganz privaten - u.U. gesundheitsgefährdenden - Bereichen wurde also der Grundsatz "Gemeinnutz geht vor Eigennutz" nicht aufgegeben.

Nach §§ 1 und 2 der ersten Durchführungsverordnung des Erbgesundheitsgesetzes[138] war für jede Eheschließung ein "Ehetauglichkeitszeugnis" nötig, das erst nach einer Untersuchung beider Ehepartner durch die Gesundheitsämter ausgestellt werden sollte. Mit dem Erfordernis des "Ehetauglichkeitszeugnisses" sollte der Staat zum einen die vollständige Kontrolle darüber haben, daß nur "bevölkerungspolitisch wertvolle" Ehen geschlossen wurden, und zum anderen bot sich die Möglichkeit einer umfassenden Eheberatung[139]. Zu letzterer wurden "Zehn Gebote für die Gattenwahl"[140] aufgestellt, die in jeder Beratungsstelle aushängen sollten.

---

136. Gütt, Linden, Maßfeller, Blutschutz- und Erbgesundheitsgesetz S. 142 ff.

137. Gütt, Linden, Maßfeller, Blutschutz- und Erbgesundheitsgesetz S. 143.

138. RGBl. 35, I, 1419.

139. Maßfeller DJ 35, 1875 f.

140. herausgegeben vom Reichsausschuß für Volksgesundheitsdienst, abgedr. in: Gütt, Linden, Maßfeller, Blutschutz- und Erbgesundheitsgesetz S. 12 ff.

Insgesamt sollte nicht die Kontrolle, sondern die Erziehung des Volkes im Vordergrund stehen: "Im übrigen kommt alles auf die Eheberatung und die dadurch ermöglichte Erziehung des Volkes an. In diesem Rahmen wird der freie Entschluß der Verlobten und die Verantwortung für die Zukunft ihrer Familie nicht angetastet"[141].
Dies entsprach - anders als der Gesetzes- und Verordnungswortlaut es vermuten läßt - deshalb der Realität, weil mit der DVO eine Überwachung der Eheschließungen zwar in Aussicht gestellt, aber nicht durchgeführt wurde[142].

Dabei ging es nicht um "wertvollen, erbgesunden" Nachwuchs schlechthin, sondern um deutschen Nachwuchs. § 5 I des Erbgesundheitsgesetzes bestimmte, daß das Gesetz keine Anwendung finde, wenn beide oder der männliche Verlobte Ausländer seien. Das hatte seinen Ursprung darin, daß die Frau mit der Heirat eines Ausländers die deutsche Staatsangehörigkeit verlor und dementsprechend Kinder nicht Deutsche wurden. An Kindern mit fremder Staatsangehörigkeit hatte aber das Deutsche Reich kein Interesse, so daß die rassischen und eugenischen "Schutzbestimmungen" überflüssig waren[143].
Diese Differenzierung erscheint nicht konsequent. Zwar waren die Kinder eines deutschen Mannes und einer nicht-deutschen Frau deutsche Staatsangehörige; aber die Erziehung und Pflege der "deutschen" Kinder übernahm die ausländische Frau. Damit war nicht ausgeschlossen, daß fremdes Kulturgut in die Erziehung einfloß und den

---

141. Gütt, Linden, Maßfeller, Blutschutz- und Erbgesundheitsgesetz, Vorwort S. III.

142. Ramm, Eherecht S. 156.

143. Pfundtner/Neubert, Bd. IV d 13 S. 7.

Kindern das deutsche "Wesen" nicht in der Weise vermittelt wurde, wie es von 1933 bis 1945 als wünschenswert erachtet wurde. Denkbar ist allerdings, daß dies bei "wertvollem Erbgut" in Kauf genommen und auf die staatlichen Erziehungsorgane (HJ etc.) gebaut wurde.

III Blutschutzgesetz

Einen weiteren Eingriff in die Rechte des Individuums durch Umgestaltung des Eherechts bildete das Gesetz zum Schutz des deutschen Blutes und der deutschen Ehre (Blutschutzgesetz) vom 15.9.1935[144]. Nach § 1 des Blutschutzgesetzes waren zwischen Juden und Deutschen geschlossene Ehen nichtig; § 2 verbot außerehelichen Geschlechtsverkehr zwischen Juden und Deutschen. Allerdings waren Zuwiderhandlungen gegen § 2 nur für Männer strafbewehrt (§ 5 II Blutschutzgesetz) und zwar nach dem Wortlaut des § 5 II für jüdische und deutsche Männer. Warum Frauen von dieser Strafbestimmung ausgenommen waren, läßt sich nicht nachprüfen.

Insgesamt wird die Intention des Gesetzgebers an der Präambel zum Blutschutzgesetz[145] deutlich: "Durchdrungen von der Erkenntnis, daß die Reinheit des deutschen Blutes die Voraussetzung für den Fortbestand des Deutschen Volkes ist, und beseelt von dem unbeugsamen Willen, die Deutsche Nation für alle Zukunft zu sichern, hat der Reichstag einstimmig das folgende Gesetz beschlossen...".

---

144. RGBl. 35, I, 1146.

145. RGBl. 35, I, 1146.

Das Gesetz zur Vereinheitlichung des Rechts der Eheschließung und der Ehescheidung im Lande Österreich und im übrigen Reichsgebiet vom 6. Juli 1938[146] änderte die Vorschriften des Familienrechts des BGB zur Eheschließung (1. Abschnitt des EheG 38) und zur Ehescheidung (2. Abschnitt des EheG 38). Hatten Erbgesundheits- und Blutschutzgesetz "nur" einzelne staatliche Eingriffe in das Recht er Eheschließung gebildet, so wurde mit dem EheG 38 der Gemeinwohlgedanke auf das gesamte Eherecht ausgeweitet - insbesondere auf jede Art von Auflösung der Ehe. Das Individualinteresse der Ehepartner wurde dem Interesse der "Volksgemeinschaft" völlig untergeordnet. Dabei kann bei der diesbezüglichen Bewertung nicht beim Wortlaut des Ehegesetzes von 1938 halt gemacht werden. Vielmehr verwiesen zeitgenössische Autoren darauf, daß das Ehegesetz von 1938 ein nationalsozialistisches Gesetz sei und deshalb nur eine einzige, die nationalsozialistische Auslegung vertrage[147]. Dies gewinnt größere Bedeutung, wenn man bedenkt, daß das Ehegesetz von 1938 von auslegungsbedürftigen Generalklauseln und unbestimmten Rechtsbegriffen durchzogen war. Daraus resultierte eine relativ große Unabhängigkeit der Richter vom Gesetzestext, die allerdings durch die Abhängigkeit von anderen Faktoren kompensiert wurde - insbesondere durch ideologische Beeinflussung seitens der NSDAP[148].

---

146. RGBl. 38, I, 807 ff.

147. Messer DR 41, 2793 ff; vgl. dazu Mestwerdt, Das Sozialbild der Ehe S. 110 ff; z. Zeitgeist in der Zivilrechtsprechung s. Fieberg, Justiz im nationalsozialistischen Deutschland S. 60 ff.

148. Ramm, Eherecht S. 157.

Inwieweit Frauen betroffen waren, soll die folgende - am System des Ehegesetzes von 1938 orientierte - Darstellung zeigen.

E Ehemündigkeit

§ 1 des Ehegesetzes von 1938 regelte die Frage der Ehemündigkeit und verdrängte § 1303 BGB a.F.. § 1 I EheG 38 setzte für den Mann ein Lebensalter von 21 Jahren, für die Frau eines von 16 Jahren für die Eheschließung voraus.
Nach § 1 II EheG 38 war - ebenso wie vor der Neuregelung nach § 1303 II BGB a.F. - für die Frau eine Dispenserteilung von dieser Altersgrenze vorgesehen.
Ein Mann konnte nach § 3 BGB a.F. vor und nach 1938 durch Beschluß des Vormundschaftsgerichtes für volljährig erklärt werden und dann die Ehe eingehen. § 5 BGB a.F. setzte für eine positive Entscheidung die Förderung des "Besten des Minderjährigen" voraus, wobei es vor Geltung des EheG 38 z.B. als ausreichend angesehen wurde, daß die Verlobte des Mannes ein Kind erwartete[149]. Mit Inkrafttreten des EheG 38 bzw. dessen erster Durchführungsverordnung mußte der Mann zusätzlich seinen Wehr- und Arbeitsdienst bereits abgeleistet haben[150].
Diese zusätzliche Voraussetzung wurde damit begründet, daß bei einem Mann erst mit 21 Jahren die geistige und sittliche Reife zur Übernahme der Verantwortung gegenüber Familie und Volksgemeinschaft vorhanden sei, er vorher seine Be-

149. Achilles/Greiff, BGB, § 5 Anm. 1; RGRK, Hallmick, BGB, § 5 Anm. 1; Staudinger, Engelmann, BGB § 5 Anm. 1; Engelhardt DGWR 38, 106 ff.

150. § 2 der 1. DVO zum EheG 38 vom 27.7.38 RGBl. I, 923.

rufsbildung als wirtschaftliche Existenzgrundlage für die Familie nicht beendet habe und er vor der Eheschließung zwischen 18 und 21 Jahren seine Wehrpflicht und seinen Arbeitsdienst ableisten müsse[151].

Diese Argumentation läßt nicht den Schluß zu, Frauen sei im Dritten Reich früher als Männern die für eine Familiengründung notwendige sittliche Reife etc. zugesprochen worden.
Vielmehr standen bei einem Mann, anders als bei einer Frau, völkische Belange einer frühzeitigen Eheschließung entgegen[152]. Im Vordergrund stand der Gedanke, daß die vielfältige Verwendbarkeit des Mannes in jungen Jahren nicht eingeschränkt werden durfte. Demgegenüber war die Frau "zum Wohle des Volksganzen" nur einseitig verwendbar - nämlich als Mutter -, so daß deren jugendliches Alter keinen Hinderungsgrund gegen die Eheschließung bildete.

F Ehenichtigkeit

Die in §§ 20 bis 26 EheG abschließend aufgeführten Tatbestände hatten die Nichtigkeit der Ehe zur Folge.
Danach war eine Ehe nichtig, also von Anfang an nicht bestehend, wenn dies im Blutschutzgesetz oder im Erbgesundheitsgesetz[153] vorgesehen war[154], des weiteren bei mangelnder Form, Geschäftsunfähigkeit, Eheschließung um des Namens

151. Volkmar, Antoni, Eherecht, § 1 EheG Anm. 2.

152. wie 151.

153. RGBl. 35, I, 1146; RGBl. 35, I, 1246.

154. § 20 EheG 38.

willen, Doppelehe, Verwandtenehe und Ehebruch (§§ 21 bis 26 EheG 38).
Die wesentlichen - vom BGB von 1900 abweichenden - Ehenichtigkeitsgründe der §§ 20 und 23 EheG sind mithin lediglich aus vorangegangenen nationalsozialistischen Gesetzen ins EheG 38 übertragen worden. Neue Aspekte sind insoweit nicht hinzuzufügen.

G Eheaufhebung

I. Allgemeines

Das BGB von 1900 enthielt weitere bzw. andere Ehenichtigkeitsgründe. Nach §§ 1331 ff BGB a.F. war eine Ehe anfechtbar, wenn ein Mangel der Geschäftsfähigkeit, Irrtum über Eheschließung oder Person des Ehegatten, arglistige Täuschung oder Drohung vorlagen.

Aus diesen Gründen sollte eine Ehe nach dem Ehegesetz 1938 nicht mehr anfechtbar, sondern nur noch aufhebbar sein[155].
Diese Änderung wurde damit begründet, daß es nicht der "heutigen Auffassung vom Wert und von der Bedeutung der Ehe" entspreche, eine Ehe als von Anfang an nichtig zu betrachten, wenn lediglich vertragliche Aspekte der Geschäftsfähigkeit und des Irrtums zugrunde lägen[156]. Eine Nichtigkeit der Ehe und die dementsprechende Wirkung, die Ehe als nicht eingegangen anzusehen, sei nur unter Berücksichtigung völkischer Belange gerechtfertigt, nicht aber bei Willensmängeln

155. §§ 33-39 EheG 38.

156. Amtliche Begründung zum EheG 38 DJ 38, 1102 ff, 1106.

einzelner Ehegatten[157].
Mit dieser Differenzierung wurden die bevölkerungspolitischen Tendenzen des Gesetzgebers von 1938 erneut evident. Darüber hinaus zeigt sich auch an diesem Beispiel, daß die Interessen des einzelnen hinter denen der Allgemeinheit zurückzutreten hatten.

II. § 37 EheG - Irrtum

Eine inhaltliche Änderung der ehemaligen Ehenichtigkeitsgründe des BGB erfolgte durch das EheG 38 allein in § 37 EheG 38.
§ 37 EheG 38 ersetzte § 1333 BGB a.F. und enthielt eine Abweichung in zweifacher Hinsicht. Zum einen war nach § 37 II EheG 38 die Aufhebung ausgeschlossen, wenn der die Aufhebung begehrende Ehgatte "nach Entdeckung seines Irrtums zu erkennen gegeben hat, daß er die Ehe fortsetzen will, oder wenn sein Verlangen nach Aufhebung der Ehe mit Rücksicht auf die bisherige Gestaltung des ehelichen Lebens der Ehegatten sittlich nicht gerechtfertigt erscheint"[158].
§ 37 II EheG 38 trug dementsprechend "dem Gedanken der Bewährung" Rechnung, was einem praktischen Bedürfnis entsprochen haben soll[159].
Zum anderen - und dies ist die einschneidendere Änderung - sollte an Stelle des Irrtums über die persönlichen Eigenschaften nach § 1333 BGB a.F. der Irrtum über Umstände, die die Person des anderen Ehegatten betrafen, zur Aufhebbarkeit der Ehe führen[160].
Dabei stand das gesetzgeberische Ziel im Vorder-

157. wie 156.

158. § 37 Abs. 2 EheG 38.

159. Amtliche Begründung zum EheG 38 DJ 38, 1107.

160. § 37 Abs. 1 EheG 38.

grund, einer "in der Rechtsprechung hervorgetretenen zu engen Auslegung des Begriffs der 'persönlichen Eigenschaften' vorzubeugen"[161].
Für einen Irrtum über die Person des anderen Ehegatten betreffende Umstände reichten Umstände jeder Art aus; so z.B. auch Vorgänge, Verhältnisse, Werturteile und dergleichen[162], soweit die Person des Ehegatten betroffen war. Daß hiermit eine Ausweitung der Aufhebungsgründe nach nationalsozialistischem Gutdünken angestrebt und möglich war, liegt auf der Hand. demgemäß wurde die Vorschrift in dem Sinne kommentiert, daß der irrende Ehegatte bei Kenntnis der Sachlage bei "richtiger Würdigung des Wesens der Ehe" von deren Eingehung abgehalten worden sein muß und der Maßstab "aus dem Wesen der Ehe, wie es der heutige Staat versteht" zu entnehmen sein sollte[163].

Einzelfälle aus der Rechtsprechung zeigen die Entwicklung des § 1333 BGB a.F. zum § 37 EheG 38 und die Besonderheiten bzgl. der Behandlung von Frauen.

1. Rassezugehörigkeit

Noch im Rahmen des § 1333 BGB a.F. wurde die Rassezugehörigkeit im Wege richterlicher Rechtsfortbildung als "persönliche Eigenschaft" eines Ehegatten und dementsprechend als Anfechtungsgrund angesehen. Dabei war für eine erfolgreiche Anfechtungsklage die bloße Möglichkeit ausreichend, daß einer der Ehegatten (hier die Frau) von einem jüdischen Vater abstammen

---

161. wie 159.

162. Palandt, Lauterbach, BGB, 6 Aufl., § 37 EheG, Anm. 3.

163. Palandt, Lauterbach, BGB, 6. Aufl. § 37 EheG Anm. 4.

könnte[164] - dies vor dem Hintergrund der NSDAP-Mitgliedschaft des Klägers seit 1927[165].
Begründet wurde die Nichtigkeit einer Ehe wegen der "jüdischen Abstammung" eines Ehegatten mit dem Interesse des Staates, Ehen zu lösen, die sich voraussichtlich dauernd unglücklich gestalten[166].
Eine unterschiedliche Bewertung des Kriteriums der Rassezugehörigkeit bei Männern und Frauen ließ sich aus der Rechtsprechung und Literatur zu § 1333 BGB a.F. bzw. später § 37 EheG 38 nicht entnehmen. Vielmehr scheint hier die bevölkerungspolitische Komponente der "Reinerhaltung der arischen Rasse" geschlechtsspezifische Differenzierungen nicht aufkommen gelassen zu haben.

2. Vorehelicher Geschlechtsverkehr

Unterschieden wurde allerdings bei vorehelichem Geschlechtsverkehr. Hatte die Frau vor der Ehe mit einem anderen Mann geschlechtlich verkehrt, so war dies ein Nichtigkeitsgrund nach § 1333 BGB a.F. bzw. ein Aufhebungsgrund nach § 37 EheG 38[167]. Der gleiche Umstand bei einem Mann begründete indes eine nichtige oder anfechtbare Ehe nicht[168].
Ob es sich hier um ein typisch nationalsozialistisches Phänomen handelt, erscheint zweifelhaft. Jedenfalls hatte sich Hitler für einen "Probier"[169], also den vorehelichen Geschlechts-

---

164. RGZ 148, 193 ff. 194 U. v. 22.8.35.

165. RGZ 148, 193.

166. RGZ 148, 194.

167. RG, JW 34, 3269; JW 35, 3095; 38 2209.

168. Roquette, Eheaufhebung S. 30; Volkmar, Antoni, Eherecht, § 37 EheG Anm. 4 (S. 140).

169. Picker, Tischgespräche S. 289 u. 298.

verkehr ohne Unterschied zwischen Mann und Frau ausgesprochen. Dies scheint der nationalsozialistischen Ideologie schon wegen der bevölkerungspolitischen Aspekte näherzuliegen. Bei den tatsächlich vorgenommenen Differenzierungen kann es sich um Zugeständnisse an Moralvorstellungen, wie sie im Bürgertum schon vor der Machtergreifung vorhanden waren, gehandelt haben. Es kann auch nicht ausgeschlossen werden, daß vorehelicher Geschlechtsverkehr der Frau als Trennungsgrund zum Anlaß genommen wurde, um der Frau aus anderen Gründen ledig zu werden.

3. Krankheit der Frau

Die Krankheit eines Ehegatten war ebenfalls eine "persönliche Eigenschaft" i.S. des § 1333 BGB a.F..
Mitte 1934 behandelte das Reichsgericht die Schizophrenie einer Ehefrau als deren "persönliche Eigenschaft"[170]. In dem zur Entscheidung vorliegenden Fall war die Frau unheilbar geisteskrank. Ihre Erkrankung war 1931 erstmals in Erscheinung getreten. Das Reichsgericht wies auf die Gefährdung der Nachkommen und auf die Gewißheit, daß die Kinder erbkrank seien, hin. Der Hinweis der Revision, daß die Krankheit der Ehefrau nur durch Betreiben des Ehemannes zum Ausbruch gekommen sei, wurde nicht weiter verfolgt.
Auch die Unterleibstuberkulose der Frau stellte eine persönliche Eigenschaft i.S.d. § 1333 BGB a.F. dar[171]. Zwar war die Frau in dem vom RG entschiedenen Fall nicht unheilbar erkrankt, der

---

170. RGZ 145, 11 f, 12 U. v. 18.6.34.

171. RGZ 146, 241 ff, 242 U. v. 20.12.34 = JW 35, 695 f.

ärztliche Sachverstände war aber zu dem Ergebnis gekommen, daß "mit größter Sicherheit" an die Erzeugung von Nachkommen, jedenfalls aber gesunden Nachkommen nicht gedacht werden könne. Eine solche Ehe entsprach nicht den "Anforderungen des Staates über Wesen und Zweck der Ehe" und war deshalb nichtig. Dies nicht zuletzt, damit der gesunde Ehegatte von der Ehe freikommen konnte[172].

1935 reichte dann die "große Wahrscheinlichkeit" einer Unfruchtbarkeit der Frau durch Verlagerung der Gebärmutter zur Anwendbarkeit des § 1333 BGB a.F. aus[173]. Das Reichsgericht führte aus, daß sogar die Neigung zur Verlagerung der Gebärmutter eine "derartige Abweichung des weiblichen Geschlechtsorganismus von seiner normalen Beschaffenheit bilden" kann, daß "sie der Frau ein besonderes, ihr anhaftendes wesentliches Merkmal" gibt[174]. Dabei war diese Abweichung schon dann wesentlich, wenn sie die Fruchtbarkeit der Frau in erheblichem Maße gefährdete.

Hatte das Reichsgericht bis zum September 1935 § 1333 BGB a.F. angewendet, wenn eine zum Zeitpunkt der Eheschließung vorhandene Anlage mit Notwendigkeit zur Geisteskrankheit führen mußte, ließ es seitdem die diesbezügliche "begründete Besorgnis" ausreichen - in Gegenüberstellung zum Begriff der "unbestimmten Besorgnis"[175]. Das Reichsgericht rechtfertigte seine Entscheidung mit der Bedeutung der Ehe für die Volksgemeinschaft[176].

---

172. RGZ 146, 242.

173. RGZ 147, 211 ff, 213 U. v. 14.3.35.

174. RGZ 147, 213.

175. RGZ 148, 395 ff, 398 U. v. 30.9.35 = JW 36, 179 f.

176. RGZ 148, 398.

Die bisher aufgezeigten Rechtsprechungsbeispiele zur "Krankheit der Frau" machen die noch vor Geltung des § 37 EheG 38 eintretende allmähliche Aufweichung der Anforderungen an das Vorliegen einer "persönlichen Eigenschaft" deutlich. War zunächst der Nachweis einer Krankheit erforderlich, so reichte später die bloße "begründete Besorgnis".

Auffallend erscheint, daß für jede der für nichtig erklärten Ehen festgestellt wurde, daß die Lebensgemeinschaft ohnehin bevölkerungspolitisch wertlos sei, weil gesunde Nachkommen nicht erwartet werden konnten. Daran zeigt sich wiederum die Beschränkung der Frau auf eine Funktion, nämlich auf das Gebären von Kindern.

1941 hielt das Reichsgericht die vorübergehende Hinderung, Kinder zu empfangen, für ausreichend[177]. Aufhebungsgrund waren "schlecht riechende Geschwüre an beiden Beinen der Ehefrau, die ihre Fähigkeit, dem Haushalt vorzustehen und für die Kinder zu sorgen, in beträchtlichem Maße gemindert haben und es zeitweise geraten erscheinen lassen, daß sie keine Kinder empfange." Der Ehemann und Kläger hatte bei der Heirat besonderen Wert auf "eine körperlich leistungsfähige und arbeitskräftige Frau" gelegt. Hier reichte demnach die Minderung der Leistungsfähigkeit für eine Aufhebung der Ehe aus. Unabhängig von der gesetzlichen Lage zeichnet sich an dieser Rechtsprechung die richterliche Rechtsfortbildung im nationalsozialistischen Sinne ab.

---

177. RG IV 20/41 U. v. 9.4.41 zit. in: Scanzoni, Ehegesetz § 37 III Nr. 35.

Mit Geltung des § 37 EheG 38 reichte ein Irrtum über die die Person des anderen Ehegatten betreffenden Umstände für die Eheaufhebung aus. Das wirkte sich u.a. darin aus, daß nunmehr nicht mehr festgestellt werden mußte, daß für die Ehefrau selbst die "begründete Besorgnis" der Erkrankung bestand. Ausreichend war vielmehr die bloße "Anlage zur Erbkrankheit"[178], die schon dann als gegeben angesehen wurde, wenn die Mutter und Großmutter der Ehefrau z.B. schizophren gewesen waren[179]. Das Reichsgericht verwies auf den Willen des Gesetzgebers des Ehegesetzes von 1938, verstandesgemäße, mehr auf das Einzelinteresse bezogene Gesichtspunkte hinter allgemeingültige sittliche und völkische zurücktreten zu lassen[180]. Demgegenüber war im Rahmen des § 1333 BGB a.F. eine Erbkrankheit der Mutter der Ehefrau nicht für ausreichend befunden worden[181].

Allerdings führte auch die Anwendung des § 37 EheG 38 nicht dazu, den Gesundheitszustand der Ehefrau überhaupt nicht mehr zu überprüfen. Vielmehr wurde einer Frau, deren Mutter manisch depressiv gewesen war, bescheinigt, sie verfüge über eine einwandfreie Persönlichkeit und seelische Festigkeit und sei demnach "völlig ehetauglich"[182]. Die Gefährdung der Nachkommen sei so gering, daß gegen deren Erzeugung keine Bedenken

---

178. RGZ 158, 268 ff, 275 U. v. 13.10.38.

179. RGZ 158, 273.

180. RGZ 158, 275.

181. RGZ 153, 78 ff, 84 U. v. 3.12.36.

182. RGZ 168, 61 ff, 64 U. v. 3.12.41.

bestünden. Der Zweck der Ehe, die Erzeugung von Kindern, sei demgemäß erfüllbar und die Ehe insoweit nicht belastet. Die augenblickliche persönliche Einstellung des Mannes sei nicht ausreichend. Im übrigen stehe der Aufhebung der Ehe nichts entgegen, sollte die Frau doch noch erkranken[183]. Die Argumentation des Reichsgerichts, die Frau sei "völlig ehetauglich", stellt wiederum allein auf die bevölkerungspolitische Komponente ab. Allerdings macht diese Entscheidung deutlich, daß es bei der Aufhebung einer Ehe nicht grundsätzlich darum ging, die Interessen der Frau hinter die des Mannes zu stellen. Es sollte eine größtmögliche 'Nutzung des vorhandenen Erbpotentials zum Wohle des Volksganzen' erfolgen.

5. Lebenswandel der Familie der Frau

Nicht nur Krankheit, auch der Lebenswandel der Familie der Frau sollte unter § 37 EheG 38 beachtlich werden. So hob das Reichsgericht eine Ehe auf, weil die Mutter der Ehefrau wegen gewerbsmäßiger Abtreibung bestraft worden war und zwei Schwestern der Frau einen unsittlichen Lebenswandel führten[184]. Der Kläger trug dazu vor, daß die "mit zwei Jahren Zuchthaus geahndete gewerbsmäßige Abtreibung die ganze mütterliche Sippe der Beklagten nunmehr in so grellem Licht des moralischen Tiefstandes erscheinen läßt, daß bei der sich hier zeigenden sittlichen Minderwertigkeit von einer allgemeinen Sippeneigenschaft gesprochen werden müsse, die auch als eine Eigenschaft der Beklagten selbst zu werten sei." Das Reichsgericht hat dem zugestimmt und

---

183. RGZ 168, 61.

184. RG JW 39, 156 ff, 158 U. v. 10.10.38.

dies als die Person betreffende Umstände gewürdigt. Dieser Entscheidung wurde in der Literatur mit der Bemerkung zugestimmt, daß die persönlichen Eigenschaften naher Sippenangehöriger herangezogen werden müßten, wenn dadurch Rückschlüsse auf das Erbgut des betreffenden Ehegatten möglich seien[185].
Ähnlich wie im Dritten Reich das Judentum nicht als Religionsgemeinschaft, sondern als Rasse bezeichnet wurde, wird hier pauschal das soziale Umfeld mit dem Erbgut gleichgesetzt. Eine Differenzierung bzgl. eventuell bestehender erbbiologischer oder aber nur pädagogisch sozialer Beeinflussung der Ehefrau durch ihre Mutter scheint das RG nicht in Erwägung gezogen zu haben.

Zugunsten einer Ehefrau wurde das Aufhebungsverlangen abschlägig beschieden, wenn das Verlangen mit Rücksicht auf die bisherige Gestaltung des Ehelebens sittlich nicht gerechtfertigt erschien (§ 37 II EheG 38). Anders als nach § 1333 BGB a.F. war dies nach dem Ehegesetz von 1938 zu berücksichtigen. Die Zahl der Anwendungen des § 37II EheG 38 blieb jedoch in den[186] höchstrichterlichen Entscheidungen gering[187].

6. Eheaufhebungsklagen von Frauen

Den bisher aufgezeigten Fällen ist gemeinsam, daß der die Nichtigkeit bzw. Aufhebung begehrende Ehepartner jeweils der Mann war.

---

185. Rilkmann JW 39, 158 f.

186. veröffentlichten.

187. Anwendung des § 37 Abs. 2 EheG 38 bei einer Ehe, die 17 Jahre bestanden hatte und aus der ein Kind hervorgegangen war. RGZ 159, 183 ff U. v. 2.2.39.

Es existieren - soweit ersichtlich - nur zwei Entscheidungen, bei denen die Ehefrau als Klägerin auftrat. Dabei ging es einmal um Impotenz, Trunksucht und ehrloses Verhalten des Mannes[188]. Diese Ehe wurde für nichtig erklärt mit der Begründung, die Familie müsse leistungsfähige Grundlage für die Entfaltung völkischer Kräfte sein. Ohne diese Basis habe die Ehe keine Existenzberechtigung mehr. Im zweiten Fall litt der Mann unter Lungentuberkulose[189].

Anders als bei den erfolgreichen Klagen der Ehemänner kann in diesen beiden Fällen eine abgeschwächte Argumentationsweise, wie sie das RG nach und nach praktizierte, nicht festgestellt werden. Die Ehemänner waren tatsächlich erkrankt oder haben sich ehewidrig verhalten. Dementsprechend wäre eine Änderung des § 1333 BGB a.F. oder die aufgezeigte richterliche Rechtsfortbildung in diese Entscheidungen nicht nötig gewesen.

Die Tatsache, daß es sich bei den von Frauen eingereichten Klagen um weniger und um eindeutigere Fälle handelt, läßt sich mit dem gesellschaftlichen Makel erklären, der einer "wieder ledigen" Frau damals[190] anhaftete. Daß es sich dabei nicht um eine Scheidung, sondern um Eheaufhebung und damit nicht um eine "geschiedene" Frau gehandelt hat, dürfte in Bezug auf das Ansehen, den Ruf und die gesellschaftliche Stellung einer Frau keinen Unterschied gemacht haben, weil diese Differenzierung einem Laien nicht aufgefallen sein wird.

---

188. OLG Zweibrücken JW 36, 286 Beschl. v. 1.11.35.

189. RGZ 165, 121 ff U. v. 7.11.40.

190. und auch heute noch.

Die Grundlagen der Neugestaltung des Ehescheidungsrechts im Ehegesetz von 1938 ergeben sich aus der nationalsozialistischen Auffassung vom Wesen der Ehe[191]. Die maßgebliche Bedeutung der Ehe lag in der Erhaltung und Mehrung des Bestandes und der Gesundheit des deutschen Volkes. Ziel der Ehescheidungsreform sollte und konnte deshalb nicht eine allgemeine Erleichterung der Ehescheidung zugunsten des einzelnen sein.
Ziel sollte es vielmehr sein, eine für die Volksgemeinschaft wertlose Ehe, "die auch für die Ehegatten, die sich ihrer sittlichen Pflichten in vollem Maße bewußt sind, nicht mehr zu einem rechten ehelichen Gemeinschaftsleben führen kann, auf einem ehrlichen Wege lösbar" zu machen[192].
In diesem Zusammenhang wurde wiederum betont, daß der tiefste Sinn der Ehe außerhalb der Individualinteressen der Ehegatten zu finden sei[193]. Die Besonderheit der Ehe, die sich zur Familie erweitern solle, begründe die Verantwortung der Ehegatten gegenüber dem Volk[194].
Auch wenn die Ehe - wie immer wieder bekräftigt wurde - als "Hort des Kinderreichtums" angelegt sein sollte, wurde eine kinderlose Ehe nicht von vornherein als wertlos angesehen. Wegen der

---

191. Erffa, Das neue Eherecht S. 46.

192. Amtliche Begründung zum EheG 38 DJ 38, 1107; ähnl. Rexroth JW 38, 2080 ff, 2081.

193. Auert, Die Eheauflösung im neuen deutschen Recht S. 7 f; Erffa, Das neue Eherecht S. 46; Scanzoni, Ehegesetz, Einl. zum Recht der Eheschließung S. 95.

194. Larenz DR 37, 184 ff, 186.

Ausgewogenheit[195] und "erzieherischen und belebenden Kräfte"[196] der ehelichen Lebensgemeinschaft könne auch eine kinderlose Ehe "mittelbar Gewinn für die Volksgemeinschaft bringen"[197] und deshalb nicht ohne weiteres wertlos sein[198]. Vor dem Hintergrund dieser Stellungnahme sollen die die Scheidung betreffenden Regelungen des Ehegesetzes von 1938 betrachtet werden.

I Scheidung wegen Verschuldens

1. Ehebruch

Für den Scheidungsgrund des § 47 EheG 38, den Ehebruch, ist in Literatur und Rechtsprechung eine Differenzierung bzgl. der Geschlechter nicht feststellbar[199].

2. Verweigerung der Fortpflanzung

Nach § 48 EheG 38 konnte ein Ehegatte die Scheidung begehren, wenn der andere sich ohne triftigen Grund beharrlich weigerte, Nachkommenschaft zu erzeugen oder zu empfangen. Damit bildete §48 EheG zusätzlich zum Ehebruch einen benannten absoluten Scheidungsgrund, für den ein weitergehendes Verschulden nicht erforderlich war[200].

---

195. wie 194.

196. Amtliche Begründung zum EheG 38 DJ 38, 1107.

197. Larenz DR 37, 186.

198. a. A. Gförer DR 34, 151 ff, 153, der kinderlose Ehen als "Fehlehen" bezeichnet. Dem widerspricht Thiersch JW 34, 1625.

199. Erffa, Das neue Eherecht S. 48 ff; Roquette, Eheaufhebung und Ehescheidung S. 49 ff; RGRK, Hallamik 9. Aufl., § 47 EheG; Scanzoni, Ehegesetz § 47; Warneyer, BGB, § 47 EheG.

200. Amtliche Begründung zum EheG 38 DJ 38, 1108; Volkmar, Antoni, Eherecht, § 48 Anm. 1.

Denn § 48 EheG 38 sollte zum Ausdruck bringen, daß derjenige, der Kinder ohne berechtigten Grund verweigert, die Ehe an sich negiere und deshalb geschieden werden müsse[201]. Dementsprechend gab § 48 EheG 38 "dem durch den Nationalsozialismus zu der gesunden Anschauung von Zweck und Ziel der Ehe zurückgeführten Volksempfinden Ausdruck, daß die Krönung der Ehe die Erziehung einer erbgesunden Kinderschar ist."[202].

Vor Inkrafttreten des Ehegesetzes von 1938 gab es zwar keine Vorschrift, die die Verweigerung der Fortpflanzung ausdrücklich als Scheidungsgrund benannte. Unter § 1568 BGB a.F., der eine Scheidung u.a. im Falle "schwerer Verletzung der durch die Ehe begründeten Pflichten" vorsah, faßte die Rechtsprechung aber letztlich den später in § 48 EheG 38 normierten Tatbestand. So schied das Reichsgericht 1935[203] unter Berufung auf § 1568 BGB a.F. eine Ehe auf Antrag der Frau, weil der Mann trotz wirtschaftlich einigermaßen gesicherter Position den Wunsch seiner Frau nach einem Kind verweigerte. Bei dieser recht knapp begründeten Entscheidung fällt insbesondere auf, daß die Ehefrau die Scheidung begehrt hat. Aus dem Tatbestand des Urteils ist nicht zu entnehmen, ob die bloße Weigerung des Mannes der einzige Scheidungsgrund war oder ob die Weigerung des Mannes politisch motiviert war. Eine Auseinandersetzung mit der Frage, ob die Weigerung der

---

201. Scanzoni, Ehegesetz, § 48 I S. 105 mit Verweis auf die zehn Gebote zur Gattenwahl.

202. Volkmar, Antoni, Eherecht § 48 Anm. 1; so auch Erffa, Das neue Eherecht S. 48 u. Roquette, Eheaufhebung und Ehescheidung S. 55.

203. RG JW 36, 1788 f U. v. 1.3.35.

Fortpflanzung einen Scheidungsgrund i.S. des § 1568 BGB a.F. darstellte, hielt das RG nicht für erforderlich.

Ein die Scheidung ausschließender triftiger Weigerungsgrund konnte in der Person des sich weigernden Ehegatten liegen, so z.B. in seiner körperlichen Konstitution. Allerdings sollten sich beide Ehepartner einer normalerweise ungefährlichen Operation zur Fruchtbarmachung unterziehen müssen, um den Anforderungen des Weigerungsgrundes genüge zu tun[204].
Bei der Frage, ob körperliche Mängel einen Weigerungsgrund darstellten, kam es auch auf die einzelnen Umstände an. Waren schon Kinder vorhanden und die eine Geburt erschwerende körperliche Beschaffenheit der Frau Folge früherer Entbindungen, konnte ein triftiger Grund für die Verweigerung der Fortpflanzung angenommen werden[205]; dies darüber hinaus dann, wenn nach ärztlichem Gutachten eine Geburt für die Frau eine Gefährdung ihres Lebens oder eine erhebliche Gesundheitsschädigung bedeuten würde[206].
Die Rechtsprechung verlangte allerdings einen eindeutigen Nachweis eines Weigerungsgrundes. So schied das Reichsgericht eine Ehe, weil die Frau sich - nach schwerer erster Geburt - weigerte, ein weiteres Kind zu empfangen[207]. Die Weigerung der Frau wegen "vermeintlicher Gefährdung" ihres Lebens sei nicht als entschuldigt anzusehen, wenn sie sich nicht durch einen Arzt habe

---

204. Achilles/Greiff, BGB EheG § 48 Anm. 1) b); Palandt, Lauterbach, BGB, 6. Aufl., EheG §48 Anm. 3) a).

205. Achilles/Greiff, BGB, EheG § 48 Am. 1) b); RGRK, Hallamik, BGB, 9. Aufl. § 48 Anm. 2; Roquette, Eheaufhebung und Ehescheidung S. 57.

206. Maßfeller, Ehegesetz § 48 Anm. 2) d) S. 173.

207. RG DR 43, 484 ff U. v. 2.12.42.

beraten lassen und dieser ihre Besorgnis als begründet erachtet habe. Dem stünden die Belange der Volksgemeinschaft, die Bedeutung der Pflicht der deutschen Frau für die Erhaltung und Mehrung des "lebendigen Bestandes des deutschen Volkes" entgegen. Vor der Notwendigkeit, wichtige völkische Belange zu wahren, müßten persönliche Schuldmilderungsgründe bei einer Gesamtwürdigung an Gewicht verlieren[208].

Um eine Scheidung zu verhindern, mußte sich die Frau demnach einer ärztlichen Untersuchung unterziehen und war auf u.U. von Nationalsozialisten erstellte, beschönigende medizinische Gutachten angewiesen. Ängste der Frau, deren psychologische Hintergründe, blieben unbeachtet. Ein subjektiver Spielraum für die persönliche Entscheidung wurde der Frau nicht gewährt; Rücksichtnahme auf Person und Würde der Frau erfolgte in keiner Weise.
"Normale" Risiken der Geburt mußten von der Frau, die ihren "Beruf als Ehefrau und Mutter" erfüllen wollte, in jedem Fall getragen werden[209].
Noch unter Berufung auf § 1568 BGB a.F. reichte in einem Fall vor dem LG Rudolstadt zur Scheidung die Weigerung einer Frau, nach zwei einfachen Geburten ein weiteres Kind zu empfangen. Nachdem eines der beiden Kinder - ein Junge - verstorben war, wünschte sich der Mann erneut einen Sohn. Die Frau verweigerte den Geschlechtsverkehr ohne Schutzmittel. Das Gericht[210] führte aus, der "Beischlaf allein mit Schutzmitteln widerspreche nicht nur der Ehe als

---

208. RG DR 43, 484 ff.

209. Palandt, Lauterbach, BGB, 6. Aufl. EheG § 48 Anm. 3) a).

210. LG Rudolstadt JW 37, 1308 ff U. v. 1.11.37.

einer sittlichen Einrichtung, sondern entwürdige die Ehe zu einem Befriedigungsmittel der Sinneslust". Das Verhalten der Frau widerspreche auch der Bevölkerungspolitik, wonach die Erzeugung gesunder Kinder - insbesondere Kinder Intellektueller, um die es sich hier handelte - erwünscht sei. Obwohl die Frau im ersten Termin vor dem Landgericht ohne Anwalt erschienen war, wurde die Ehe geschieden. Das Gericht hielt die Scheidung ohne Anwalt bei "dieser Sachlage" für möglich und meinte, ein zweiter Termin sei zweckloser Formalismus. Die Parteien haben das Urteil anerkannt und auf Berufung verzichtet. Ohne Anwalt ist also sogar ein Rechtsmittelverzicht erklärt worden. Dieser war zwar mangels Postulationsfähigkeit unwirksam. Psychologisch bestand für die Frau aber keine Möglichkeit mehr, gegen das Urteil vorzugehen. Es liegt nahe, daß schon deshalb nicht der Versuch unternommen worden ist. Es erfolgte dementsprechend eine Abschneidung von Rechten unter Berufung auf einen eindeutigen Sachverhalt. Ein Zusammenhang mit dem Geschlecht der Beklagten kann zwar nicht ohne weiteres hergestellt werden; daß es sich gerade um eine Frau gehandelt hat, deren Rechte verkürzt wurden, kann Zufall sein. Dennoch wird an dem Beispiel das Ziel der Judikatur im Dritten Reich deutlich, nationalsozialistische Aspekte über das Recht zu stellen.

Aus dem bloßen Wortlaut des § 48 EheG 38 ergab sich bei der Verweigerung der Fortpflanzung für Mann und Frau gleichermaßen ein Scheidungsgrund. Sowohl die Erzeugung als auch die Empfängnis von Kindern ist genannt. Schon aus dem natürlichen, biologischen Unterschied der Geschlechter folgt jedoch, daß die Hauptlast, diesem Scheidungsgrund zu entgehen, bei der Frau liegen mußte. Gesundheitliche Risiken werden für den Mann bei der Erzeugung von Nachkommen nur in den selten-

sten Fällen eine Rolle gespielt haben, während Schwangerschaft und Geburt für eine Frau mit körperlichen Beeinträchtigungen und möglichen Gefahren verbunden sind.
Der Frau oblag in der Regel Erziehung und Versorgung der Kinder, so daß ihr Leben sich mit der Geburt eines Kindes von Grund auf ändern mußte. Wollte sie diese Änderung nicht oder auch nur noch nicht, bot sie mit ihrer Weigerung einen Scheidungsgrund. Damit macht gerade § 48 EheG 38 die Abhängigkeit der Ehefrau von der Gunst des Mannes deutlich. Über die schon dargestellte vermögensrechtliche Beschränkung durch den gesetzlichen Güterstand der Verwaltung und Nutznießung und der damit ebenfalls verbundenen Entscheidungsgewalt des Mannes hinaus, nahm Gesetzgebung und Rechtsprechung im Dritten Reich der Frau auch den letzten, ihre Person und ihren Körper am unmittelbarsten betreffenden Spielraum. Insoweit stellte § 48 EheG 38 ein Druckmittel gegen Frauen dar, Kinder zu gebären, wenn sie ihre Ehe erhalten wollten.

3. Andere Eheverfehlungen

Nach § 49 EheG 38 konnte ein Ehegatte die Scheidung begehren, "wenn der andere durch eine sonstige schwere Eheverfehlung oder durch ehrloses oder unsittliches Verhalten die Ehe schuldhaft so tief zerrüttet hat, daß die Wiederherstellung einer ihrem Wesen entsprechenden Lebensgemeinschaft nicht erwartet werden kann"[211].
§ 1568 BGB a.F. hatte einen Scheidungsgrund gewährt, wenn wegen einer schweren Verletzung

211. RGBl. 38, I, 812.

der durch die Ehe begründeten Pflichten die Fortsetzung der Ehe nicht mehr zumutbar war. Im Gegensatz zu diesem Zumutbarkeitskriterium stellte § 49 S. 2 EheG 38 darauf ab, ob das Scheidungsbegehren sittlich gerechtfertigt war. Während in § 1568 BGB a.F. das Interesse der Ehegatten im Vordergrund stand, nahm der Gesetzgeber von 1938 in § 49 EheG 38 von einer individualisierenden Betrachtungsweise Abstand und betonte das "Wesen der Ehe" und damit nationalsozialistisches Gedankengut bzgl. der Ehe[212].

Anders als bei §§ 47, 48 EheG 38 handelt es sich bei § 49 EheG 38 um einen relativen Scheidungsgrund; die Tatsache der Ehezerrütung war mithin positiv festzustellen[213]. Ob eine schwere Eheverfehlung vorlag, wenn eine Frau den Weisungen ihres Mannes zuwider handelte, ist nicht immer einheitlich beurteilt worden. So ist die Betätigung einer Frau in einer Bar als Kellnerin gegen den Willen ihres Mannes einmal für ehewidrig erachtet worden[214]; während in einer anderen Entscheidung eine ähnliche Arbeitsstelle einer Frau zugebilligt wurde - dies allerdings mit dem Hinweis darauf, der Mann habe seine Lebensstellung verloren und seine Familie zurückgelassen, so daß die Frau auf eine Verdienstmöglichkeit angewiesen sei[215].
Einigkeit bestand indes darüber, daß auch nach §49 EheG 38 die Mißhandlung eine schwereEheverfehlung darstelle, obwohl dies in § 49 EheG 38 nicht mehr - wie in § 1568 BGB a.F. - ausdrück-

---

212. Amtliche Begründung zum EheG 38 DJ 38, 1108.

213. Palandt, Lauterbach, BGB, 6. Aufl., EheG § 49 Anm. 2.

214. OLG Köln JW 33, 182 U. v. 8.3.32.

215. RG IV 474/39 U. v. 26.8.39 zit. in: Scanzoni, Eherecht § 49 Anm. 3.

lich erwähnt war[216]. Insbesondere wurde dem Ehemann kein Züchtigungsrecht gegenüber seiner Frau zugebilligt; der Mann sollte sich nicht darauf berufen können, daß ihm Mißhandlungen, Schläge oder Züchtigungen zur Aufrechterhaltung der häuslichen Zucht und Ordnung gestattet seien[217].

Als schwere Eheverfehlung der Frau wurde es angesehen, wenn sie "Intimitäten aus dem Eheleben" ausplauderte[218]. "In wievielen Fällen schießt die Ehefrau, die sich durch eine unnütze Ausgabe, einen vereinzelten Trunkenheitsfall oder eine mehr im Scherz passierte Ungehörigkeit des Mannes verletzt fühlt, in ihren Abwehräußerungen weit über das erlaubte Ziel hinaus, beschimpft, schlägt, schmäht den Ehemann Tag und Nacht und verschuldet so erst ihrerseits durch ihr unerträgliches, zänkisches, nachtragendes Wesen die Zerrüttung der Ehe"[219].
Eine derartige Pauschalierung von Verhaltensweisen und Verschulden bezogen auf den Mann taucht in der juristischen Literatur von 1933 bis 1945 wohl nicht auf. Ohne Begründung und ohne Darstellung von Ursachen und Hintergründen wird als übliche Situation dargestellt, daß eine hysterische Frau ihren unschuldigen Mann vergrämt. Über die Beweggründe des Autors, die ihn zu diesem Ausspruch veranlaßten, lassen sich nur Mutmaßun-

---

216. RG DR 39, 1244; RG IV 165/39 U. v. 10.7.39 zit. in: Scanzoni, Eherecht § 49 Anm. 3; Roquette, Eheaufhebung und Ehescheidung S. 61.

217. RG N 165/39 wie FN 212; Roquette, Eheaufhebung und Ehescheidung S. 61.

218. Palandt, Lauterbach, BGB, 6. Aufl., EheG § 49 Anm. 13.

219. Scanzoni, Eherecht, 3. Aufl., § 49 Anm. 10.

gen treffen. Nicht zuletzt fällt auf, daß der Autor ein Mann ist und und als Mann ist, u.U. vorhandene männliche Verhaltensweisen leicht und umfassend - darüberhinaus für jedes männliche Wesen verständlich - zu rechtfertigen.
Auch die politische Gesinnung und die religiöse Einstellung einer Frau wurden als Scheidungsgrund behandelt. Es sei mit dem Wesen der Ehe in "unserem Staat" nicht vereinbar, wenn die Frau gegen den Willen und die Überzeugung ihres Mannes ihre politische Ansicht beibehält[220]. In dem zur Entscheidung vorliegenden Fall gehörte die Frau eines Beamten den verbotenen Bibelforschern an und ließ sich trotz der Mahnungen seitens ihres Mannes nicht vom Besuch ihrer Veranstaltungen abhalten. Außerdem benutzte sie nicht den deutschen Gruß. Das Gericht führte aus, die "Beamtenfrau" bereite ihrem Mann materielle und seelische Schwierigkeiten und untergrabe seine Stellung im öffentlichen Leben. Die Frau habe sich mit der Ablehnung der nationalsozialistischen Weltanschauung selbst aus der Volksgemeinschaft ausgeschlossen.
Über einen von einer Frau gestellten auf § 49 EheG gestützten Scheidungsantrag ist höchstrichterlich entschieden worden[221]. Der Klage der Ehefrau lag zugrunde, daß der Mann wenige Tage nach der Hochzeit andere Frauen geküßt und ihnen unter den Rock gefaßt habe. Durch diese Eheverfehlung des Mannes sei die eheliche Gesinnung der Frau zerstört worden. Das Reichsgericht

---

220. LG Rudolstadt JW 37, 1308 U. v. 1.11.37.

221. hierbei handelt es sich wiederum um eine Ausnahme; die übrigen veröffentlichten Entscheidungen zu § 49 EheG 38 sind - soweit ersichtlich - jeweils vom Ehemann beantragt worden. ergangen; RGZ 169, 278 ff U. v. 8.7.42.

führte aus, daß der verletzte Ehegatte - hier also die Frau - sich nicht auf seine Pflichten besinnen müsse, auch wenn bei deren Erfüllung die Ehe noch von volkspolitischem Wert sei. Diese Argumentationsweise ließe u.U. darauf schließen, daß bei der Bewertung dieses Einzelfalls doch die Individualinteressen überwiegen. Dies wird jedoch relativiert, wenn man die Grenzen der Einflußnahme des nationalsozialistischen Apparates in die Überlegung einbezieht. Eine Ehe, in der die Frau ein eheliches Zusammenleben und die Erzeugung von Kindern beharrlich verweigert, weil der Mann sich anderen weiblichen Wesen zuwendet, wird kaum eine 'fruchtbare Quelle für erbgesunde Nachkommen' sein. Dementsprechend mußte es bevölkerungspolitisch sinnvoller sein, diese Ehe zu scheiden - in der Hoffnung, beide Ehepartner gingen eine neue, "wertvollere" Ehe ein. Insoweit kann auch hinter der o.g. Entscheidung der Grundsatz "Gemeinnutz geht vor Eigennutz" stehen.

War eine schwere Eheverfehlung festgestellt, so kam es nach § 49 S. 2 EheG 38 darauf an, daß das Scheidungsverlangen sittlich gerechtfertigt war. Prüfungsmaßstab für die sittliche Rechtfertigung sollte die richtige Würdigung des Wesens der Ehe sein[222], wobei das Wohl der Volksgemeinschaft im Vordergrund stehen und das individuelle Interesse der Ehepartner zurücktreten sollte[223].

---

222. Roquette, Eheaufhebung und Ehescheidung S. 76.

223. Amtliche Begründung zum EheG 38 DJ 38, 1108; Roquette, Eheaufhebung und Ehescheidung S. 76; Einzelfälle der schweren Eheverfehlung: Einkäufe in einem jüdischen Geschäft HRR 37 Nr. 89; Beleidigung des Führers Warn E 35 Nr. 23; dagegen keine schwere Eheverfehlung: 52jährige Frau verweigert den Geschlechtsverkehr nach 25jähriger Ehe HRR 37 Nr. 1085 (zu beachten ist, daß wegen des Alters der Frau ohnehin keine Kinder mehr zu erwarten waren und deshalb ein diesbezügliches Interesse der "Volksgemeinschaft" nicht gegeben war); deutschblütige Frau verweigert ihrem jüdischen Ehemann den Geschlechtsverkehr HRR 38 Nr. 1015 (auch hier kein bevölkerungspo-

Das Ehegesetz von 1938 erweiterte die verschuldensunabhängigen Scheidungsgründe. Da das neue Eherecht allgemein die Zurückstellung der Interessen des einzelnen forderte und den "Wert der Ehe für die Volksgemeinschaft" in den Vordergrund stellte, muß die Möglichkeit einer Scheidung ohne Verschulden als konsequente Fortführung dieser Tendenz angesehen werden[224].
Dem tragen die neu eingeführten bzw. gegenüber dem BGB a.F. erweiterten Scheidungsgründe der §§ 50 ff. EheG 38 Rechnung.

1. Auf geistiger Störung beruhendes Verhalten und Geisteskrankheit

§ 50 EheG 38[225] normierte einen Scheidungsgrund für den Fall, daß ein Verhalten des anderen Ehegatten vorlag, das grundsätzlich unter den Tabestand des § 49 EheG 38 gefallen wäre, wegen einer geistigen Störung des sich ehewidrig verhaltenden Ehegatten aber nicht als "Eheverfehlung" betrachtet werden konnte. Im Rahmen des alten Rechts hätte der Ehegatte für seine "Eheverfehlung" verantwortlich sein, also schuldhaft gehandelt haben müssen, um eine Scheidung nach § 1568 BGB a.F. zu rechtfertigen. Die mit jeder Ehe nunmehr verbundenen bevölkerungspolitischen Ziele waren jedoch auch und gerade bei geistig gestörten Ehegatten nicht erreichbar, wenn eine eheliche Lebensgemeinschaft nicht

---

litisches Interesse, weil aus dieser Ehe deutsche Kinder nicht hätten hervorgehen können).

224. ähnl. Amtliche Begründung zum EheG 38 DJ 38, 1108.

225. § 50 EheG 38, RGBl. 38, I, 812.

wiederherzustellen war; - gesunder - Nachwuchs erschien in diesen Fällen ausgeschlossen, so daß eine Scheidung möglich sein sollte, wenn nicht die Ehe schon nach dem Ehegesundheitsgesetz nichtig war[226].

Diese Überlegungen lagen auch § 51 EheG 38 zugrunde. Nach § 51 EheG 38 konnte ein Ehegatte die Scheidung begehren, wenn der andere in einem solchen Maße geisteskrank war, daß "die geistige Gemeinschaft zwischen den Ehegatten aufgehoben" und deren Wiederherstellung nicht zu erwarten war[227]. § 51 EheG 38 ersetzte § 1569 BGB a.F. und änderte diesen dahingehend ab, daß nur noch Schwere und Unheilbarkeit der Erkrankung maßgeblich waren sowie daß zwischen Erkrankung und Scheidungsbegehren nicht mehr 3 Jahre liegen mußten. Der Wegfall dieser "Wartefrist" entsprach wiederum bevölkerungspolitischen Zwecken, weil der frei gewordene Ehegatte so schneller in der Lage war, sich einen neuen Partner zu suchen.

Eine Differenzierung zwischen den Geschlechtern ließ sich - trotz der recht deutlichen bevölkerungspolitischen Intention des Gesetzgebers - aus diesem Bereich Literatur und Rechtsprechung nicht entnehmen.

---

226. vgl. statt vieler Palandt, Lauterbach, BGB, 6. Aufl., EheG § 51 Anm. 3 ff.

227. § 52 EheG 38, RGBl. 38, I, 812.

Mit § 52 EheG 38 wurde ein neuer verschuldensunabhängiger Scheidungsgrund eingeführt. Danach war eine Scheidung möglich, wenn der andere Ehegatte an einer ansteckenden oder ekelerregenden Krankheit litt, deren Heilung in absehbarer Zeit nicht zu erwarten war[228].
Dem Gesetzgeber von 1938 war bewußt, daß eine derartige Krankheit "vielfach" unverschuldet war, betrachtete aber eine Scheidungsmöglichkeit als unentbehrlich, weil ein "rechtes eheliches Zusammenleben unmöglich" sei[229].

Gerade an § 52 EheG 38 wird deutlich, wie wenig es auf die Interessen und Bedürfnisse des einzelnen ankam. Im Krankheitsfall dürften die Scheidungsfolgen den Ehegatten noch härter getroffen haben als dies schon bei Gesunden der Fall ist. Zwar kann auch ein Gesetzgeber einen Ehegatten nicht daran hindern, sich von seinem Partner im Krankheitsfall abzuwenden. Die Krankheit und das tatsächliche Abwenden des Ehegatten ist für den Betroffenen schon so schwer, daß es möglich erscheint, daß sich der Kranke in einer solchen Situation an das förmliche Eheband klammert, dessen Zerstörung § 52 EheG vorsieht. Dies inbesondere im Hinblick darauf, daß es sich nicht einmal um eine unheilbare Krankheit zu handeln brauchte. Trotz der Möglichkeit der Wiedergenesung konnte also Scheidung begehrt werden.
So wurde bei einer "ekelerregenden Krankheit" darauf abgestellt, daß das Krankheitsbild "eheliche Gefühle" hindere und zu einer "verständlichen Abneigung" führen müsse[230].

---

228. § 52 EheG 38, RGBl. 38, I, 813.

229. Amtliche Begründung zum EheG 38 DJ 38, 1109.

230. OLG Oldenburg DR 41, 713 Beschl. v. 8.-3.40 mit

Eine Unterscheidung zwischen Männern und Frauen scheint in diesem Bereich nicht erfolgt zu sein[231].

3. Unfruchtbarkeit

Bei "vorzeitiger Unfruchtbarkeit" eines Ehegatten konnte eine Ehe nach § 53 EheG 38[232] geschieden werden. In einem solchen Fall sei "der wichtigste Zweck der Ehe nicht mehr erfüllbar[233].

"Für die nationalsozialistische Weltanschauung ist die Erziehung gesunder Kinder das höchste Ziel und die letzte Erfüllung der Ehe. Sie entzieht dem, dem es versagt bleibt, dem Unsterblichkeitswollen seines Volkes zu dienen, nicht seine Teilnahme,verlangt aber von ihm, daß er, wenn sein erbgesunder und fortpflanzungsfähiger Ehegatte es wünscht, sein persönliches Glück dem Volke opfert"[234].

Vor Geltung des Ehegesetzes von 1938 war die Unfruchtbarkeit nur dann ein Scheidungsgrund im Sinne des § 1568 BGB a.F., wenn diese selbstverschuldet war[235].

Anmerkung von Scanzoni S. 713 f.

231. Das OLG Oldenburg, DR 41, 713, hatte über den Scheidungsantrag einer Frau zu befinden, deren Mann unter entstellender Hauttuberkulose im Gesicht litt; das Reichsgericht, DR 41, 1078 U. v. 12.12.40, entschied mit fast identischer Argumentation über die Klage eines Mannes, dessen Frau an Hauttuberkulose erkrankt war.

232. RGBl. 38, I, 813.

233. Amtliche Begründung zum EheG 38 DJ 38, 1109; Maßfeller, Ehegesetz § 53 Anm. 1.

234. Volkmar, Antoni, Eherecht, § 53 Am. 1; ähnl. Pfundtner/Neubert, Reichsrecht, A § 53 Am. 1.

235. RGRK, Hallamik, BGB, 9. Aufl., EheG § 53 Anm. 2.

Nunmehr war die Unfruchtbarkeit allein ausreichend. Sie mußte nur "vorzeitig" eingetreten sein; also bevor sie bei natürlichem Verlauf des menschlichen Lebens allgemein eintritt[236].

Die höchstrichterliche Rechtsprechung hielt es zur Anwendung des § 53 EheG 38 nicht für erforderlich, daß ein Ehepartner tatsächlich organisch unfruchtbar war. Vielmehr sollte ausreichend sein, wenn eine Frau aus neurologischen oder psychiatrischen Gründen kein Kind gebären durfte[237]. Dabei sollte der Wille der Frau, ein Kind zur Welt zu bringen, unbeachtlich sein. In dem zur Entscheidung vorliegenden Fall litt die Ehefrau an multipler Sklerose. Die Ärzte bescheinigten ihr zwar Fruchtbarkeit, rieten aber von einer Schwangerschaft ab und hielten wegen des Gesundheitszustandes der Frau eine Schwangerschaftsunterbrechung für erforderlich.
Mit der Scheidung dieser Ehe setzte sich das Reichsgericht über das Recht der Frau hinweg, selbst über eine mögliche Schwangerschaft zu entscheiden und ging damit über den Wortlaut des § 53 EheG 38 unter Hinweis auf bevölkerungspolitische Belange hinaus.

Der bevölkerungspolitischen Ausrichtung entsprach § 53 III EheG 38, wonach dem Ehegatten, der selbst unfruchtbar war, kein Recht auf Scheidung zustand. Eine neue kinderreiche Ehe war in einem solchen Fall gerade nicht möglich[238].

---

236. Achilles/Greiff, BGB, EheG § 53 Anm. 3; Palandt, Lauterbach, BGB, 6. Aufl., EheG § 53 Anm. 3.

237. RGZ 171, 400 U. v. 22.9.43.

238. Palandt, Lauterbach, BGB, 6. Aufl. EheG § 53 Anm. 3) b).

Zum Wohl schon vorhandener 'erbgesunder' ehelicher oder adoptierter Kinder schloß § 53 II EheG 38 die Scheidung aus. Dies sei aus "menschlichen Erwägungen" notwendig[239]. Derartige Überlegungen zugunsten einzelner enthält das Ehegesetz in dieser deutlichen Form an keiner Stelle bezüglich der Ehegatten. Die Rücksichtnahme auf die Kinder korrespondiert mit der nationalsozialistischen Intention der Mehrung der "deutschen Rasse".

4. Härteklausel

Nach § 54 EheG 38 durfte eine Ehe in den Fällen der §§ 50-53 EheG 38 nicht geschieden werden, "wenn das Scheidungsbegehren sittlich nicht gerechtfertigt" war[240]. Diese sittliche Rechtfertigung sollte dann fehlen, wenn die "Auflösung der Ehe den anderen Ehegatten außergewöhnlich hart treffen würde", was sich nach "den Umständen, namentlich auch nach der Dauer der Ehe, dem Lebensalter der Ehegatten und dem Anlaß der Erkrankung oder der Unfruchtbarkeit" richten sollte[241].
Aufgrund dieser Formulierung entsteht der Eindruck, als sei doch eine Rücksichtnahme auf die Interessen des einzelnen vorgesehen gewesen. "Man denke etwa an den Fall, daß der Ehemann wegen einer Verwundung, die er in der Verteidigung des Vaterlandes erlitten hat, vorzeitig unfruchtbar wurde, oder an den Fall, daß eine Ehefrau bei Erfüllung ihrer Mutterpflicht bei einer schweren Fehlgeburt, die in keiner Weise

---

239. Amtliche Begründung zum EheG 38 DJ 38, 1109.

240. § 54 EheG 38, RGBl. 38, I, 813.

241. § 54 S. 3 EheG 38.

von ihr verschuldet war, unfruchtbar geworden ist."[242]

Wenn man die Ausrichtung des weiten richterlichen Ermessensspielraums am "vernünftigen, gesunden Volksempfinden" [243] berücksichtigt, werden diese Hinweise auf menschliche Aspekte relativiert.

So wird an anderer Stelle vor allem anderen auf den Ausnahmecharakter des § 54 EheG 38 aufmerksam gemacht. Regelfall bleiben §§ 50 bis 53 EheG[244]. Selbst wenn der die Scheidung begehrende Ehegatte die Erkrankung oder die Unfruchtbarkeit seines Partners selbst herbeigeführt hatte, sollte dies nicht zur Anwendung des § 54 EheG 38 ohne Hinzutreten weiterer besonderer Umstände führen. Ein "Strafgedanke" sei dem Scheidungsrecht fern[245].
Man werde "vorsichtig sein müssen, daß nicht an sich edle Regungen wie Mitleid und Barmherzigkeit mit den strengen Geboten einer Sittlichkeit im höheren Sinne, einer Rücksichtnahme vor allem auch auf die bevölkerungspolitischen Belange der Volksgemeinschaft verwechselt werden!"[246]
Schon diese Kommentierungen in der Literatur deuten darauf hin, daß die Härteklausel des § 54

---

242. Amtliche Begründung zum EheG 38 DJ 38, 1109. Auffallend und für die nationalsozialistische Denkweise kennzeichnend an dieser Argumentation ist zum einen, daß - wie bei Begründung des Mutterkreuzes - Soldatentum und Mutterschaft als Pflichten für das Vaterland auf eine Stufe gestellt werden und zum anderen, die gewählte Reihenfolge 1. Soldat, 2. Mutter, die nicht willkürlich erscheint, sondern als Bewertung zu verstehen ist.

243. Amtliche Begründung zum EheG 38 DJ 38, 1109; Maßfeller, Ehegesetz § 54 S. 153.

244. Scanzoni, Ehegesetz § 54 Anm. 1.

245. Freisler, Vom alten zum neuen Scheidungsrecht S. 137.

246. Scanzoni, Ehegesetz § 54 Anm. 5 a. E. S. 141.

EheG 38 eher eine leere Formel darstellte als eine Scheidung verhinderte. Dementsprechend entschied auch die Rechtsprechung. So schied das Reichsgericht eine Ehe, weil die Frau nach einer wegen einer Bauchhöhlenschwangerschaft erfolgten Operation unfruchtbar geworden war, obwohl die Frau sich darauf berief, die Scheidung sei sittlich ungerechtfertigt, weil die Unfruchtbarkeit die Folge der "Erfüllung ihrer Frauenpflicht" sei[247]. Diese Fallkonstellation entsprach genau der als Beispielsfall in der amtlichen Begründung zur Annahme eines Härtefalls angeführten[248]. Trotzdem wendete das Reichsgericht § 54 EheG 38 nicht an, berief sich auf sein richterliches Ermessen und führte zur Begründung aus, daß die Frau bei einer Scheidung zwar schwer daran zu tragen haben werde, daß die Scheidung letzten Endes eine Folge ihrer ehefraulichen Pflichterfüllung darstelle, sie werde aber darüber hinwegkonmmen. Wirtschaftliche Not habe sie nicht zu erwarten, weil sie gesund und arbeitsfähig sei. Außerdem stehe ihr die Möglichkeit der Rückkehr ins Elternhaus offen, das sie ohnehin erst vor kurzen - vor ca. einem Jahr - verlassen habe. "Der Kläger dürfe mit 34 Jahren von einer neuen Ehe Kindersegen erwarten, zumal er den Eindruck eines körperlich gesunden und geistig regen Mannes mache, der wertvolle Nachkommenschaft zu erzeugen imstande sein werde"[249]. Das Reichsgericht wies darauf hin, daß § 54 S. 3 EheG 38 nur Beispielscharakter habe, keine zwingende Regelung sei und des weiteren bei bedeutenden anderen Belangen die Aufli-

247. RGZ 164, 380 ff, 381 U. v. 5.9.40.

248. Amtliche Begründung zum EheG 38 DJ 38, 1109.

249. RGZ 164, 382.

stung des § 54 S. 3 EheG 38 zurücktreten müsse[250].

Obwohl der zur Entscheidung vorliegende Fall der Unfruchtbarkeit wegen bzw. nach Beendigung einer Schwangerschaft im Wortlaut des § 54 S. 3 EheG 38 und in der amtlichen Begründung genannt ist und dementsprechend ein Härtefall hätte angenommen werden müssen, hat das Reichsgericht allein auf bevölkerungspolitische Belange abgestellt und die Ehe geschieden. Dazu wurde angemerkt, man sehe "an dieser aufschlußreichen Entscheidung, welch weiter Spielraum hier dem Richter gelassen ist."[251]

Des weiteren hat das Reichsgericht eine Ehe nach 17jährigem Bestehen geschieden. Auch der Fall der Dauer ist in § 54 S. 3 EheG 38 besonders aufgeführt. Die Frau war seit der Geburt eines Kindes 1926 manisch depressiv und war 1935 auf Anordnung des Erbgesundheitsgerichts sterilisiert worden. Der Mann hatte mit seiner auf §§ 50, 51 EheG 38 gestützten Scheidungsklage Erfolg; zwar bestehe die Ehe seit 17 Jahren, aber von Heilanstaltsaufenthalten der Frau unterbrochen. Im übrigen seien von dem gesunden Mann noch "völkisch wertvolle Nachkommen" zu erwarten[252]. "Klare bevölkerungspolitische Belange" müßten "entscheidend ins Gewicht fallen"[253].

Im Rahmen des § 54 EheG 38 wies das Reichsgericht darüber hinaus darauf hin, daß es der Treuepflicht widerspreche, wenn sich eine kranke

---

250. RGZ 164, 383. Auch das Alter der Ehegatten spreche nicht immer gegen eine Scheidung, wenn bevölkerungspolitische Belange im Vordergrund stehen: RGZ 160, 236 U. v. 24.4.39.

251. Scanzoni, Ehegesetz § 54 Anm. 6; m. E. wird eher deutlich, welch weiten Spielraum der Richter sich genommen hat.

252. RGZ 166, 344 ff, 347 U. v. 26.4.41.

253. RGZ 166, 348.

Frau dem Wunsch eines gesunden Mannes nach Nachkommen entgegenstelle[254].

Insgesamt haben also bei der Anwendung des § 54 EheG 38 trotz dessen Wortlaut und der amtlichen Begründung bevölkerungspolitische Aspekte den Ausschlag gegeben. Zwar ist nirgends ausdrücklich wegen ihres Geschlechtes zu Lasten einer Frau entschieden worden; zum einen scheinen aber Frauen häufiger betroffen gewesen zu sein, was die Relation der von Männern und Frauen eingereichten Klagen nahelegt[255]. Zum anderen waren - wie schon dargestellt - Frauen von einer Scheidung in der Regel härter betroffen.

5. Auflösung der häuslichen Gemeinschaft/Zerrüttungsprinzip

a) Inhalte und Voraussetzungen einer Scheidung nach § 55 EheG 38

Nach § 55 I EheG 38 konnte ein Ehegatte die Scheidung begehren, wenn die "häusliche Gemeinschaft der Ehegatten seit drei Jahren aufgehoben und infolge einer tiefgreifenden unheilbaren Zerrüttung des ehelichen Verhältnisses die Wiederherstellung einer dem Wesen der Ehe entsprechenden Lebensgemeinschaft nicht zu erwarten war"[256].
Mit diesem Tatbestand wurde ein völlig neuer Scheidungsgrund eingeführt[257]. Im BGB von 1900 war eine Scheidung u.a. dann möglich gewesen,

254. RGZ 171, 400 U. v. 22.9.43.

255. s. Beispiele in Scanzoni, Ehegesetz § 54 S. 141 ff.

256. RGBl. 38, I, 813.

257. Palandt, Lauterbach, BGB, 6. Aufl. EheG § 55 Anm. 1; Scanzoni, Ehegesetz § 55 Anm. 1.

wenn ein Ehegatte den anderen "böslich verlassen" hatte (§ 1567 BGB a.F.)[258]. Diese Regelung beinhaltete zwar grundsätzlich einen Scheidungsgrund für den Fall, daß die eheliche Lebensgemeinschaft beendet war und stimmte insoweit mit den vorausgesetzten tatsächlichen Gegebenheiten des § 55 EheG 38 überein. § 1567 BGB a.F. verlangte aber über die bloße Beendigung der häuslichen Gemeinschaft hinaus das Verschulden eines Ehegatten. Außerdem sollte nur der "schuldlose" Ehegatte eine Scheidungsmöglichkeit erhalten, so daß ausgeschlossen war, daß sich ein Ehegatte quasi selbst einen Scheidungsgrund schuf, indem er den anderen verließ.

§ 55 EheG 38 setzte dagegen keinerlei Verschulden voraus[259] und kam so "dem Gedanken der objektiven Zerrüttung weit entgegen"[260]. Dabei sollte allerdings nicht die häusliche Trennung von 3 Jahren allein ausschlaggebend sein. Hierin war lediglich eine Art formelle Voraussetzung für die Scheidung nach § 55 EheG 38 zu sehen[261]. Die Entscheidung sollte vielmehr im wesentlichen darauf gestützt werden, daß die Ehe "unheilbar zerrüttet" und die Wiederherstellung der Lebensgemeinschaft nicht zu erwarten war[262]. Anderenfalls war zu besorgen, daß Eheleute zum einen eine einverständliche Scheidung ohne Kontrollinstanz, ob diese Scheidung auch dem Wohl des

---

258. RGRK, Hallamik, BGB, 9. Auflage, § 1567 Anm. 3 ff.

259. Palandt, Lauterbach, BGB, 6. Aufl., EheG § 55 Anm. 3; Roquette, Eheaufhebung und Ehescheidung S. 79; Volkmar, Antoni, Eherecht, § 55 Anm. 1) b).

260. Volkmar, Antoni, Eherecht, § 55 Anm. 1) b); ähnl. Barth DR 39, 470 ff, 470.

261. Scanzoni, Ehegesetz § 55 Anm. 4.

262. § 55 Abs. 1 2. HS EheG 38; Amtliche Begründung zum EheG 38 DJ 38, 1109; Scanzoni, Ehegesetz § 55 Anm. 4.

Volksganzen entsprach, herbeiführen konnten[263]. Zum anderen sollte eine Ehe nicht einseitig durch bloße dreijährige Trennung lösbar werden. Dies wäre mit dem "nationalsozialistischen Gemeinschaftsdenken und der hohen Auffassung, die der Nationalsozialismus von der Ehe und ihrem erzieherischen Wert hat"[264] unvereinbar gewesen. Die Wertlosigkeit einer Ehe sollte damit in erster Linie von den Belangen der Volksgemeinschaft und erst in zweiter Linie vom Standpunkt der Eheleute her beurteilt werden[265]. Insoweit kommt wiederum der Gedanke, "Gemeinnutz geht vor Eigennutz", zum Tragen.

Es wurde die Auffassung vertreten, das in § 55 I EheG 38 modifizierte Zerrüttungsprinzip sei auf "germanische Wurzeln"[266], auf "blutgesundes deutsches Recht"[267] zurückzuführen[268]. Entgegen der kirchlichen Lehre von der Unauflöslichkeit der Ehe sei die Ehe ohne Verschulden nach germanischer Auffassung trennbar gewesen[269]. Eine Kabinettsorder Friedrichs des Großen vom 26.4.1783 habe ausgeführt, das Festhalten an einer zerrütteten Ehe "hindere die Population"[270]. Daß das Zerrüttungsprinzip "germanischen" Ursprungs sei, sollte dessen Richtigkeit und Notwendigkeit im Familienrecht des deutschen

---

263. Barth DR 39, 470 ff, 470.

264. Volkmar, Antoni, Eherecht § 55 Anm. 1) b).

265. Scanzoni, Ehegesetz § 55 Am. 1) b).

266. Steinhoff DGWR 39, 302 ff, 302.

267. Steinhoff DGWR 39, 305.

268. Steinhoff DGWR 39, 302.

269. wie 268.

270. Steinhoff DGWR 39, 304.

Volkes im 20. Jahrhundert verdeutlichen.
Ganz konsequent wurde das objektive Zerrüttungsprinzip - also ein völlig verschuldungsunabhängiger Scheidungsgrund - indes nicht eingeführt.
In § 55 II 1 EheG 38 war ein Widerspruchsrecht des beklagten Ehegatten für den Fall vorgesehen, daß der die Scheidung begehrende Ehepartner die Zerrüttung ganz oder zum überwiegenden Teil verschuldet hatte. Dieses mit dem Verschuldensaspekt gekoppelte Widerspruchsrecht sollte gleichermaßen wie die Gewichtung der Scheidungsvoraussetzung des § 55 I EheG 38 bewirken, daß nicht ein "pflichtloser" Ehegatte ohne weiteres die Scheidung herbeiführen konnte[271].
Die amtliche Begründung zum Ehegesetz von 1938 geht über die zur Gewichtung im Rahmen des § 55 I EheG 38 angeführte, vom nationalsozialistischen Gemeinwohldenken getragene, bevölkerungspolitisch ausgerichetete Begründung hinaus und stellt ausdrücklich auf die einzelne Person - die Ehefrau - ab. Ohne Widerspruchsrecht des schuldlosen, beklagten Ehegatten "würde namentlich ein Ehemann, der von seiner Frau nur loskommen will, weil er eine jüngere und reizvollere gefunden hat, das Ziel der Vereinigung mit dieser anderen Frau durch eine Art Verstoßung der ersten Frau erreichen können"[272].

---

271. Roquette, Eheaufhebung und Ehescheidung S. 80; Volkmar, Antoni, Eherecht § 55 Anm. 4.

272. Amtliche Begründung zum EheG 38 DJ 38, 1109; daß die Amtliche Begründung das Widerspruchsrecht zugunsten der Ehefrau formulierte und damit implizierte, daß der Mann die Scheidungsklage erhoben hatte, ist nicht wertend zu verstehen. Diese Rollenverteilung scheint vielmehr den tatsächlichen sozialen Verhältnissen entsprochen zu haben; in der veröffentlichten Rechtsprechung zu § 55 EheG 38 ist keine Scheidungsklage zu finden, die eine Frau - gestützt auf § 55 EheG - erhoben hätte, so daß ein Widerspruchsrecht des Mannes nicht relevant geworden ist. Auch Jonas, Zum neuen Scheidungsrecht in; Festschrift für Bumke S. 203 ff, 209 formuliert seine Gedanken zum Widerspruchsrecht des § 55 Abs. 2 EheG 38 allein bezogen

Die Rechtsprechung hat allerdings diese allein auf Individualinteressen abstellende Begründung in ihren Entscheidungen wenig berücksichtigt, wie sich im folgenden zeigen wird. Das Hauptaugenmerk bei der Entscheidungfindung im Hinblick auf § 55 EheG 38 maß die Rechtsprechung der Frage zu, ob der Widerspruch gegen das Scheidungsbegehren des klagenden Ehepartners beachtlich war. Nach § 55 II 2 EheG 38 war dies dann der Fall, "wenn die Aufrechterhaltung der Ehe bei richtiger Würdigung des Wesens der Ehe und des gesamten Verhaltens beider Ehegatten sittlich gerechtfertigt"[273] war.
In der Literatur wurde betont, daß trotz der Satzstellung des § 55 II EheG 38 die Auflösung der Ehe bei deren unheilbaren Zerrüttung der Grundsatz und die Aufrechterhaltung die Ausnahme bleiben sollte[274]. Damit stimmt überein, daß dem widersprechenden Teil die Beweislast für die dem Widerspruch zugrundeliegenden Tatsachen traf[275]. Ziel der Einschränkung des § 55 II 2 EheG 38 war es u.a., "den schwersten Mißstand"[276] des bis dahin geltenden Ehescheidungsrechts zu beseitigen, der darin bestand, daß Frauen dauernd von ihrem Mann getrennt lebten, Unterhalt bezogen und auf dem Fortbestehen des ehelichen Bandes beharrten[277]. Dabei wurde immer wieder betont,

---

auf die "widersprechende Ehefrau".

273. § 55 Abs. 2 S. 2 EheG 38, RGBl. 38, I, 813.

274. Scanzoni, Anmerkung zu RG DR 40, 159 U. v. 26.10.39, DR 40, 159 f; Palandt, Lauterbach, BGB, 6. Aufl., § 55 Anm. 4; Volkmar, Antoni, Eherecht § 55 Anm. 4.

275. RG DR 40, 1050; Palandt, Lauterbach, BGB, 6. Aufl., EheG § 55 Anm. 6; Scanzoni, Ehegesetz § 55 Anm. 30.

276. Amtliche Begründung zum EheG 38 DJ 38, 1109.

277. wie 276.

daß das Allgemeininteresse, das Volkswohl - nicht das Interesse der Parteien - über Scheidung oder Aufrechterhaltung der Ehe entscheiden sollte[278].

Für die Frage der Beachtlichkeit des Widerspruchs sollten ähnliche Kriterien gelten wie für die Härteklausel des § 54 EheG 38[279]. Eine starre Regelung, welche Gründe den Widerspruch in jedem Fall beachtlich machen sollten, existierte nicht[280]. Ob die Aufrechterhaltung der Ehe sittlich gerechtfertigt war, war eine einzelfallbezogene, in das pflichtgemäße Ermessen des Richters gestellte Frage[281]. Zur Abwägung wurden u.a. herangezogen die Dauer der Ehe, Gestaltung der Lebensverhältnisse, Alter der Ehepartner, Notwendigkeit der Kindererziehung, bevölkerungspolitische Belange[282] etc..

---

278. RGZ 160, 15 ff, 18 U. v. 13.3.39; RGZ 160, 144 ff U. v. 17.4.39 = RG DR 39, 1329 ff.

279. RGZ 166, 188 ff, 191 U. v. 15.3.41; Scanzoni, Ehegesetz § 55 Anm. 35.

280. Scanzoni, Ehegesetz § 55 Anm. 40; Scanzoni, Scheidung ohne Verschulden S. 39.

281. Scanzoni, Ehegesetz § 55 Anm. 35.

282. Palandt, Lauterbach, BGB, 6. Aufl., EheG § 55 Anm. 4; Volkmar, Antoni, Eherecht § 55 Anm. 4; eine Zusammenstellung der wichtigsten Entscheidungskriterien sind aufgelistet in Scanzoni, Ehegesetz § 55 Anm. 43, S. 189 f.: "Für die Bejahung der Beachtlichkeit kann ins Gewicht fallen:
a) Lange Dauer der ehelichen Gemeinschaft und späte Abkehr.
b) Fortgeschrittenes Alter, Kränklichkeit oder Erwerbsunfähigkeit der Beklagten.
c) Besondere Ehrenstellung als kinderreiche Mutter.
d) Den Mann in ungewöhnlicher Weise bei Erringung einer Lebensstellung unterstützt oder noch nach der Lossagung des Mannes von diesem mit Diensten in Anspruch genommen.
e) Bewährung der Beklagten als Frau und Mutter in langjähriger, wertvoller Ehe.
f) Überdurchschnittliche Opfer der Beklagten.
g) Vorhandensein mehrerer noch unterhalts- und erziehungsbedürftiger Kinder.

h) Ansteckung der Beklagten seitens des Ehemannes mit Dauerfolgen, z.B. Tripper, Unfruchtbarkeit, Tuberkulose.
i) Gefährdung der wirtschaftlichen Zukunft der Beklagten und drohender Verlust ihrer Witwenpension.
k) Vorbelastung des Klägers mit mehreren geschiedenen Ehen und den sich daraus ergebenden Unterhaltspflichten gegenüber mehreren Frauen und mehreren Kindern.
l) Keine neue, bevölkerungspolitisch wertvolle Ehe des Klägers in Aussicht.
m) Großer Altersunterschied (von mehr als 25 Jahren) zwischen dem Kläger und der neuen Frau.
n) Bloße Enttäuschung des Klägers, das erwartete Glück nicht gefunden zu haben; Verletzung des Gefühls der Volksgenossen für die heilige Pflicht, aus der Ehe das Beste zu machen.

Für die Verneinung der Beachtlichkeit kann ins Gewicht fallen:
a) Kinderlosigkeit der Ehe.
b) Kurzer Bestand der ehelichen Gemeinschaft und noch jugendliches Alter der Parteien.
c) Die für die Allgemeinheit nützliche Überführung ehebrecherischer Verhältnisse in ordnungsgemäße.
d) Uneheliche Kinder aus dem Dauerverhältnis mit der anderen Frau und Legitimierung solcher Kinder.
e) Unterlassung einer früheren Scheidungsklage seitens der Beklagten, als diese noch jünger und lebenstüchtiger war.
f) Mitverschulden der Beklagten an der Zerrüttung, wobei nur das Verschulden des Klägers überwiegt.
g) Kein Versuch der Beklagten, den Kläger zurückzugewinnen. Auch bei ihr Verlust der ehelichen Gesinnung.
h) Gehässiges Verhalten der Beklagten während der Trennungszeit, auch wenn es keine Eheverfehlung darstellt.
i) Die Kinder während der Trennungszeit dem Vater zu entfremden gesucht und in den unerfreulichen Ehezwist mit hineingezogen.
k) Vermeidung nutzloser Bindung von Kräften zum Nachteil des Volksganzen. Erhaltung der Schaffenskraft des Klägers für die Volksgemeinschaft.
l) Ehefrau älter als der Mann.
m) Frau schon einmal bei ausreichender Sicherheit scheidungsbereit.
n) Rassenunterschied der Ehegatten.
o) Zu nahe Blutsverwandtschaft der Ehegatten (Geschwisterkinder).
p) Ehe im jugendlichen Alter von 20 Jahren nach einer Schwängerung der Beklagten unreif eingegangen.
q) Unterhalts- und Sicherungsangebot des Klägers in notarischer Form, dessen Persönlichkeit Gewähr für die Einhaltung bietet.
r) Endgültige Beendigung fortgesetzter Streitigkeiten zwischen den Parteien.
s) Erfolgreiche Verschuldungswiderklage des Widersprechenden.

Es folgen Nachweise.

Die veröffentlichten Entscheidungen, die eine Scheidungsklage nach § 55 EheG 38 zum Inhalt haben, gehen - soweit ersichtlich - sämtlich auf von den jeweiligen Ehemännern eingereichte Klagen zurück[283]. Dementsprechend ist der Widerspruch nach § 55 II EheG 38 von Frauen eingelegt worden. Die Begründungen der obergerichtlichen Urteile dazu, ob ein Widerspruch als beachtlich oder unbeachtlich erachtet wurde, beschränken sich nicht auf die Interessen der Widerspruch einlegenden Frauen. Unter dem Aspekt der "sittlichen Rechtfertigung" der Aufrechterhaltung der Ehe[284] wurden verschiedene[285] Gesichtpunkte zur Entscheidungsfindung herangezogen und verwertet. Inwieweit sich dabei eine durchgehende, u.U. spezifisch nationalsozialistische Behandlung der Frauen aus den richterlichen Entscheidungen ergibt, soll anhand der Rechtsprechung des Reichsgerichts untersucht werden.

b) Einzelheiten und -fälle zum Widerspruchsrecht des § 55 II EheG 38

Die Gründe, aus denen heraus ein Widerspruch für beachtlich oder unbeachtlich gehalten wurde, lassen sich kaum in Rubriken einteilen, weil in nahezu jede Entscheidung mehrere Argumente eingeflossen sind. Dennoch zeichnen sich Schwerpunkte ab, die einzelne Urteile prägen.

---

283. s. schon FN 272.

284. § 55 Abs. 2 S. 2 EheG 38.

285. Siehe Auflistung in FN 282.

In zahlreichen obergerichtlichen Entscheidungen standen bevölkerungspolitische Aspekte im Vordergrund, die als "Kernfrage"[286] des § 55 II 2 EheG 38 angesehen wurden.
War es z.B. nicht zu erwarten, daß der Mann nach der Scheidung weitere Kinder mit einer anderen Frau zeugte, sprach dies für die Beachtlichkeit des Widerspruchs[287]. Selbst wenn die Frau nach einer Geburt unfruchtbar geworden war, sich diese Unfruchtbarkeit auch nach mehreren Operationen nicht beseitigen ließ, sie darüber hinaus ein voreheliches Kind des Mannes an Kindes statt angenommen hatte und sich damit einverstanden erklärte, ein von ihrem Mann mit einer anderen Frau gezeugtes Kind auch an Kindes statt anzunehmen, sollte die Ehefrau zurückstehen, wenn bevölkerungspolitische Belange das Scheidungsbegehren rechtfertigten[288]. Trotz dieser Bereitwilligkeit der Frau, ihre Unfruchtbarkeit durch für den 'Bestand der Volksgemeinschaft' wertvolle Maßnahmen zu kompensieren, stellte das Reichsgericht primär darauf ab, daß der Mann schon 60 Jahre alt und mit einer wesentlich jüngeren Frau befreundet sei, die er nicht ehelichen wolle. Aus dieser Verbindung seien keine Kinder zu erwarten; sie sei also bevölkerungspolitisch uninteressant, weshalb die Aufrechterhaltung der Ehe sittlich gerechtfertigt sei.
In derartige Erwägungen floß auch die Überlegung ein, daß ein 60 Jahre alter Mann zwar noch in der Lage sein kann, Kinder zu zeugen, seinen

---

286. RGZ 160, 15 ff, 18 U. v. 13.3.39.

287. RG IV 119/39 U. v. 7.8.39 zit. in: Scanzoni, Ehegesetz § 55 Anm. 20 S. 179.

288. RGZ 159, 111 ff. U. v. 12.1.39.

Nachwuchs aufgrund seines Alters i.d.R. aber nicht mehr wird großziehen können. Eine neue Verbindung wurde für bevölkerungspolitisch uninteressant gehalten, so daß der Widerspruch der Frau Beachtung fand[289]. Das gleiche galt, wenn die in Aussicht genommene "neue" Frau des Mannes keine Kinder mehr gebären konnte, weil sie zu alt oder unfruchtbar war[290].

Bei dieser Argumentationsweise blieb das persönliche Interesse der Ehefrau gänzlich unbeachtet, obwohl ihr Widerspruch gegen die Scheidungsklage Erfolg hatte. Zwar wurden ihre bisherigen "Verdienste" gegenüber der Volksgemeinschaft erwähnt, rückten aber gegenüber der Möglichkeit, zwecks Volkvermehrung und -erhaltung weiteren Nachwuchs aus einer neuen Verbindung zu erlangen, klar in den Hintergrund.

Dies kommt in den Entscheidungen, in denen der Widerspruch der Ehefrau unbeachtlich war und dementsprechend die Ehe geschieden wurde, noch deutlicher zum Ausdruck.

In einer seiner ersten veröffentlichten Entscheidungen zu § 55 EheG 38[291] hat das Reichsgericht bevölkerungspolitische Aspekte ganz abstrakt zur Grundlage seiner Abwägung gemacht. In dem zur Entscheidung anstehenden Fall begehrte der Mann die Scheidung von seiner ca. 54 Jahre alten Frau; aus der Ehe war ein inzwischen 22-jähriger Sohn hervorgegangen. Die Frau begründete ihren Widerspruch damit, sie sei nun im vorgerückten Alter, habe ihrem Mann "einen Sohn geboren"[292] und solle jetzt zugunsten einer anderen Frau ohne weiteres verlassen werden. Das

289. RG DJ 41, 895 U. v. 26.7.41.

290. RG DJ 41, 814, U. v. 7.6.41.

291. RGZ 159, 305 ff, U. v. 13.2.39.

292. RGZ 159, 309.

Reichsgericht zog zwar die amtliche Begründung zum Ehegesetz von 1938 heran, wonach "ein Ehemann seine Frau nicht verstoßen" dürfe, weil er eine andere gefunden habe[293]. Es führte jedoch aus: "So sehr diese Auffassung von den Pflichten eines Ehegatten anzuerkennen ist, kann der daraus gezogenen Folgerung doch nicht ohne Einschränkung zugestimmt werden, weil die schweren sittlichen und einer gesunden Volkserhaltung abträglichen Schäden dabei nicht berücksichtigt sind, die sich aus der Aufrechterhaltung inhaltslos gewordener Ehen ergeben"[294]. Das Reichsgericht geht im folgenden darauf ein, daß erziehungsberechtigte Kinder unter einer zerstörten Ehe oft stärker zu leiden haben, als unter der Scheidung. Diese Erwägungen zum "kindlichen Gemüt"[295] liegen hier aber gerade neben der Problematik, weil der Sohn der Parteien schon selbst berufstätig und deshalb auf ein intaktes Elternhaus nicht mehr angewiesen war. Anstatt auf die Argumente der Beklagten einzugehen, stellt das Reichsgericht lediglich allgemein fest, daß sich "für das Leben einer Frau ein großer Unterschied auch kaum ergeben wird, ob nun die Ehe inhaltslos fortgeführt oder endgültig geschieden wird..."[296]. Vielmehr könne die Lösung der Ehe der Einrichtung eines neuen Lebens der Frau förderlich sein.

Dieser Feststellung steht aber gerade der von der Frau erhobene Widerspruch entgegen, der verdeutlicht, daß es für die Frau von Interesse war, die Ehe aufrecht zu erhalten, u.U. allein

---

293. Amtliche Begründung zum EheG 38 DJ 38, 1109.

294. RGZ 159, 309.

295. RGZ 159, 310.

296. RGZ 159, 310.

um dem gesellschaftlichen Makel einer "Geschiedenen" zu entgehen.
Der Ehemann hatte in der zitierten Entscheidung zwar eine Freundin, hatte aber nicht behauptet, diese ehelichen und mit ihr Kinder haben zu wollen. Dennoch schied das Reichsgericht die Ehe aus bevölkerungspolitischen Gründen, ohne deren Vorliegen im konkreten Fall festzustellen.
Diese frühe reichsgerichtliche Entscheidung scheint insoweit allerdings ein Einzelfall geblieben zu sein[297].In anderen Urteilen ist jeweils der Versuch gemacht worden, zu begründen, warum die bevölkerungspolitischen Aspekte den Ausschlag gegeben haben.
So wurde bei kinderloser Ehe und einem 44 Jahre alten Ehemann darauf verwiesen, daß die "Wahrscheinlichkeit besteht, daß er eine neue Ehe eingeht und eine Familie gründet"[298]. Auch wenn der Mann mehrere ehebrecherische Verhältnisse hatte, hielt das Reichsgericht die Aufrechterhaltung einer Ehe nicht für sittlich gerechtfertigt. Es ging davon aus, daß ein erst 35 Jahre alter Mann eine neue Ehe schließen könne. Es sei zu erwarten, daß aus dieser Ehe Kinder hervorgingen, woran der Volksgemeinschaft ganz besonders gelegen sein müsse[299]. Daß der Mann gerade wegen seiner außerehelichen Verhältnisse es an "ehelicher Gesinnung" hatte fehlen lassen, blieb außer Betracht.
Auch der Umstand, daß die Frau älter war als ihr

297. Es erscheint denkbar, daß das Gericht diese Ehe auf jeden Fall scheiden wollte, weil der Ehemann aktives Parteimitglied war, so daß deshalb auf eine detaillierte Begründung, die möglicherweise zu einem anderen Ergebnis hätte führen können, verzichtet worden ist.

298. RGZ 160, 15 ff, U. v. 13.3.39.

299. RGZ IV 199/ 42 U. v. 20.1.43, zit. in: Scanzoni, Ehegesetz § 55 Nr. 64 S. 188.

Mann, wurde zur Begründung der Scheidung herangezogen. Das Reichsgericht schied die Ehe eines 55jährigen Mannes und seiner 61jährigen Frau[300]. Das Verhältnis der Lebensalter der Ehegatten widerspreche der Regel und sei erfahrungsgemäß besonders geeignet, den Bestand einer Ehe zu gefährden. Zwar habe die Frau vier Kinder zur Welt gebracht und damit ihre Pflicht erfüllt. Dem Mann müsse aber der Weg zu einer neuen Ehe offen stehen. Diese sei in seinem Alter nicht ausgeschlossen - kriegsbedingt gebe es ohnehin weniger Männer als Frauen[301]. Eine "konkrete neue Frau" konnte auch dieser Mann nicht vorweisen. Die Rechtsprechung beschränkte sich also auf bloße Prognosen bzgl. des weiteren Nachwuchses.

Hatte der Mann schon eine feste neue Beziehung, ließ sich die Unbeachtlichkeit des Widerspruchs unter Berücksichtigung bevölkerungspolitischer Belange leichter begründen.

Selbst eine Ehe, in der noch minderjährige Kinder vorhanden waren, wurde aus diesen Erwägungen heraus geschieden: "Einziges Bedenken"[302] gegen die Scheidung sei das Vorhandensein zweier unterhaltsberechtigter und erziehungsbedürftiger Kinder im Alter von 6 und 8 Jahren. Der Unterhalt sei aber durch "Zusagen" des Vaters gesichert. Außerdem lasse der "völkische Gesichtspunkt die Legalisierung der Beziehung des Mannes wünschenswert erscheinen"[303], weil aus dieser Verbindung Kinder zu erwarten seien. Die Scheidung liege darüberhinaus im "wohlverstandenen Interesse der Beklagten, da sie den Weg in eine

300. RGZ 160, 140 ff U. v. 30.3.39.

301. RGZ 160, 144 .

302. RGZ 162, 44 ff, 45, U. v. 6.11.39.

303. RGZ 162, 45.

neue Zukunft"[304] frei mache. Obwohl die Frau Widerspruch gegen die Scheidung eingelegt hatte und damit ihr subjektives Empfinden für die Aufrechterhaltung der Ehe zum Ausdruck gebracht hatte, formulierte das Gericht ihr "Interesse". Daran wird einmal mehr deutlich, daß nicht die Belange des einzelnen, sondern das Wohl der Allgemeinheit maßgeblich waren.

Wenn eine Scheidung es möglich erscheinen ließ, daß der Mann sein Verhältnis zu einer anderen Frau legalisierte und diese neue Ehe aufgrund des Lebensalters der Partner noch von Wert für die Volksgemeinschaft zu sein schien, wurden auch wirtschaftliche Gesichtspunkte völlig hintangestellt. In einem Fall stellte das Reichsgericht zwar fest, daß der Mann während der 14jährigen Trennungszeit keinen Unterhalt an seine Frau gezahlt hatte; es mutmaßte aber, daß die Frau einen Weg gefunden haben müsse, anderweitig für ihre Bedürfnisse zu sorgen[305]. Eine Klärung, wovon die Frau lebte, erfolgte nicht, scheint also für die Urteilsfindung unerheblich gewesen zu sein. In diesem Zusammenhang erfolgte lediglich der Hinweis, die Frau hätte wegen des Ehebruchs des Mannes schon vor Jahren für klare Verhältnisse sorgen und die Scheidung begehren können[306]. Dies klingt wie ein Vorwurf gegen die Frau, die sich durch ihr Verhalten selbst in diese unterhaltslose Situation gebracht habe. Motive der Frau, warum sie bisher keinen Unterhalt verlangt und nicht auf Scheidung geklagt hatte, sind nicht erforscht worden und scheinen nicht von Interesse gewesen zu sein, was wiederum eine Geringschätzung der Frau zum Ausdruck

---

304. RGZ 162, 45.

305. RG DR 39, 1573 f U. v. 5.6.39.

306. RG DR 39, 1574.

bringt.
Hatte der Mann mit seiner Freundin schon ein Kind, stand das Wohl dieses Kindes im Vordergrund. Die Scheidung sollte dem Mann die Möglichkeit geben, mit der Mutter seines Kindes zusammenzuleben und eine neue Familie zu gründen[307]. Staat und Volk seien daran interessiert, daß das lose Zusammenleben in eine eheliche Form geleitet werde, insbesondere, daß die Kinder ehelich würden[308]. Dahinter mußten auch die 15, 20 und 28 Jahre alten ehelichen Kinder zurückstehen; ebenso blieb außer Betracht, daß die Frau durch Ansteckung ihres Mannes mehrere Krankheiten hatte durchmachen müssen[309].
In einem Fall, in dem eine unfruchtbare Ehefrau, die neue Frau und der Mann jahrelang zu dritt zusammengelebt hatten, wurde dies - quasi als Bekräftigung der bevölkerungspolitischen Argumentation - der Ehefrau negativ angelastet. Daran, daß die Ehefrau das Zusammenleben zu dritt mitgemacht habe, zeige sich, daß sie "die rechte Einstellung zur Ehe" nicht besessen habe[310].
Die gesamte Rechtsprechung, die den Widerspruch einer Frau mit der begründeten oder auch nur vagen Aussicht auf weiteren Nachwuchs des Mannes mit einer anderen Frau für unbeachtlich erklärte, macht deutlich, daß es im Recht des Nationalsozialismus vorwiegend um das sog. Volkswohl ging. Die Erhaltung und Mehrung des deutschen

---

307. RGZ 160, 95 ff U. v. 3.4.39.

308. RG DR 40, 1771 f U. v. 1.8.40, RG DR 40, 1362 f U. v. 1.7.40.

309. RG DR 40, 1771.

310. RGZ 160, 95 ff, 103. Ob hier nicht u. U. die Gutmütigkeit der Ehefrau ausgenutzt worden ist, hat das RG nicht aufgeklärt.

Volkes ließ die einzelne Ehefrau in den Hintergrund treten. Von ihr war in der Verbindung mit ihrem Ehemann "nichts" mehr zu erwarten; sie konnte ihre Funktion insoweit nicht mehr ausfüllen. Aber auch die avisierte "neue Frau" war nach der reichsgerichtlichen Argumentation darauf beschränkt, dem frei gewordenen Mann möglichst viele Kinder zu gebären. Andere Betätigungen wurden auch ihr nicht zugebilligt.
In späteren Entscheidungen hat das Reichsgericht zum Teil von der rein bevölkerungspolitischen Argumentation Abstand genommen; jedenfalls hat es diese nicht mehr ausdrücklich in den Vordergrund gestellt. Jetzt argumentierte das RG vielmehr, die Aufrechterhaltung des formellen Ehebandes, um dem Mann die Schuld vorzuhalten oder um andere zu warnen etc., sei nicht im Sinne des Ehegesetzes. "Angesichts der schweren Schäden, die zerbrochene, in ihrem rechtlichen Band nicht gelöste Ehen für die Volksgesamtheit, oft auch für die Betroffenen selbst mit sich bringen"[311], sei eine Scheidung notwendig. Welche Schäden konkret zu befürchten waren, ist nicht angeführt worden. In dem zur Entscheidung anstehenden Fall war allerdings die Frau unfruchtbar, nachdem der Mann sie mit einer Geschlechtskrankheit angesteckt hatte; die Ehepartner waren erst 31 und 35 Jahre alt[312]. Insoweit erscheint es denkbar, daß bevölkerungspolitische Belange entscheidungserheblich waren, obwohl dies nicht ausdrücklich formuliert worden ist.
Des weiteren sollte eine Scheidung nicht nur möglich sein, wenn eine neue, bevölkerungspolitisch wertvolle Ehe in Aussicht stand, sondern auch, wenn die Ehe zur leeren Hülle und inhalts-

---

311. RGZ 168, 38 f, 39 U. v. 5.11.41.

312. RGZ 168, 38 f.

losen Form geworden war und eine neue, dauerhafte Verbindung des Mannes "in den dem Gesetz entsprechenden Zustand übergeleitet werden"[313] konnte. In dem der Entscheidung zugrundeliegenden Sachverhalt war zwar die "neue Frau" schon 50 Jahre alt und deshalb war Nachwuchs nicht mehr zu erwarten. Auch hatte die Ehefrau "dem Staat" sieben Kinder geschenkt. Da die finanzielle Situation der Ehefrau sich durch die Scheidung nicht ändern sollte, schied das Gericht die Ehe allein mit der Begründung, die Ehe sei nur noch auf dem Papier existent[314].

bb) Berücksichtigung des Lebensalters

Über diese offen bevölkerungspolitisch ausgerichtete Argumentation hinaus sollte das Lebensalter bei der Entscheidung über die Beachtlichkeit des Widerspruchs Berücksichtigung finden. Dabei lassen sich zwei Fallgruppen unterscheiden.

a') Die Ehefrau ist älter als der Mann

War die Frau - auch nur geringfügig - älter als ihr Mann[315], wurde dies als Aspekt für die Unbeachtlichkeit des Widerspruchs herangezogen. Deutliche Gründe, die geeignet gewesen wären, das Urteil zu tragen, wurden nicht angeführt. Vielmehr beschränkte sich das Reichsgericht auf die Feststellung, daß eine Ehe, in der die Frau älter als der Mann ist, "von vorneherein durch dieses von der Regel abweichende Altersverhält-

---

313. RG DR 40, 1141 f U. v. 27.4.40.

314. RG DR 40, 1141.

315. schon bei Altersunterschieden von vier Jahren.

nis gefährdet"[316] sei. In dem dem Reichsgericht zur Entscheidung vorliegenden Fall war der Mann wegen im ersten Weltkrieg erlittener Verletzungen arbeitsunfähig und bezog seine Rente als ehemaliger Postbeamter. Die um 4 Jahre ältere Frau habe, so mutmaßte das Reichsgericht, den Mann "hauptsächlich wegen seiner Ansprüche aus dem Beamtenverhältnis und der Kriegsverletzung geheiratet"[317]. Wirtschaftliche Gründe ließen sie auch jetzt noch an der Ehe festhalten. Ohne detaillierte Untersuchungen vorzunehmen, wurde der Frau allein wegen des Altersunterschiedes unterstellt, sie habe aus finanziellen Gründen geheiratet. Hier zeichnet sich eine wohl nicht auf nationalsozialistisches Gedankengut zurückgehende Argumentation und Denkweise ab. Die Meinung, daß Frauen heiraten (müssen), um versorgt zu sein, ist schon vor 1933 vertreten worden.

b') Schutz älterer Frauen

In einem zeitgenössischen Aufsatz mit dem Titel "Eheschutz für gealterte Frauen"[318] wird als wichtigster Fall der Beachtlichkeit eines Widerspruchs, also die Annahme eines Ausnahmefalles zu der Regel, daß zerrüttete Ehen geschieden werden müssen, die "im Alter nach jahrzehntelanger, treuer Lebenskameradschaft im Stich gelas-

---

316. RG DR 41, 2238 U. v. 19.7.41; ähnl. RGZ 160, 140 ff, 143 U. v. 30.3.39, das RG schied diese Ehe zwischen einem Mann und seiner sechs Jahre älteren Frau u.a. mit der Begründung: "Dieses Verhältnis der Lebensalter widerspricht der Regel und ist erfahrungsgemäß besonders geeignet, den Bestand der Ehe zu gefährden"; vgl. Palandt, Lauterbach, BGB, 6. Aufl. EheG § 55 Anm. 5.

317. RG DR 41, 2238.

318. Scanzoni DR 42, 60 ff.

sene Frau"[319] dargestellt.

"Ein geradezu typischer Fall ist es, daß der Ehemann, der mehrere Jahrzehnte hindurch seine Ehe mit einer braven Frau ohne außergewöhnliche Störungen schlecht und recht durchlebt hat, Ende der Fünfziger oder noch später plötzlich sozusagen "neue Triebe ansetzt", eine große, stürmische Liebe für eine um vieles jüngere Frau entdeckt, und nun alle Schiffe hinter sich verbrennen, Frau und etwaige Kinder verlassen, ein zweites, sein "wahres", "endlich erkanntes" Leben erst beginnen will"[320].

Da das Ehegesetz von 1938 gerade nicht dazu dienen sollte, dem Mann zu ermöglichen, seine Ehefrau zu "verstoßen"[321], könne - so meinte der Autor - bei einer derartigen Sachlage an den Schutz der Ehefrau um ihrer selbst willen gedacht werden. Dementsprechend "muß gerade aus sittlichen Gründen im Interesse des Ganzen sein: Eheschutz der gealterten Frau!"[322]. In dieser Formulierung ist allerdings eine Einschränkung enthalten: nicht mehr der Schutz der Frau allein steht im Vordergrund, sondern das "Interesse des Ganzen". Dahin tendiert auch das Reichsgericht, wenn es zwar zunächst auf das Alter der widersprechenden Frau und deren Schwierigkeiten, sich allein zurechtzufinden, abstellt, letztendlich aber das hier mit dem Individualinteresse zusammenfallenden Interesse der Allgemeinheit zur Begründung heranzieht[323].

Wird dadurch das Argument, die ältere Frau sei zu schützen, schon relativiert, tritt es in

---

319. Scanzoni DR 42, 61.

320. Scanzoni DR 42, 61.

321. RG DR 40, 1013, 1014 U. v. 6.4.40; Amtliche Begründung zum EheG 38 DJ 38, 1109.

322. Scanzoni DR 42, 68.

323. RG IV 290/40 U. v. 18.1.41 und RG IV 117/41 U. v. 1.10.41 beide zit. in Scanzoni DR 42, 66.

anderen Entscheidungen noch mehr in den Hintergrund . Auch in einer Entscheidung, in der das Reichsgericht recht ausführlich auf die Situation der Frau eingeht, führt es als weitere Begründung an: die Frau habe in langjähriger Ehe ihre Aufgabe für Volksgemeinschaft und Partner erfüllt. Darüber sei die inzwischen 50jährige Mutter von drei Kindern, die zudem noch zwei Fehlgeburten erlitten habe, stärker gealtert als der gleichaltrige Mann. Diese Frau solle nicht aus ihrer Stellung gedrängt und wirtschaftlichen Schwierigkeiten ausgesetzt werden, nur weil der Mann eine jüngere Frau heiraten wolle. Zu dieser Argumentation für den Schutz der Frau kommt das RG allerdings nicht, ohne vorher festgestellt zu haben, daß die Ehe des Mannes bevölkerungspolitisch wertlos sei[324]. Dadurch entsteht der Eindruck, der Schutz der Frau wäre in den Hintergrund getreten, wenn es sich bzgl. der neuen Ehe anders verhalten hätte. Insoweit kann auch bei dieser reichsgerichtlichen Entscheidung nicht uneingeschränkt der Schutz einer gealterten Frau festgestellt werden[325].

Der weit überwiegende Teil der Rechtsprechung, der die Scheidungsklage eines älteren Ehemannes gegen seine etwa gleichaltrige Frau behandelt, stellt die Tatsache, daß es sich um eine "gealterte Ehefrau" handelt, zwar dar, zieht dies aber nicht maßgeblich zur Entscheidungsfindung heran, so daß der u.U. verstärkten Schutzbedürftigkeit der Frauen gar nicht oder nur am Rande Beachtung geschenkt wird.

Gegen die eben wiedergegebene Einschätzung wird betont, daß es "eines der wichtigsten Ziele der

---

324. RG DR 42, 86 f U.v. 5.11.41.

325. a. A. Scanzoni DR 42, 66, der diese Entscheidung als Beispiel für den Schutz der gealterten Frau anführt.

Neuregelung des Scheidungsrechts" gewesen sei, "durch Lösung unheilbar zerrütteter Ehen den Weg zur Begründung neuer, für die Volksgemeinschaft wertvollerer Ehen zu eröffnen"[326]. Im Lichte dieses Zieles aber sei die Ehe eines älteren[327] Mannes mit einer erheblich jüngeren Frau "vom bevölkerungspolitischen Standpunkt aus" nicht so erwünscht, daß diese Möglichkeit zugunsten der Scheidung ins Gewicht fallen könnte"[328]. Ein großer Altersunterschied vermindere nämlich den Wert einer neuen Ehe außerordentlich. Selbst wenn aus einer solchen Verbindung noch Kinder hervorgingen, könne "nicht damit gerechnet werden, daß der Mann den ... Nachwuchs noch wird großziehen können"[329]. Darüber hinaus sei allein die Ehe mit einer gleichaltrigen, also ca. 60-jährigen Frau etwas "Natürliches"[330]. Ein zu großer Altersunterschied entspreche nicht den "Naturgesetzen"[331].

Insgesamt standen also bei diesen Entscheidungen nicht das Alter der Frau, deren während der Ehe erbrachte Opfer etc. im Vordergrund, sondern allein der bevölkerungspolitische Aspekt. Insoweit trügt der genannte Aufsatztitel "Eheschutz für gealterte Frauen"[332]. Zwar werden unter der Rubrik Alter der Frau. In der Rechtsprechung für die Beachtlichkeit des Widerspruchs sprechende Momente angeführt, entscheidungserheblich fallen

---

326. RG IV 770/39 U.v. 24.6.40 zit. in Scanzoni, DR 42, 63.

327. Es handelte sich um einen ca. 60 Jahre alten Mann.

328. RGZ 159, 111; ähnl. RGDJ 40, 877 f. U.v. 17.6.40 u. RG DR 40, 1050f. U.v. 20.3.40.

329. RG DJ 41, 894 U.v. 26.7.41.

330. RGZ 159, 111.

331. RGZ 159, 305 ff., 311 U.v. 13.2.39.

332. Scanzoni DR 42, 60 ff.

aber allein die bevölkerungspolitischen Gesichtspunkte ins Gewicht. Eine frauenfreundliche Komponente ist in dieser Rechtssprechung - anders als es u.U. auf den ersten Blick den Anschein hat - nicht enthalten.

cc) Sicherung des Unterhaltes

Auch die wirtschaftliche Situation nach einer Scheidung wurde in die Abwägung, ob der Widerspruch als beachtlich angesehen werden mußte, einbezogen.
Zwar hatte die geschiedene Frau nach § 69 i.V. m. §§ 66-68 EheG 38 gegen ihren Ehemann einen Unterhaltsanspruch; dem gingen aber der Selbstbehalt des Mannes, der Unterhalt der neuen Ehefrau und der unverheirateter minderjähriger Kinder vor (§ 67 I EheG 38). Bei unsicheren finanziellen Verhältnissen des Mannes konnte also der nacheheliche Unterhaltsanspruch stark gekürzt oder auch gänzlich gefährdet sein.
Grundsätzlich sollte dies allerdings auf die Scheidungsmöglichkeit keinen Einfluß haben, weil "die Ehe nicht als Versorgungsinstitut" aufgefaßt[333] und der Mann nicht allein wegen der Unterhaltsansprüche an der Ehe festgehalten werden dürfe[334]. Im allgemeinen sollte das nacheheliche Unterhaltsrecht der Frau "in den Grenzen des Möglichen" Schutz bieten[335].
Trotz dieser grundsätzlichen Erwägung zum Verhältnis des Unterhaltes zur Scheidung wurde die Unterhaltsfrage immer wieder in die Entscheidungsfindung einbezogen. Solange der Unterhalt

---

333. RG IV 224/42 U.v. 17.2.43 zit. in Scanzoni, Ehegesetz § 55 Nr. 66 S. 188.

334. RGZ 163, 380 ff., 380 U.v. 22.4.40; RG DR 41, 2238 U.v. 19.7.41.

335. RGZ 160, 144 ff. U.v. 17.4.39 = RG DJ 39, 1329.

der Frau nach ihrer Scheidung und der schon vorhandenen Kinder gesichert erschien, zeigte sich die Rechtsprechung wesentlich eher bereit, einen Widerspruch für unbeachtlich zu erklären, als wenn dies nicht der Fall war[336]. Ausreichend erschien es dem Reichsgericht, wenn der Unterhalt durch "Zusagen" des Mannes gesichert war[337]. "Auch mit Rücksicht auf die Ehefrau kann das Vorhandensein noch erziehungsberechtigter Kinder gegen die Scheidung sprechen, wenn sich die Frau der Erziehung der Kinder widmen muß und dadurch gehindert wird, sich nach der Scheidung eine neue Lebensgrundlage zu schaffen"[338]. Gewisse Einschränkungen müsse die Frau allerdings tragen; bei gesichertem Unterhalt könne die finanzielle Frage nicht entscheidend sein[339]. Auch bei noch minderjährigen Kindern sei die Scheidung sittlich gerechtfertigt, wenn der unterhaltsverpflichtete Ehegatte - der Mann - arbeitsam, tüchtig und zuverlässig sei und für den Unterhalt sorgen könne und werde[340]. Der mögliche Verlust beamtenrechtlicher Versorgungsansprüche - also einer sicheren Unterhaltsquelle - müsse für die Scheidung ebenfalls unbeachtlich bleiben, weil sonst zwischen Ehen und Beamtenehen unterschieden würde[341].

---

336. s. Rumpf DR 42, 830 ff., 831, der die sozialen Belange im Vordergrund sah.

337. RGZ 162, 44 ff. U.v. 6.11.39.

338. RGZ 162, 46.

339. RGZ 162, 46.

340. RGZ 169, 36 ff. U.v. 28.1.42. Der die Scheidung begehrende Ehegatte war ordentlicher Professor.

341. RGZ 160, 144 ff., U.v. 17.4.39 = RG DJ 39, 1329f.; Rumpf DR 42, 830 ff., 832 bemerkte demgegenüber, daß tatsächlich "heute viele scheidungsreife Ehen nur wegen der jetzigen Regelung der Pensionsfrage nicht geschieden" werden und verlangte eine Anpassung des Beamtenrechts an das Ehescheidungsrecht.

Anders verhielt es sich hingegen, wenn der Mann die Scheidung allein begehrte, um sich den wirtschaftlichen Verpflichtungen gegenüber seiner Frau zu entziehen[342]. In diesen Fällen wurde der Widerspruch der Frau für beachtlich gehalten. Das gleiche galt, wenn der Unterhaltsanspruch der 'alten' Ehefrau und der minderjährigen Kinder wegen der ungünstigen wirtschaftlichen und finanziellen Verhältnisse des Mannes gefährdet erschien[343]. "Dabei handelt es sich nicht nur um persönliche Belange von Frau und Kindern, sondern es wäre gerade auch vom Standpunkte der Allgemeinheit aus unerträglich, wenn dem Kläger durch die Scheidung die Möglichkeit eröffnet würde, sich leichter als bisher seinen Unterhaltspflichten zu entziehen und damit den Kindern die Grundlage für ihre körperliche und geistige Entwicklung zu nehmen und die gealterte und im Kampf um ihre und ihrer Kinder berechtigten Belange erschöpften Beklagten ... der Sorge für ihre Zukunft preiszugeben"[344].

---

342. RG DR 40, 2163 U.v. 26.9.40; RGZ 169, 396 ff, 400 U.v. 14.10.42.

343. RGZ 162, 47 ff., U.v. 18.11.39; RG DR 40, 1480 U.v. 3.6.40; RGZ 169, 400; RG DR 40, 1013f., U.v. 6.4.40 (IV 458/39); RG DR 40, 1050 U.v. 6.4.40 (IV 325/39); RG IV 230/42 U.v. 24.3.43 zit. in Scanzoni, Ehegesetz § 55 Nr. 68 S. 188.

344. RGZ 169, 396 ff., 400 U.v. 14.10.42 u. vgl. RGZ 160, 141 ff. U.v. 23.3.39 = RG DR 39, 640 f.: "Die Frage des Unterhalts der Frau hat beim Vorhandensein unterhaltsberechtigter Kinder grundsätzlich anderes Gewicht als bei einer sonstigen Ehe. Während die Notwendigkeit, sich durch eigene Arbeit eine Existenzgrundlage zu schaffen, für die schon in vorgerücktem Alter stehende Frau häufig hart, aber immerhin zumutbar erscheint, wird die Mutter mehrerer heranwachsender Kinder, wenn nicht deren körperliche und seelische Entwicklung gefährdet sein soll, zumeist gar nicht in der Lage sein, einer Beschäftigung nachzugehen."

Hinter diesen unterhaltsrechtlichen Bedenken mußten selbst bevölkerungspolitische Aspekte zurückstehen. Wichtiger als Kinder zu erzeugen und eine Familie zu gründen sei es, sie zu erhalten und zu unterhalten[345].
Selbst bei dieser die wirtschaftliche Situation der beklagten Ehefrau bedenkenden Argumentation scheint fraglich, ob tatsächlich der Schutz der Frau vor finanzieller Not im Vordergrund stand. Schon die in den Entscheidungen enthaltenen Formulierungen, die Aufrechterhaltung der Ehe bei ungesicherten Unterhaltsansprüchen liege im Interesse der Allgemeinheit[346], geben zu Zweifeln Anlaß. Fällt der Mann nach der Scheidung als Unterhaltsschuldner weg und steht der Frau weder sein den Unterhaltsbedarf deckendes Vermögen zur Verfügung noch ist sie wegen minderjähriger erziehungsbedürftiger Kinder oder aus anderen Gründen zu der Aufnahme einer Erwerbstätigkeit zur eigenen Bestreitung des Lebensunterhalts in der Lage, müßte der Staat für Frau und Kinder aufkommen, letztendlich also die Allgemeinheit der Steuerzahler. Daß dies nicht im Interesse "der Allgemeinheit" liegen kann, liegt auf der Hand.
Dieser Gedanke wird in einer Entscheidung sehr deutlich gemacht: "Nur die Aufrechterhaltung der Ehe kann die ... Beklagte einigermaßen davor schützen, der öffentlichen Wohlfahrt zur Last zu fallen"[347]. Hier liegt nahe, daß nicht die Frau,

---

345. RGZ 160, 41 ff., 44 U.v. 23.3.39; RGZ 162, 47 ff. U.v. 18.11.39: in dem der Entscheidung zugrunde liegenden Fall äußerte das Gericht die unterhaltsbezogenen Bedenken primär im Hinblick auf die Frauen , erst sekundär wegen der Kinder mit der Erwägung, daß der Unterhaltsbedarf der Frauen höher und deshalb schwieriger zu sichern sei.

346. RG DR 40, 1363 U.v. 22.5.40; RG DR 40, 2163 U.v. 26.9.40; RGZ 169, 396 ff., U.v. 14.10.42.

347. RGZ 169, 126 f. U.v. 6.5.42.

sondern eigentlich die "öffentliche Wohlfahrt" geschützt werden sollte[348]. So erklärt sich auch, warum zugunsten der bzgl. ihres Unterhalts gefährdeten Frauen ihr Widerspruch gegen die Scheidung beachtlich war unter Hintanstellung aller sonstigen Bedenken und der bereits dargestellten Ziele des Ehegesetzes von 1938.

dd) Rücksichtnahme auf Kinder

Ausführlicher und insbesondere ohne Hinzufügung anderweitiger Gründe beschäftigten sich Rechtsprechung und Literatur mit den Belangen minderjähriger erziehungsberechtigter Kinder, wenn es um die Beachtlichkeit des Widerspruchs ging:
"Vom völkischen Standpunkt aus hat das Wohl der Kinder im Vordergrund zu stehen; die persönlichen Belange der Eltern müssen dahinter zurückstehen"[349].
Ausgerichtet an den Interessen der Kinder erging in diesen Fällen jeweils die Entscheidung des Reichsgerichts. Hielt es die Aufrechterhaltung der alten Ehe mit dem Ziel, den aus ihr hervorgegangenen Kindern die Grundlage für ihre körperliche und geistige Entwicklung zu erhalten, für wertvoller als den Versuch der Gründung einer neuen Ehe, so erklärte es den Widerspruch

---

348. Um die Inanspruchnahme der Allgemeinheit zu vermeiden, wurde auch der spätere Wegfall einer Witwenrente für die Beachtlichkeit des Widerspruchs herangezogen, RGZ 162, 20 ff. U.v. 26.10.39 = DJ 39, 1805 f.; entgegen dem Grundsatz, die Ehe sei keine Versorgungsanstalt, sprach das RG bei ungesichertem Unterhalt nach der Scheidung einer langjährigen Ehe davon, daß die Frau "nach treuer Pflichterfüllung" ihrer, "erdienten Lebensgrundlage beraubt" werde, und begründete so die Beachtlichkeit des Widerspruchs, RG DJ 41, 814 U.v. 7.6.41.

349. RGZ 162, 124 ff. U.v. 25.11.39.

der Ehefrau für beachtlich[350]. Erachtete das Gericht es dagegen als unumstößliche Tatsache, daß den Kindern wegen der Zerrüttung der Ehe ihrer Eltern das Aufwachsen in einem glücklichen Elternhaus versagt bleibe, schied es die Ehe: "Mag es für das Verhältnis der Mutter zu den Kindern auch in mancher Hinsicht leichter sein, wenn sie ihnen als ungeschiedene Frau gegenüberstünde, so wiegen doch weit schwerer die Nachteile, die auch den Kindern daraus erwachsen, daß bei Fortdauer der Ehe die Reibungsflächen zwischen den Eltern bestehen bleiben"[351].
Zu den Umständen, die die Aufrechterhaltung der Ehe rechtfertigen, gehörten demnach die Belange unterhaltsbedürftiger und erziehungsberechtigter Kinder schlechthin, die der Ehefrau nur unter besonderen Voraussetzungen: "Hinsichtlich der Kinder bedarf das in heutiger Zeit wohl keiner weiteren Erörterung; daß ihnen alle Möglichkeiten für eine gesunde körperliche und geistige Entwicklung geboten werden müssen, ist geradezu ein Grundelement nationalsozialistischer Auffassung, und es ist daher die Aufrechterhaltung der Ehe ein selbstverständliches sittliches Gebot, wenn durch die Scheidung der Ehe eine solche Entwicklung der Kinder bedroht wäre. Längst nicht in gleichem Maße ist für den Regelfall die Allgemeinheit an dem Schutz und der Sicherung der beklagten Ehefrau interessiert; die Ehe ist

350. RGZ 162, 124 ff., 127. Bei dieser Entscheidung war der die Scheidung begehrende Mann Pfarrer. Das RG stellte fest, daß die Kinder mit gleicher Liebe an beiden Elternteilen hingen, und daß bei einer neuen Ehe des Mannes er ihnen als Vater verloren ginge. Deshalb müsse der Mann seine Wünsche zurückstellen, um sich und seine Kraft den Kindern zu erhalten. Die Belange der Frau waren bei dieser Argumentation völlig ausgeklammert.

351. RG IV 180/40 U.v. 30.9.40 zit. in: Scanzoni, Ehegesetz § 55 Nr. 52 S. 185.

keine Versorgungsanstalt, und die wirtschaftliche Stellung, die die Ehe der Frau gewährt, ist nicht als ihr "wohlerworbenes Recht" anzusehen"[352].

Für die Kinder wurde also eine deutlich günstigere Position bezogen, als für die Frauen. Zwar ist es allgemein so, daß Kinder eher als eine erwachsene Person der Aufsicht, Pflege und Fürsorge bedürfen. Kinder werden hilflos in die Gesellschaft hineingeboren und sollen erst lernen, sich in ihr zu behaupten, während bei der Frau dieser Entwicklungsprozeß bereits abgeschlossen ist bzw. sein sollte. Insoweit enthalten die Ausführungen möglicherweise nichts typisch Nationalsozialistisches. Aber die Art der Formulierung in dem letzten Zitat läßt auf eine Geringschätzung der Frau an sich schließen, so daß nicht mehr die u.U. bestehende Fähigkeit der Frau, sich selbst zu unterhalten und in der Gesellschaft zu behaupten, im Vordergrund steht, sondern das Desinteresse der Volksgemeinschaft am Wohlergehen der Frau.

Unter bevölkerungspolitischen Gesichtspunkten sind natürlich Kinder interessanter und für das 'Volksganze' wertvoller, als eine Frau, die ihre Pflichten als Mutter schon erfüllt hat oder aufgrund ihres Alters nicht mehr wird erfüllen können. Insoweit ist in dieser Argumentation eine typisch nationalsozialistische Komponente enthalten.

---

352. Frantz DR 41, 1028 ff. 1031.

ee) Besondere "Opfer" der Frau

Auch "besondere Opfer"[353] der Frau wurden zur Abwägung der Entscheidung über die Beachtlichkeit des Widerspruchs berücksichtigt. In Einzelfällen, in denen keine - insbesondere keine bevölkerungspolitischen - Aspekte für die Scheidung sprachen, hielt das RG es schon für ausreichend, daß die Frau "ihre guten Jahre, in denen sie noch kräftig und gesund war, der Ehe mit dem Kläger gewidmet hat und daß sie jetzt krank und erwerbsunfähig ist"[354].
In der Regel reichten indes Krankheit und ähnliches allein nicht aus, um einen Widerspruch zu begründen[355].
Nicht als Opfer der Frau wurden Abtreibungen angesehen, die sie ihrem Mann zuliebe hatte vornehmen lassen. Die Abtreibung sei ein Verbrechen gegen die Volksgemeinschaft, weil sie den für die Allgemeinheit dringend notwendigen Nachwuchs vermindere. Frauen, die abgetrieben haben, als Opfer zu behandeln, hieße persönliche Belange zu beachten, die denen der Volksgemeinschaft gerade entgegenstehen[356].

353. Während das RG den Opfergedanken in den Vordergrund stellte, behandelte Roquette (Anmerkung zu RG DR 40, 2243 U.v. 26.9.40 in DR 40, 2244) diese Fälle unter dem Gedanken der ausgleichenden Gerechtigkeit. Praktische Konsequenzen hatte dies nicht.

354. RGZ 163, 380 ff., 383, 384 U.v. 22.4.40, wobei allerdings auch unterhaltsrechtliche Fragen für die Entscheidung relevant gewesen zu sein scheinen, ohne daß dies aus den Gründen eindeutig hervorginge.

355. RG IV 230/42 U.v. 24.3.43 zit. in: Scanzoni, Eherecht § 55 Nr. 68 S. 188, hier führt das RG z.B. neben der Krankheit der Frau aus, ihr Unterhaltsanspruch sei wegen des "Charakters des Klägers" gefährdet; in RG DR 40, 2243 f. U.v. 26.9.40 war die kranke Frau arbeitsunfähig, so daß ihr "Lebensrückhalt" gefährdet schien.

356. RGZ 166, 209 ff, 214 U.v. 8.3.41.

Auch wurde es als selbstverständlich angesehen, daß eine Frau ein Kind zur Welt bringt: "Daß darin kein erhebliches Opfer liegt, bedarf keiner Begründung"[357]. Die Geburt mehrerer Kinder fand dagegen als Argument zugunsten der Aufrechterhaltung der Ehe Berücksichtigung. Dies galt allerdings nicht uneingeschränkt[358], sondern nur für die "kinderreiche Mutter". " In der kinderreichen Mutter sieht die nationalsozialistische Auffassung die wesentliche Trägerin der völkischen Zukunft. An dem Schutz ihrer Belange hat die Volksgemeinschaft ein starkes Interesse,..."[359]. Vereinzelt wurde sogar betont, es handele sich nicht um Rücksichtnahme auf die Kinder, sondern auf die Frau[360].

Einerseits wird diese Hervorhebung des Schutzes der kinderreichen Mutter um ihrer selbst willen relativiert, wenn man bedenkt, daß in Fällen, in denen die Kinder noch minderjährig und erziehungsbedürftig waren, darauf hingewiesen wurde, daß die kinderreiche Mutter zwar geschützt, aber " zugleich in ihrer Bereitschaft zur weiteren Erziehung der Kinder gestärkt" werden sollte[361]. Hier läßt sich der Eindruck nicht verwischen, daß es primär doch wiederum um das Wohlergehen der Kinder, nicht um das der Frau ging.

Andererseits mußten Gesetzgebung und Rechtsprechung miteinander korrespondieren. Verlieh man der kinderreichen Mutter das Mutterkreuz, ließ

---

357. RGZ 166, 215.

358. vgl. RG DR 41, 716 "Für die Beklagte ist lediglich anzuführen, daß sie drei Kinder geboren hat".

359. RG DR 40, 1480 U.v. 5.6.40 (Leitsatz); ähnl.: RG DJ 40, 516 ff, 518 U.v. 14.3.40 und RG DR 40, 1363 U.v. 22.5.40.

360. RGZ 164, 155 ff., 157 U.v. 17.6.40 = RG DJ 40, 877 f.

361. RG DJ 40, 516 ff., 518 U.v. 14.3.40.

sie aber trotzdem in der Sorge um ihre Kinder schutzlos, hätte dies unglaubwürdig gewirkt. Konsequenterweise mußte demnach der Schutz der kinderreichen Mutter in der Aufrechterhaltung der Ehe weitergeführt werden, um nicht den Anreiz, den das Mutterkreuz u.U. einer Frau bot, durch Maßnahmen zu Lasten der kinderreichen Mutter zunichte zu machen. "Es würde dem Volksempfinden widersprechen, wenn der Beklagten auf der einen Seite als Anerkennung für die Erfüllung ihrer Pflichten als deutsche Frau und Mutter das Ehrenkreuz für kinderreiche Mütter verliehen, auf der anderen Seite aber die Ehe, die ihren Lebensinhalt und die Grundlage für ihre Arbeit gebildet habe, ohne ihre Schuld und gegen ihren Willen gelöst würde"[362], wobei das Reichsgericht allerdings die Einschränkung machte, daß bevölkerungspolitische Vorteile einer neuen Ehe des Mannes die Belange der Frau zurücktreten lassen würden. Darüber hinaus werden in allen zitierten Entscheidungen, die den Schutz der kinderreichen Mutter verlangen, das Vorhandensein bevölkerungspolitischer Gründe für die Auflösung der Ehe verneint, bzw. weitere Aspekte für deren Aufrechterhaltung (Unterhalt, Kinder etc.) benannt. Allein entscheidend fiel mithin die "Erfüllung der Pflichten als Ehefrau" nicht zugunsten der Frau ins Gewicht. Unter diesem Gesichtspunkt verliert dementsprechend der Ausdruck vom "Schutz der kinderreichen Mutter" an Bedeutung und Aussagekraft. Dies um so mehr, wenn man die Verwertung dieser Formulierung als Propagandamittel für alle anderen Frauen beachtet.

---

362. RG IV 63/40 U.v. 25.7.40 zit. in: Scanzoni DR 42, 60 ff., 63.

ff) Erhaltung der Arbeitskraft des Mannes

Wie wenig das Wohl der Frau und Mutter im Vordergrund stand, verdeutlichen Fälle, in denen Ehen geschieden wurden, obwohl alle oder doch fast alle der nach der bisherigen Darstellung bisher für die Beachtlichkeit des Widerspruchs sprechenden Argumente[363] vorlagen. Die Aufrechterhaltung einer solchen Ehe wurde dann aus anderen - nicht mehr ehebezogenen - Gründen für sittlich nicht gerechtfertigt erklärt. So wurden "völkische Belange" berücksichtigt: "Durch die Scheidung der jetzt völlig zerrütteten Ehe würde es dem Kläger ermöglicht werden, ein geordnetes Familienleben in einer neuen Ehe zu führen. Das kann ... für seine berufliche Leistungsfähigkeit von Vorteil sein"[364]. Hier wurden also die Interessen der Volksgemeinschaft an der Arbeitskraft des Mannes über die der Frau an der Aufrechterhaltung der Ehe gestellt.

gg) Fazit zu § 55 EheG 38

Bei einer Gesamtbetrachtung der Literatur und Rechtsprechung zu § 55 EheG 38 ergibt sich, daß auch und gerade die einer Scheidungsklage wegen Auflösung der häuslichen Gemeinschaft und unheilbarer Ehezerrüttung immanente Frage, ob die Aufrechterhaltung der Ehe sittlich gerechtfertigt ist, sich unter Berücksichtigung der Gemeinwohlformeln des nationalsozialistischen Rechtsdenkens beantworten worden ist. Solange bevölkerungspolitische und völkische Aspekte der

363. z.B. keine bevölkerungspolitisch wertvolle neue Ehe des Mannes in Aussicht, unterhaltsberechtigte Kinder vorhanden.

364. RG IV 779/39 U.v. 1.6.40; ähnl. RG IV 705/39 U.v. 13.6.40 beide zit. in Scanzoni DR 42, 60ff., 68; OLG Marienwerder DR 40, 448 f. U.v. 21.8.39.

Volksmehrung und Unterhaltssicherung u.ä. die Entscheidungsfindung beherrschen, müssen die Belange der Frauen naturgemäß zurückstehen. Sie beeinflussen die Frage der Scheidung aus den Gründen des § 55 EheG 38 vor allem in bzw. mit der Eigenschaft der Frau als Mutter. Diese Einstufung bezieht sich nicht nur auf die der Scheidung widersprechenden Frauen, sondern auch auf diejenigen, die die neue Lebensgefährtin des scheidungswilligen Ehemannes sein sollen. Mit der bevölkerungspolitischen Argumentation, die sich in den Urteilen unmißverständlich dahin äußert, daß aus der neuen Verbindung Kinder zu Mehrung und Erhaltung des Volksganzen erwartet werden, werden die potentiellen "neuen" Ehefrauen auf ihre "Pflichten" hingewiesen. Das Interesse der Allgemeinheit an der Frau als Mutter kennzeichnet dementsprechend die nationalsozialistische Behandlung des § 55 EheG 38.

J Scheidungsfolgen

I Name der geschiedenen Frau

Die Grundsätze der Regelungen des BGB a.F. bzgl. des Namens der Frau nach einer Scheidung ließ das EheG 38 unberührt. So behielt die Frau nach § 1577 I BGB a.F. gleichermaßen wie nach § 62 EheG 38 den Namen des geschiedenen Mannes, konnte aber auf Antrag ihren Namen wieder ändern lassen[365].

Eine völlig neue Regelung beinhaltete indes § 65 EheG 38[366]. Das Vormundschaftsgericht konnte der

365. §§ 63 ff. EheG 38, RGBl. 38, I, 814.

366. Amtliche Begründung zum EheG 38 DJ 38, 1110; Scanzoni, Ehegesetz § 65 Anm. 1.

Frau auf Antrag des Mannes die Weiterführung seines Namens untersagen, wenn "die Frau sich nach der Scheidung einer schweren Verfehlung gegen den Mann schuldig" gemacht oder "gegen seinen Willen einen ehrlosen oder unsittlichen Lebenswandel" geführt hatte[367].Dasselbe Recht stand nach dem Tode des Mannes dessen nahen Angehörigen zu[368]. Diese Vorschrift ist "mit Rücksicht auf den Mann und seine Sippe" eingeführt worden[369] und sollte "dem Mann sowie anderen Trägern seines Familiennamens einen Schutz dagegen gewähren, daß die Frau, die dem Mann gegenüber nach der Scheidung keinerlei Pflichten mehr hat, ihre Freiheit zum Schaden des Mannes mißbraucht, insbesondere dem Namen der Familie Unehre macht."[370] Die Feststellung, ob die Voraussetzungen des § 65 I 1 EheG 38 gegeben waren, die Frau sich also einer schweren Verfehlung schuldig gemacht oder einen ehrlosen oder unsittlichen Lebenswandel geführt hatte, lag im "freien Ermessen des Vormundschaftsrichters."[371] Zur Beurteilung sollten objektive, aber auch subjektive Maßstäbe herangezogen werden, wobei sowohl das subjektive Umfeld des Mannes als auch das der Frau entscheidungserheblich war[372].

Als Verfehlung kamen z.B. Beleidigungen in Betracht, die nicht unbedingt gegen den Mann persönlich gerichtet sein mußten, wenn sich aus der Art ihrer Begehung ergab, daß sie den Mann tref-

---

367. § 65 Abs. 1 S. 1 EheG 38.

368. § 65 Abs. 1 S. 2 EheG 38.

369. Amtliche Begründung zum EheG 38 DJ 38, 1110.

370. Scanzoni, Ehegesetz § 65, Anm. 1.

371. Scanzoni, Ehegesetz § 65, Anm. 9.

372. Scanzoni, Ehegesetz § 65, Anm. 8.

fen sollten[373]. Allerdings sollte ein Mann seine Rechte aus § 65 EheG 38 nicht geltend machen können, wenn er durch sein Verhalten selbst zu den schweren Verfehlungen der Frau den Anlaß gegeben hatte[374].

Die namensrechtlichen Folgen des § 65 EheG 38 traten auch bei schuldlos geschiedenen Ehefrauen ein und konnten mangels Ausschlußfrist nach der Scheidung zeitlich unbegrenzt geltend gemacht werden[375]. Dementsprechend unterlag die Frau über die Dauer der Ehe hinaus - deren Auflösung sie u.U. gar nicht gewollt hatte - nach der Scheidung (weiterhin) der Kontrolle des Mannes und seiner Familie. Inwieweit diese "sittenwächterliche Kontrolle des Ex-Ehemannes"[376] sich praktisch auf das nacheheliche Verhalten geschiedener Frauen ausgewirkt hat, ist nicht feststellbar. Allgemein kann aber festgehalten werden, daß eine geschiedene Frau gesellschaftlichen Repressalien ausgesetzt war, die sich in Prestigeverlust u.ä. äußern konnten. Wurde eine Frau zusätzlich zu einer ihr aufoktroyierten Scheidung gezwungen, ihren Ehenahmen aufzugeben, wurde die Tatsache, daß sie eine "geschiedene" war, jedenfalls publik. Es liegt auf der Hand, daß der Frau dadurch neue Schwierigkeiten erwachsen konnten[377].

---

373. LG Nürnberg DR 40, 2246 U.v. 28.8.40.

374. KG Berlin DR 41, 1606 U.v. 18.4.41.

375. Scanzoni, Ehegesetz § 65, Anm. 2.

376. Ramm, Eherecht im Nationalsozialismus S. 158.

377. Daß Name und Bezeichnung einer Frau von Einfluß auf ihr Sozialprestige sein konnten und das Regime diesem Umstand prinzipiell Rechnung trug, zeigt sich an der Möglichkeit für "weibliche unverheiratete Personen" sich anstatt mit "Fräulein" mit "Frau" anreden zu lassen (vgl. z.B. Runderlaß v. 24.5.1937 abgedr. in JW 37, 2073, der die Bezeichnung "Frau" auch im

Abgesehen von diesen Unannehmlichkeiten, wenn die Namensänderung tatsächlich vorgenommen werden mußte, ist denkbar, daß ein Mann die ihm eingeräumte Möglichkeit des § 65 EheG 38 als Druckmittel gegen seine geschiedene Frau benutzte, um sie zu - u.U. über die Grenzen der Anforderungen des § 65 EheG 38 hinausgehendem - Wohlverhalten zu veranlassen. Ein ähnliches Instrumentarium - außerhalb des Namensrechts - war zugunsten der Frau nicht vorgesehen. Hieran wird unabhängig von den "Machtverhältnissen" innerhalb einer Ehe[378], die dem Mann im nationalsozialistischen Gefüge eingeräumte Vormachtstellung gegenüber der Frau deutlich. Auch nach der Ehe hatte sich die Frau der gesellschaftlichen Position ihres geschiedenen Mannes entsprechend zu verhalten.

II Unterhalt

1. Unterhaltspflicht bei Scheidung wegen Verschuldens

§ 66 EheG 38 regelte die Unterhaltspflicht nach einer Scheidung wie folgt:
Abs. 1: " Der allein oder überwiegend schuldige Mann hat der geschiedenen Frau den nach den Lebensverhältnissen der Ehegatten angemessenen Unterhalt zu gewähren, soweit Einkünfte aus dem Vermögen der Frau und die Erträgnisse einer Erwerbstätigkeit, die von ihr den Umständen nach

---

Umgang mit Behörden zuließ; Runderlasse v. 10.7.41 abgedr. in DJ 41, 775, vom 21.6.41 abgedr. in DJ 41, 1782, vom 22.7.40 abgedr. in DJ 40, 872). Die mit der Anrede "Fräulein" verbundene Problematik ist bis heute aktuell geblieben, wie u.a. ein Zeitungsartikel "Der Kampf gegen Diskriminierung" (Neue Westfälische Zeitung, Bielefeld, Ausgabe vom 25.8.84) zeigt.

378. s.o. Güterstand der Nutznießung und Verwaltung.

erwartet werden kann, nicht ausreichen."[379]

Das Ehegesetz von 1938 ging damit von dem wohl den tatsächlichen Gegebenheiten entsprechenden Regelfall der unterhaltsberechtigten Frau aus. Nach § 66 II EheG 38 hatte die Frau dem Mann Unterhalt zu gewähren, wenn er sich nicht selbst unterhalten konnte.

§ 66 EheG 38 trat an die Stelle des § 1578 BGB a.F. und wich von diesem in drei wesentlichen Punkten ab.

1. Zunächst war nicht mehr nur der alleinschuldige, sondern auch der überwiegend schuldige Ehepartner unterhaltsverpflichtet, wobei das Maß des Verschuldens auf die Höhe des Unterhaltsanspruchs ohne Einfluß war.
2. Der Begriff "standesgemäßer Unterhalt" des § 1578 BGB a.F. wurde von dem des "nach den Lebensverhältnissen der Ehegatten angemessenen Unterhalts" ersetzt.
3. Bzgl. der Einkünfte der Frau aus eigener Erwerbstätigkeit war nicht mehr aussschlaggebend, was in den Verhältnissen, in denen die Eheleute gelebt hatten, "üblich" war, sondern ob von ihr eine Erwerbstätigkeit "den Umständen nach erwartet" werden konnte[380].

a) Überwiegende Schuld

Die Regelung, mit der die überwiegende Schuld an der Scheidung für die Begründung des Unterhaltsanspruchs für ausreichend erklärt wurde, sollte dazu dienen, den Scheidungsprozessen die Schärfe zu nehmen[381], die durch die Austragung der

---

379. § 66 Abs. 1 EheG 38, RG Bl. 38, I, 814 f.

380. Amtliche Begründung zum EheG 38 DJ 38, 1111; Palandt, Lauterbach, BGB, 6. Aufl., EheG § 66 Anm. 3)b).

381. Amtliche Begründung zum EheG 38 DJ 38, 1111.

Schuldfrage jeweils entstand. Es wurde allerdings die Ansicht vertreten, eine Milderung des Kampfes um die Unterhaltsansprüche sei weder zu erwarten gewesen, noch eingetreten. Vielmehr habe sich lediglich die Ebene verschoben[382].

b) Der nach den Lebensverhältnissen der Ehegatten angemessene Unterhalt

Die Aufgabe des Begriffs des standesgemäßen Unterhalts zugunsten der neuen Regelung sollte zu einer "gerechten Abstufung der Unterhaltspflichten unter den geschiedenen Ehegatten"[383] führen. Da die amtliche Begründung zum Ehegesetz von 1938 auf eine detaillierte Auslegung des "nach den Lebensverhältnissen der Ehegatten angemessenen Unterhalts" verzichtete, bestand zunächst keine Einigkeit über dessen Inhalt und Umfang[384].
Faktisch wurde als Ausgangspunkt für die Bemessung des Unterhaltsanspruchs der Betrag angesetzt, den die Ehegatten zum Zeitpunkt der Scheidung zur Deckung ihres Lebensbedarfs aufgewendet hatten[385]. Darin lag allerdings nichts anderes als eine Anerkennung des Rechtsstandpunktes, den das Reichsgericht schon unter dem früheren Recht eingenommen hatte.[386] Deshalb

---

382. Scanzoni, Ehegesetz § 65 Anm. 5; eine Statistik, aus der sich ersehen ließe, ob aufgrund dieser Regelung prozentual mehr Frauen unterhaltsberechtigt waren, scheint nicht erstellt worden zu sein. Praktische Auswirkungen können daher nicht überprüft werden.

383. Amtliche Begründung zum EheG 38 DJ 38, 1111.

384. Kurze Darstellung des Streitstandes s. Scanzoni, Ehegesetz § 66 Anm. 6 m.w.N.

385. Gürtner DR 39, 467 ff.; Scanzoni, Ehegesetz § 66 Anm. 7.

386. vgl. RGRK, Hallamik, BGB, 9. Aufl., EheG § 66 Anm. 2; Scanzoni, Ehegesetz § 66 Anm. 10 am Anfang.

beinhaltete die "Einführung" der Berechnung des Unterhalts danach, was "nach den Lebensverhältnissen der Ehegatten angemessen" war, keine, die sich in der Praxis ausgeweitet Neuerung hätte. Sie kann mithin keine typisch nationalsozialistische Komponente enthalten und soll nicht näher untersucht werden.

c) Die von der Frau den Umständen nach zu erwartende Erwerbstätigkeit

Die wichtigste Abweichung vom bisherigen Recht ergab sich aus der Änderung der Voraussetzungen, unter denen die Frau nach einer Scheidung einer Erwerbstätigkeit nachzugehen verpflichtet war[387].

Nach § 1578 BGB a.F. bestand keine Unterhaltspflicht des Mannes, "sofern nach den Verhältnissen, in denen die Ehegatten gelebt hatten, Erwerb durch Arbeit der Frau üblich" war und die Frau ihren Unterhalt "aus dem Ertrag ihrer Arbeit bestreiten" konnte[388].
Ob die Erwerbstätigkeit einer Frau "üblich" war, hing von den Verhältnissen ab, die das eheliche Leben wirtschaftlich und gesellschaftlich geprägt hatten[389].
Bei der Beurteilung galt kein rein individueller Maßstab, sondern es sollte ausschlaggebend sein, was für Ehegatten in der Position und Situation der Parteien allgemein, nicht was in der Ehe der Parteien üblich war[390]. Von Einfluß waren außer

387. Gürtner DR 39, 467 ff., 468.

388. § 1578 Abs. 1 BGB a.F., RGBe. 1896, I, 195 ff.

389. Türcke, Niedenfuhr, Winter, BGB § 1578 Anm. 8.

390. RGRK, Hallamik, BGB, 8. Aufl., § 1578 Anm. 6.

dem Stand der Eheleute insbesndere deren Beruf, Erwerb, Amt und Vermögen[391].

Hatte die Frau während der Ehe im ehelichen Haushalt oder im Geschäft des Mannes mitgearbeitet, so wurde dies als erwerbende Tätigkeit eingestuft, weil andere Arbeitskräfte eingespart werden konnten. Aber nicht jede innerhalb der Ehe "übliche" Tätigkeit der Frau war auch nach der Ehe noch "üblich". Es wurde vielmehr darauf hingewiesen, daß die Scheidung die Lage der Frau grundsätzlich ändere und ihr der Boden entzogen werde, weil sie ihr bisheriges Leben ganz auf die Ehe eingestellt und ausgerichtet habe[392]. Waren z.B. häusliche Dienste wie das Zubereiten der Mahlzeiten, das Aufräumen der Stuben, Schneiderarbeiten für die Familie oder das Bedienen von Kunden in der Ehe "üblich", zwang dies die Frau nicht ohne weiteres, nach der Scheidung als Köchin, Aufwartefrau, Schneiderin oder Verkäuferin eine Stellung anzunehmen: "Entsprach es den Verhältnissen während der Ehe nicht, daß die Frau in fremden Häusern oder fremden Geschäften Dienste leistete, so darf ihr das auch nach der Scheidung regelmäßig nicht zugemutet werden."[393]
Arbeitete die Frau, obwohl dies nicht üblich war, so wurde der Verdienst nicht auf den Unterhaltsanspruch angerechnet[394], arbeitete sie

---

391. RGZ 62, 294 ff., 298 U.v. 18.1.1906; RGRK, Hallamik, BGB, 8. Aufl., § 1578 Anm. 6; Staudinger, Engelmann, BGB, § 1578 Anm. 3a).

392. Staudinger, Engelmann, BGB, § 1578 Anm. 3a).

393. RGZ 62, 99; ähnl. RG JW 11, 155 U.v. 24.11.10; RGRK, Hallamik, BGB, 8. Aufl., § 1578 Anm. 6; Staudinger, Engelmann, BGB, § 1578 Anm. 3a).

394. RGZ 62, 300.

nicht, so war bei "Üblichkeit" einer Erwerbstätigkeit ein fiktiver Verdienst in Ansatz zu bringen[395].

Demgegenüber entfiel der Unterhaltsanspruch der Frau nach § 66 I EheG 38 dann, wenn eine Erwerbstätigkeit der Frau den Umständen nach erwartet werden konnte. Zur Definition wurde in der amtlichen Begründung zum Ehegesetz von 1938 ausgeführt: "... für die Frau ist die Verpflichtung, durch eigene Arbeit für ihren Unterhalt zu sorgen, gegenüber der bisherigen Regelung wesentlich verstärkt"[396]. Bei der Stellung, die der erwerbstätigen Frau heute im Wirtschaftsleben wie überhaupt im sozialen Gefüge des Volkes zukommt, und bei der heutigen Auffassung vom Werte der Arbeit als einer Verpflichtung gegenüber der Volksgemeinschaft kann es für die Frage, ob eine unterhaltsberechtigte geschiedene Frau sich hinsichtlich ihres Unterhaltsbedarfs ganz oder zum Teil auf den Verdienst durch eigene Arbeit verweisen lassen muß, nicht mehr darauf ankommen, ob eine Erwerbstätigkeit bei den Verhältnissen, in denen die Ehegatten während bestehender Ehe gelebt haben, üblich ist, sondern nur darauf, ob bei gerechter Würdigung aller Umstände eine Erwerbstätigkeit von der Frau erwartet werden kann oder nicht"[397]. Die amtliche Begründung weist zwar bzgl. des Ar-

---

395. Fischer, Henle, BGB, § 1578 Anm. 5.

396. Vgl. Boehmer ZAkDR, 41, 46 ff., 47, der ausführt, eine weitgehende Befreiung der Frau von außerhäuslichen Erwerbspflichten sei schon bei noch bestehender Ehe nicht mehr "zeitgemäß", obwohl während der Ehe Hausfrau- und Mutterpflichten vorrangig seien; ähnl. Lauterbach DR 40, 1543 ff., 1545.

397. Amtliche Begründung zum EheG 38 DJ 38, 1111.

beitseinsatzes auf den Gemeinwohlgedanken hin, gibt aber keine konkreten Anhaltspunkte dafür, wann eine Frau im Einzelfall ihren Unterhaltsanspruch verliert. § 66 I EheG 38 bedurfte mithin der Auslegung durch Rechtsprechung und Literatur.

Zu den Umständen, die zur Beurteilung der Frage, ob eine Erwerbstätigkeit der Frau zu erwarten war, herangezogen wurden, gehörten Alter und Gesundheitszustand der Frau, ihre körperliche und geistige Leistungsfähigkeit, ihre Vorbildung, die Lage des Arbeitsmarktes, Vorhandensein von Kindern oder nahen Angehörigen, die der Sorge bedurften etc.[398]. Aus dieser Auflistung ergibt sich eine Abkehr von den im BGB von 1900 getroffenen Unterhaltsregeln; nicht mehr die standesbezogene Üblichkeit der Erwerbstätigkeit sollte maßgeblich sein, sondern Qualifikationen, Chancen am Arbeitsmarkt usw. - also berufsbezogene Momente standen im Vordergund. Dies allein gibt der Neuregelung im § 66 I EheG 38 allerdings noch keine nationalsozialistische Prägung. Vielmehr ist eine ähnliche Zusammenstellung der für eine "angemessene Erwerbstätigkeit" beachtlichen Argumente heute in § 1574 II BGB zu finden[399].

Die Grundsätze nationalsozialistischen Rechts-

---

398. Gürtner DR 39, 467 ff., 468; Pfundtner/Neubert, Reichsrecht, Bd. II b) 59, § 66 EheG Anm. 6, S. 72; Rexroth JW 38, 2080 ff., 2092, RGRK, Hallamik, BGB, 9. Aufl., EheG § 66 Anm. 4; Scanzoni, Ehegesetz § 66 Anm. 11; Jonas DR 41, 755 ff., 761, der den "sozialethischen" Gesichtspunkt der Erdienung einer Alterssicherung hervorgehoben hat.

399. § 1574 Abs. 2 BGB i.d.F. v. 14.6.76, BGBl. I, 1421 lautet: "Angemessen ist eine Erwerbstätigkeit, die der Ausbildung, den Fähigkeiten, dem Lebensalter und dem Gesundheitszustand der geschiedenen Ehegatten sowie den ehelichen Lebensverhältnissen entspricht; bei den ehelichen Lebensverhältnissen sind die Dauer der Ehe und die Dauer der Pflege oder Erziehung eines gemeinschaftlichen Kindes zu berücksichtigen."

denkens treten aber bei der Wertung und Gewichtung der einzelnen Kriterien in Erscheinung.

Schon in der amtlichen Begründung ist von "der heutigen Auffassung vom Werte der Arbeit als einer Verpflichtung gegenüber der Volksgemeinschaft"[400] die Rede. Zum Wohle des Volkes sollte grundsätzlich jeder der Gemeinschaft gegen über zur Arbeit verpflichtet sein[401]. Es wurde darauf verwiesen, daß es eine Ehre sei zu arbeiten und Arbeit niemals zur Unehre gereichen könne, denn die "Arbeit adele"[402].
Dementsprechend sollte § 66 EheG 38 eine grundsätzliche Arbeitspflicht der Frau normieren[403]. Dies ging allerdings nicht so weit, daß eine Frau unter allen Umständen zur Erwerbstätigkeit gezwungen werden konnte[404], nur um ihren geschiedenen Mann zu entlasten.
Zum Schutz der Frau mußte ihr die Tätigkeit auch im Hinblick auf ihre bisherige Lebensstellung zumutbar sein[405]. Verzichte man gänzlich auf

---

400. Amtliche Begründung zum EheG 38 DJ 38, 1111.

401. Blunck JW 38, 3148.

402. Scanzoni, Ehegesetz § 66 Anm. 11.

403. Jonas DR, 41, 755 ff; Skaupy DR 39, 344 ff., 344.

404. Gürtner DR 39, 467 ff., 468; Pfindtner/Neubert, Reichsrecht Bd. II b) 59) § 66 Anm. 6 S. 72; Rexroth JW 38, 2080 ff., 2092; Skaupy DR 39, 344 ff., 345.

405. Palandt, Lauterbach, BGB, 6. Aufl., EheG § 66 Anm. 6)b); Skaupy DR 39, 344 ff., 345, der die Ansicht vertrat, es könne billigerweise von der Frau nicht verlangt werden, daß sie bis zur äußersten Grenze ihrer Leistungsfähigkeit arbeite. "Es entspricht daher nur dem natürlichen Unterschiede der Geschlechter, wenn in diesem Punkte bei der Frau ein milderer Maßstab angelegt wird als beim Manne." Diese Differenzierung zugunsten der Frau scheint allerdings vereinzelt geblieben zu sein, weshalb diese Argumentationsweise nicht verallgemeinerungsfähig ist.

diese Abgrenzung, falle in vielen Fällen ein Unterhaltsanspruch der Frau weg. Dies hielt man im Hinblick auf das Vertrauen, das die Frau in den Bestand der Ehe gesetzt hatte, für sittlich ungerechtfertigt. "Um ihrer natürlichen Bestimmung gemäß Mutter und Hausfrau zu werden, gibt die Frau beim Eintritt in die Ehe in den weitaus meisten Fällen ihre wirtschaftliche Selbständigkeit auf oder sie verzichtet wenigstens auf die ihr offenstehende Möglichkeit, durch Ausübung eines Berufs selbst für ihren Unterhalt zu sorgen"[406].

Dieser Gesichtspunkt darf aber nicht darüber hinwegtäuschen, daß § 66 EheG 38 die Verpflichtung der Frau zur Erwerbstätigkeit wesentlich verstärken wollte[407]. Der gemeinwohlbezogene Arbeitsgedanke sollte verhindern, daß es weiterhin eine "besondere Klasse von Nichtstuern" gab. "Es würde nicht der heutigen Auffassung vom Wert und Adel der Arbeit entsprechen und ein Zurückfallen in überlebte, im jetzigen Staat in keiner Form mehr anerkannte Standesunterschiede bedeuten, wenn für eine bestimmte Gattung von Personen ohne Vorliegen besonderer, persönlicher Umstände die Arbeit im allgemeinen als nicht zumutbar bezeichnet würde"[408].

Die Umwertung der Unterhaltspflicht stellte deutlich das Wohl des Volkes, nicht das des einzelnen in den Mittelpunkt[409]. Dies wird durch eine allgemein anerkannte Ausnahme von der grundsätzlichen Arbeitspflicht der Frau veranschaulicht. Hatte die Frau eine ehrenamtliche

---

406. Gürtner DR 39, 467 ff., 467.

407. LG Berlin DR 39, 1246 U.v. 27.4.39; RGRK, Hallamik, BGB, 9. Aufl., EheG § 66 Anm. 3)b).

408. Skaupy DR 39, 345.

409. LG Berlin DR 39, 1246 U.v. 27.4.39.

Tätigkeit im Dienste der NS-Volkswohlfahrt oder der NS-Frauenschaft inne und war hierdurch im besonderen Maße in Anspruch genommen, so mußte sie diese nicht aufgeben, um eine Erwerbstätigkeit aufzunehmen. Eine solche Tätigkeit zum Nutzen der Volksgemeinschaft sei geeignet, das Ziel, den Mann hinsichtlich seiner Unterhaltspflicht zu entlasten, in den Hintergrund zu drängen[410]. Zugunsten der Einrichtungen der NSDAP wurde der Arbeitsgedanke also relativiert. Insgesamt sollten mit der regelmäßigen Verpflichtung der Frau, ihren Unterhalt durch eigene Erwerbstätigkeit zu bestreiten, zwei bevölkerungspolitische Ziele erreicht werden: Sowohl der vom Unterhaltsanspruch entlastete Mann als auch die zur Erwerbstätigkeit "genötigte" Frau sollten sich leichter zu einer neuen Ehe entschließen können[411]. Inwieweit dieses erreicht worden ist, ist nicht nachprüfbar.
Nach Möglichkeit sollte die Frau mithin keinen Unterhalt beanspruchen bzw. beanspruchen können. "Eine stolze, selbstbewußte, germanische Frau wird es sowieso als unter ihrer Würde ansehen, von dem Mann, von dem sie sich hat scheiden lassen, den sie also als unwürdig als Lebenskameraden angesprochen hat, noch Geld zu nehmen"[412].

Diese Darstellung verzerrt allerdings die tatsächlichen Gegebenheiten. Wie bereits ausgeführt, sind die weitaus meisten Scheidungsklagen von Männern erhoben worden[413]. Ohne weiteres

410. Gürtner DR 39, 467 ff., 468 u. 469; Volkmar, Antoni, Eherecht § 66 Anm. 4, S. 259.

411. Skaupy DR 39, 345.

412. Messer DR 41, 2793.

413. Dies gilt insbesondere für auf § 55 EheG 38 gestützte Klagen, bei denen es u.U. auf ein Verschulden gar

kann deshalb nicht davon ausgegangen werden, daß die Frau ihren Ehemann als Lebenskamerad unwürdig empfand und von ihrer inneren Einstellung her grundsätzlich bereit war, keinen Unterhalt zu verlangen. Die geäußerte Ansicht blieb nicht unwidersprochen. Würde man die Unterhaltsforderung als unter der Würde der Frau ansehen, wäre dies - so wurde ausgeführt - eine Art Freibrief für den Mann, seinen Unterhaltsverpflichtungen zu entgehen[414].

Aus den bisherigen Ausführungen ergibt sich, daß die Formulierung des § 66 I EheG 38, ein Unterhaltsanspruch entfalle, wenn eine Erwerbstätigkeit den Umständen nach zu erwarten sei, mit deren Auslegung ein nationalsozialistisches Gepräge enthielt. Diesem Umstand trug § 58 I EheG 46[415] damit Rechnung, daß er eine neutrale Regelung traf. Es war Unterhalt zu gewähren, soweit "die Erträgnisse aus einer Erwerbstätigkeit nicht ausreichen". Nach dem Wortlaut des § 58 I EheG 46 hätte demnach nur die tatsächlich ausgeübte Erwerbstätigkeit der Frau für ihren Unterhaltsanspruch von Bedeutung sein können. Dann wäre er aber allein der Willkür der Frau ausgesetzt gewesen, was zu untragbaren Ergebnissen geführt hätte. Weil nicht wieder auf Standesunterschiede abgestellt werden sollte, wurde die Frage der Rückkehr zu § 1578 BGB a.F. negativ entschieden.
Vielmehr faßte die h.L. § 58 I EheG 46 sachlich

---

nicht ankam. § 69 EheG 38 galt auch für verschuldensunabhängige Scheidungen, so daß Frauen zunächst ohne durchgreifende Verteidigungsmöglichkeit geschieden wurden und darüber hinaus auf ihren Unterhaltsanspruch verzichten sollten. Das konnte zu einem gänzlichen Entzug ihrer Lebensgrundlage führen.

414. Blunck DR 41, 3147.

415. Kontrollratsgesetz Nr. 16 v. 20.2.46, RGBl. I, 77.

wie § 66 I EheG 38 auf und bewertete das Bestehen eines Unterhaltsanspruchs danach, ob eine Erwerbstätigkeit den Umständen nach zu erwarten war[416].

Bezüglich der Zumutbarkeit der Erwerbstätigkeit sollte im EheG 46 indes ein anderer Maßstab angelegt werden[417]: Zwar fordere das EheG 46 dieselbe Abgrenzung[418], die gegenüber 1938 geänderte Gesetzesfassung deute aber darauf hin, daß der besonderen Lage der Frau Rechnung getragen werden müsse[419].

2. Maß des Unterhaltes

Nach § 67 I EheG 38 mußte der Unterhaltsverpflichtete nur so viel Unterhalt leisten, wie es "mit Rücksicht auf die Bedürfnisse und die Vermögens- und Erwerbsverhältnisse der geschiedenen Ehegatten der Billigkeit"[420] entsprach, wenn der eigene angemessene Unterhalt des Verpflichteten, eines unterhaltsberechtigten minderjährigen Kindes oder eines neuen Ehegatten gefährdet gewesen wäre.

---

416. Achilles, Greiff, BGB, § 58 EheG Anm. 9; Creifelds JR 49, 135; Gernhuber, Familienrecht, § 30 III 2 S. 205; Münchener Kommentar, Richter, BGB § 1574 Anm. 2; Palandt, Lauterbach, BGB, 7. Aufl., EheG § 58 3)b), der allerdings von der nationalsozialistischen Denkweise noch nicht wesentlich abgerückt war und betonte: "Jeder ist heute im Interesse der Allgemeinheit nach seinen Kräften zur Mitarbeit verpflichtet..." (Lauterbach war Bearbeiter der 6. und 7. Auflage) -

417. Hoffmann, Stephan, Ehegesetz § 58 Anm. 4 S. 287 m.w.N.

418. RGRK, Wüstenberg, BGB, 10./11. Aufl., § 58 EheG Anm. 48.

419. RGRK, Wüstenberg, BGB, 10./11. Aufl., § 58 EheG Anm. 57.

420. § 67 Abs. 1 S. 1 EheG 38, RGBl. I, 815.

In Abänderung des § 1579 BGB a.F. sah § 67 EheG 38 auch eine in das Ermessen des Gerichts gestellte Entscheidung über das Maß des Unterhalts nach dem Grundsatz der Billigkeit für den Fall vor, daß die Einkünfte des Unterhaltsverpflichteten zur Bestreitung seines Lebensbedarfs nicht ausreichten. Vor Geltung des Ehegesetzes von 1938 galt in derartigen Situationen eine starre Regelung, nach der dem Mann jedenfalls 2/3 seiner Einkünfte verblieben[421]. § 67 EheG 38 gewährte dem Mann[422] nicht mehr pauschal die Möglichkeit, zwei Drittel einzubehalten, und im Gegenzug der Frau, ein Drittel zu fordern, sondern stellte ganz auf die "Billigkeit" ab. In der Praxis der Rechtsprechung blieb es im Ergebnis aber bei der angesprochenen Quotelung[423], so daß diese Gesetzesänderung keine Auswirkungen auf den Unterhaltsanspruch und damit die wirtschaftliche Stellung der geschiedenen Frau hatte.

Auch die Berücksichtigung einer neuen Ehe und minderjähriger Kinder des Mannes entsprach der alten Regelung des § 1579 BGB a.F..

Dennoch muß festgehalten werden, daß ein Gericht gemäß § 67 EheG 38 zumindest von dessen Ausgestaltung her den Unterhaltsanspruch der geschiedenen Frau unter Berufung auf die Billigkeit hätte kürzen können. Dem entsprechen die Hinweise, daß das Gesetz unter allen Umständen die neue Ehe wirtschaftlich schützen wollte[424], und

421. § 1579 BGB a.F., RGBl. 1896, I, 195 ff.

422. Der Mann war in aller Regel der Unterhaltsverpflichtete.

423. Scanzoni, Ehegesetz § 67 Anm. 3.

424. Scanzoni, Ehegesetz § 67 Anm. 6.

die bevölkerungspolitisch ausgerichteten Scheidungsregelungen.

3. Unterhaltspflicht bei Scheidung aus anderen Gründen

Die unterhaltsrechtliche Regelung bei verschuldensunabhängiger Ehescheidung wich von der Unterhaltsregelung bei Scheidung wegen Verschuldens gemäß § 69 EheG 38, der die §§ 66, 67 EheG 38 für anwendbar erklärte, nicht ab.
Auch bei einer Scheidung nach § 55 EheG 38, der die Frau widersprochen hatte, konnte die Frau mithin nur nach Maßgabe des § 66 EheG 38 Unterhalt verlangen und mußte sich ggf. auf eine eigene Erwerbstätigkeit etc. verweisen lassen.

4. Verwirkung des Unterhaltsanspruchs

Nach § 74 EheG 38 konnte der Unterhaltsberechtigte seinen Unterhaltsanspruch verwirken[425], "wenn er sich nach der Scheidung einer schweren Verfehlung gegen den Verpflichteten schuldig macht oder gegen dessen Willen einen ehrlosen oder unsittlichen Lebenswandel führt"[426].
Sachlich entspricht diese Regelung der namensrechtlichen Vorschrift des § 65 EheG 38[427],

425. Die Verwirkung war als dogmatisches Instrumentarium in § 74 EheG 38 gesetzlich geregelt. Während sie ansonsten dem Grundsatz von Treu und Glauben (§ 242 BGB) entnommen und zusätzlich zu dem die Verwirkung bedingenden Verstoß gegen § 242 BGB ein gewisses zeichtliches Moment gefordert wurde und wird (vgl. statt vieler Palandt, Heinrichs, BGB, 43. Aufl., § 242 Anm. 9)a) am Anfang). Diese Ausklammerung des dem Institut der Verwirkung an sich innewohnenden zeitlichen Momentes erweiterte den Anwendungsbereich über die Regelfälle, die nach § 242 BGB hätten abgewickelt werden können. Im Ergebnis wurde damit ein leichteres Versagen von Unterhaltsansprüchen herbeigeführt.

426. § 74 EheG 38, RGBl. I, 816.

427. s.o. 1. Kapitel, § 3, J. I.

brachte jedoch nicht nur ideelle Nachteile für die Ehefrau, sondern hatte sie direkter treffende finanzielle Auswirkungen. "Diese völlig neue Bestimmung ist im Interesse vieler geschiedener Ehemänner (der umgekehrte Fall ist weit seltener), deren frühere Frauen nach der Scheidung den Unterhalt zahlenden Mann fortgesetzt verfolgen, kränken und beleidigen, oder deren Frauen nach der Scheidung einen skandalösen, ehr- und pflichtvergessenen Lebenswandel führen, außerordentlich zu begrüßen"[428]. Eine ähnliche pauschale Darstellung von Verhaltensweisen geschiedener Ehemänner erfolgte nicht. Die Feststellung, der "umgekehrte Fall sei weit seltener", klingt in dem Zusammenhang so, als zeigten allein Frauen ein u.U. nicht einwandfreies nacheheliches Verhalten. Dies muß aber vor dem Hintergrund gesehen werden, daß wegen der Sozial- und Wirtschaftsstruktur in der Regel der Mann der erwerbstätige Teil der Ehegatten war, die Frau - auch nach einer Scheidung - die Kinder versorgen mußte und schon aus diesen Gründen die Frau im allgemeinen die Unterhaltsberechtigung hatte, nicht der Mann. Insoweit mag es zwar sein, daß § 74 EheG 38 vorwiegend für den Mann begrüßenswert war; dies aber nicht deshalb, weil Männer ein loyaleres Verhalten gegenüber ihren geschiedenen Frauen an den Tag gelegt hätten, sondern weil sie den Unterhalt zahlen mußten und § 74 EheG 38 eine Ausweichmöglichkeit bot.

Auf die "schützende, vorbeugende und erzieherische Bedeutung" der Regelung wurde hingewiesen, nicht ohne zu weiteren Verallgemeinerungen zu greifen: "Sie (die Vorschrift)[429] wird von nun ab manche fanatisch hassende Frau (wie oft kehrt

---

428. Scanzoni, Ehegesetz § 74 Anm. 1.

429. d.Verf.

sich die frühere abgöttische Liebe bei der Scheidung in exaltierten Haß!) aus Sorge um ihren Unterhaltsanspruch davon abhalten, schwere Verfehlungen gegen den geschiedenen Mann zu begehen und ihm noch nach der Scheidung das Leben zur Hölle zu machen"[430]. Allerdings erfolgte die Einschränkung, die Folge des § 74 EheG 38 dürfe in der Praxis nur in besonders gravierenden Fällen zum Tragen kommen, weil ansonsten der Unterhaltsberechtigte ständig unter Aufsicht und Kontrolle sei[431]. Die Kontroll- und Sittenwächterfunktion, die der Unterhaltsverpflichtete aufgrund des § 74 EheG 38 auszuüben geneigt sein könnte, wurde dadurch nicht geschmälert.

K Prozessualer Anhang

Die nationalsozialistischen Gedanken und die daraus resultierenden rechtlichen Konsequenzen der bevölkerungspolitischen Ausrichtung der Ehe ließen sich nach Ausbruch des Zweiten Weltkrieges immer schwerer in die Praxis umsetzen; das Ziel der Eingehung neuer, möglichst fruchtbarer Ehen war im Krieg naturgemäß weit weniger leicht erreichbar als zu Friedenszeiten.
Darüber hinaus wurden zahlreiche Richter und andere im Rechtswesen beschäftigte Männer zum Kriegsdienst eingezogen, so daß schon bald von einer "kriegsbedingten Notlage der Justiz" die Rede war[432].

---

430. Scanzoni, Ehegesetz § 74 Anm. 2.

431. Scanzoni, Ehegesetz § 74 Anm. 2.

432. Holzhauer, Die Scheidungsgründe in der nationalsozialistischen Familienrechtsgesetzgebung, in: NS-Recht in historischer Perspektive S. 53 ff., S. 61.

Beides beeinflußte die Einstellung zur Ehescheidung und deren Durchführung nachhaltig. Bereits mit Kriegsbeginn wurde bzgl. aller bürgerlichen Rechtsstreitigkeiten - also auch bzgl. der laufenden Ehesachen - die Möglichkeit für die Gerichte geschaffen, das Ruhen der Verfahren von Amts wegen anzuordnen, wenn sie "nach den Umständen des Einzelfalls die Erledigung der Sache nicht als dringlich" ansahen[433].
Das Reichsjustizministerium verfaßte 1942 einen Richterbrief[434], der für Ehesachen über die schon allgemein bestehende Prozeßführungseinschränkung hinaus eine spezielle Regelung vorsah. Aus diesem Richterbrief Nr. 5 ging hervor, daß "im totalen Krieg" Ehescheidungsprozesse nur noch durchgeführt werden sollten, "wenn ein bevölkerungspolitisches Interesse es gebietet oder wenn den Beteiligten schwere, unzumutbare Nachteile zugefügt werden"[435].

1944 erging die Anordnung, daß Ehesachen nur noch durchzuführen seien, wenn das bevölkerungspolitische Interesse dies gebot oder wenn sie vom Staatsanwalt betrieben wurden[436].

---

433. Art. 3 der VO über Maßnahmen auf dem Gebiet des bürgerlichen Streitverfahrens, der Zwangsvollstreckung und des bürgerlichen Rechts v. 1.9.39, RGBl. I, 1656.

434. Der Reichsjustizminister Thierack (seit dem 20.8.1942 im Amt) erließ sog. Richterbriefe, in denen Urteile besprochen und gerügt wurden, die im nationalsozialistischen Sinne Fehlurteile waren, und Richtlinien für die Rechtsprechung gegeben wurden, vgl. Weinkauff, Die deutsche Justiz und der Nationalsozialismus in: Die deutsche Justiz und der Nationalsozialismus S. 164.

435. Richterbrief Nr. 5 bei Weinkauff, s. FN 428, S. 165

436. Richtlinien zu § 1 der Kriegsmaßnahmeverordnung v. 12.5.43, RGBl. I, 290; AO d. RJM v. 28.9.44 (9133-VI b 7124) abgedr. in DJ 44, 265.

I Ferntrauungen

Nach § 17 I EheG 38[437] wurde eine Ehe vor dem Standesbeamten bei gleichzeitiger Anwesenheit beider Verlobter durch deren Erklärung, die Ehe miteinander eingehen zu wollen, geschlossen. Eine Nichtbeachtung dieser Form führte zur Nichtigkeit der Ehe (§ 21 I EheG 38)[438].
Die Personenstandsverordnung für die Wehrmacht vom 4.11.1939[439] führte während des Krieges die sog. Ferntrauung ein. Danach sollte eine Ehe formgültig zustandegekommen sein, wenn jeder der Verlobten seine Eheschließungserklärung einzeln und zu unterschiedlichen Zeiten vor einem Beamten abgegeben hatte. Es sollte ausreichend sein, daß die Frau ihre Erklärung machte, nachdem der Mann schon gefallen war.
Von dem Grundsatz des § 17 EheG 38 der gleichzeitigen Anwesenheit wurde somit zugunsten der Möglichkeit der "Trauung im Felde" abgewichen, wenn eine Erklärung, die Ehe schließen zu wollen, von beiden Verlobten abgegeben worden war. Im Ergebnis waren auch für die postmortale Eheschließung die Willenserklärungen der Verlobten erforderlich.

---

437. RGBl. 38, I, 809.

438. RGBl. 38, I, 809.

439. RGBl. 39, I, 2163.

Auf dieses Erfordernis der Willenserklärung wurde in der Folgezeit verzichtet[440]. Am 6.11.1941 erging ein "Führererlaß", der bestimmte, daß "die nachträgliche Eheschließung von Frauen mit gefallenen oder im Felde verstorbenen Wehrmachtsangehörigen" möglich sein sollte, "wenn nachweisbar die ernstliche Absicht, die Ehe einzugehen, bestanden hat und keine Anhaltspunkte dafür vorliegen, daß die Absicht vor dem Tode aufgegeben ist"[441]. Daraufhin erließ der Reichsminister des Innern am 15.6.1943 zur Ausführung einen vertraulichen Runderlaß an die Verwaltungsbehörden und gab diesen auf, bei der Prüfung von Anträgen folgendes zu beachten:

> "1. Die nachträgliche Eheschließung soll den Bräuten der Gefallenen in vollem Umfange die Rechtsstellung einer Frau und Witwe geben, die ihnen nach nationalsozialistischer Auffassung zukommt. Die Bräute unserer gefallenen Kameraden sollen die Gewißheit haben, daß das deutsche Volk sich ihrer in großzügiger und warmherziger Weise annimmt. Diese Einrichtung soll weiter zur Aufrechterhaltung der Stimmung und Haltung der deutschen Frauen beitragen, deren Heiratsaussichten durch den laufenden kriegsbedingten Männerausfall stark verringert sind. Deshalb ist jede kleinliche und engherzige Prüfung der Anträge unangebracht.

---

440. Zur rechtlichen Einordnung vgl. Boehmer AcP 150 (1949), S. 234 ff. 235.

441. "Führererlaß" vom 6.11.41 an den Reichsminister des Inneren abgedr. in: Maßfeller, Familienrecht für Standesbeamte, S. 296.

Bei ihrer Bearbeitung ist ein besonderes Maß von Verständnis und Wohlwollen aufzuwenden. Andererseits muß jeder Mißbrauch der nachträglichen Eheschließung zu irgendwelchen unlauteren Zwecken verhindert werden.

2. Einzige Voraussetzung für die Anordnung der nachträglichen Eheschließung ist grundsätzlich die bis zum Tode des Gefallenen nicht aufgegebene ernstliche Eheschließungsabsicht. Bei der Prüfung dieser Voraussetzung wird großzügig in den Fällen zu verfahren sein, in denen ein Kind des Gefallenen vorhanden oder zu erwarten ist.

3. Zur Führung des Nachweises der ernstlichen Eheschließungsabsicht sind alle Beweismittel zugelassen. Das bedeutet aber nicht, daß, wenn die ernstliche Eheschließungsabsicht eindeutig feststeht, aus bürokratischen Erwägungen alle nur denkbaren zusätzlichen Beweismittel herbeigezogen werden müssen.

4. Besonders gute Beweismittel werden in der Regel die Angaben der nächsten Verwandten des Gefallenen sein, auf die grundsätzlich nicht zu verzichten ist (vielfach sind solche Angaben schon in einem vorhergegangenen Namensänderungsverfahren gemacht). Eine Zustimmung der nächsten Verwandten ist nicht Vorausetzung für die nachträgliche Eheschließung, da erfahrungsgemäß häufig die Eltern auch zu Lebzeiten ihrer Kinder mit deren Eheschließungsabsichten nicht einverstanden sind. Besonders wird zu beachten sein, daß gesellschaftliche oder konfessionelle Unterschiede unberücksichtigt zu bleiben haben.

Weitere Beweismittel sind u.a. glaubwürdige Bestätigung von Bekannten und Kameraden der Brautleute, Feldpostbriefe des Gefallenen,

Äußerungen des Truppenteils, Heiratserlaubnisscheine der Truppe usw..

5. Von meinem Rechte, die nachträgliche Eheschließung anzuordnen, werde ich trotz nachgewiesener Eheschließungsabsicht in den Fällen keinen Gebrauch machen, in denen das Verhältnis nach meiner Auffassung unerwünscht war oder die Verlobte unwürdig ist. Als unerwünscht sehe ich die Fälle an, in denen

a) die Nürnberger Gesetze der Eheschließung entgegenstanden;
b) das Erbgesundheitsgesetz und seine Ausführungsvorschriften der Eheschließung entgegenstanden, es sei denn, daß das Ehehindernis auf seiten des Mannes die Folge einer in diesem Kriege zugezogenen Wehrdienstbeschädigung war;
c) die Frau wesentlich älter als der Mann ist. Hierbei bin ich aber bereit, Ausnahmen zu machen, wenn ein von dem Gefallenen gezeugtes Kind geboren oder zu erwarten ist;
d) der Mann Selbstmord begangen hat, es sei denn, daß hierfür eine in diesem Kriege zugezogene unheilbare Verwundung oder Krankheit die Ursache war.

In diesen Fällen a-d ist von Ihnen eine ablehnende Entscheidung in meinem Namen zu treffen, von der mir nachträglich Kenntnis zu geben ist.

Als unwürdig sehe ich u.a. eine Antragstellerin an, die der gewerbsmäßigen Unzucht nachgeht, die während der Verlobungszeit mit einem anderen Mann Geschlechtsverkehr gehabt hat, ohne daß ihr dieser von dem Gefallenen verziehen ist, oder die einwandfrei erwiesen asozial ist. Bei der Beurteilung der Würdigkeit ist peinlichst jede Moral- und Gesinnungsschnüffelei und Verwertung kleinlichen Klatsches zu vermeiden. So wird beispielsweise die Tatsache des Vorhandenseins eines außerehelichen Kindes für sich allein genommen niemals die Würdigkeit einer Verlobten in Frage stellen. In den Fällen mangelnder Würdigkeit ist mir Ablehnung vorzuschlagen. ...

11. Da die nachträgliche Eheschließung im allgemeinen mit Wirkung von einem Tage, der vor dem Tode des Gefallenen liegt, angeordnet wird, erhält die Ehefrau mit der Eheschließung auch ein gesetzliches Erbrecht nach dem Gefallenen. Um Unstimmigkeiten mit anderen Erben des Gefallenen in den Fällen zu vermeiden, in denen eine letztwillige Verfügung nicht vorliegt, haben die nachgeordneten Dienststellen mit besonderem Takt auf eine gütliche Einigung der Beteiligten hinzuwirken. Eine solche Einigung halte ich insbesondere in allen Fällen für unerläßlich, in denen größere Bar- oder Sachwerte im Nachlaß des Gefallenen enthalten waren. Hier wird gegebenfalls ein zwischen den Beteiligten abgeschlossener Vertrag zweckmäßig sein.

12. Ich mache die beschleunigte und gründliche Bearbeitung dieser für die stimmungsmäßige Haltung der deutschen Frauen bedeutungsvollen Anträge zur besonderen Pflicht"[442].

Der Wortlaut dieses Runderlasses spiegelt die gesamte Bandbreite bisher behandelter Probleme zum Eherecht im Nationalsozialismus wieder. Zwar

---

442. abgedr. in: Maßfeller, Familienrecht für Standesbeamte, S. 296-299.

wird unter Punkt 1 der Eindruck erweckt, es handele sich allein um die Belange der in der Heimat zurückgebliebenen Frauen. Dies wird allerdings relativiert durch den Hinweis, bei vorhandenen oder zu erwartenden Kindern sei besonders großzügig zu verfahren (Punkt 2) und durch die Auflistung der Fälle, in denen einer postmortalen Eheschließung nicht zugestimmt werden sollte (Punkt 5). Anhand der angeführten Punkte wird deutlich, daß es sich auch bei diesem Runderlaß vorwiegend um bevölkerungspolitische Motive handelte. Es erscheint denkbar, daß diese Art und Möglichkeit der Eheschließung ein Anreiz für die Frauen sein sollte, mit Männern während ihres Fronturlaubs Kinder zu zeugen. Die postmortale Eheschließung ließ Mutter und Kind nach dem Tode des Mannes nicht recht- und schutzlos, sondern gewährte der Frau eine Witwenrente und ein Erbrecht und nahm ihr den Makel, die Mutter eines nicht-ehelichen Kindes zu sein oder zu werden.[443]. Vor dem Hintergrund der zahlreichen deutschen Kriegsopfer bis 1943 wirkt diese Auslegungsweise noch plausibler. Es ging also nicht primär um den Schutz der Frau, sondern um die Vermehrung des deutschen Volkes, dessen Bestand durch den Krieg schon stark reduziert worden war. Inwieweit die mit der Regelung verfolgten bevölkerungspolitischen Ziele erreicht worden sind, ist nicht nachprüfbar. Es sind jedenfalls "tausende" postmortale Ehen gechlossen worden[444], davon allein 3.500 in der späteren britischen Zone[445]. Diese Zahlen zeigen die praktische Bedeutsamkeit zumindest in

443. Beitzke, Familienrecht, S. 38.

444. Dölle DRZ 47, 39 ff., 39.

445. Maßfeller, Familienrecht für Standesbeamte, S. 299.

Bezug auf die Eheschließungen, wenn auch nicht bzgl. der Geburten. In diesem Zusammenhang ist die Gefahr des Mißbrauchs der Möglichkeit der nachträglichen Eheschließungen durch "Rentenjägerinnen"[446] zu berücksichtigen, von denen beabsichtiger Kindersegen nicht zu erwarten war.

Nach 1945 ist bestritten worden, daß die Regelung typisch nationalsozialistischen Charakter gehabt habe[447]. Als moralische Hilfe für die Frauen hätten ähnliche Regelungen nach dem Ersten Weltkrieg in Deutschland[448] und während des Zweiten Weltkrieges u.a. in Polen und Frankreich Geltung gehabt[449]. Die Ausgestaltung dieser Vorschriften beschränkte sich aber auf namens- und allenfalls rentenrechtliche Aspekte. Eine Einbeziehung aller zivilrechtlicher Folgen einer Eheschließung war nicht vorgesehen. Insofern ist die Intensität der Behandlung des Problems nationalsozialistischer Prägung und läßt auf die bevölkerungspolitische Zwecksetzung schließen.
Es darf aber nicht verkannt werden, daß die nationalsozialistische Regelung - auch - die rechtliche Stellung der Frauen stärkte, indem die Ehen als zivilrechtlich voll gültig erklärt wurden. Ob das den die Ehe schließenden Frauen bewußt war oder ob nicht die soziale, psychologische und gesellschaftliche Komponente und nicht zuletzt die Möglichkeit, eine Witwenpension zu erhalten, ausschlaggebend waren, läßt sich nicht abschließend klären.

446. Dölle DRZ 47, 39 ff., 41.

447. Maßfeller, Familienrecht für Standesbeamte, S. 300; Zweigert DRZ 48, 113 ff., 115.

448. Schätzel DRZ 47, 214.

449. Maßfeller, Familienrecht für Standesbeamte, S. 300f.

Nach 1945 trat die Frage der Gültigkeit dieser postmortalen Eheschließungen auf und wurde nicht zuletzt wegen der Vielzahl der auf diese Weise geschlossenene Ehen streitig diskutiert[450].

Der Meinungsstreit wurde mit Gesetz vom 29.3.1951[451], das die Wirkung einer postmortal geschlossenen Ehe regelte, beendet. Gemäß § 1 dieses Gesetzes behielt die Frau den Familiennamen des Mannes, und ihr standen rentenrechtliche Ansprüche zu. Darüber hinaus wurden Kinder für ehelich erklärt. Eine weitergehende Wirkung sollten diese Ehen indes nicht haben. So entfiel gegenüber der nationalsozialistischen Regelung insbesondere das Erbrecht der Frau nach dem Mann[452].

Dies galt indes nicht für die sog. Ferntrauungen, die von dem Gesetz vom 29.3.51 nicht erfaßt waren[453].

Daran wird deutlich, daß es insbesondere darauf ankam, die über die sonst üblichen Regelungen hinausgehenden rechtlichen Wirkungen der postmortalen Eheschließung, die von nationalsozialistischem Gedankengut getragen waren, zu entfer-

---

450. Boehmer AcP 150, 235 ff.; Dölle DRZ, 39 ff.; Dölle JZ 51, 291 ff; Schätzel DRZ 47, 214 ff; Zweigert DRZ 47, 113 ff.

451. Gesetz über die Rechtswirkungen des Ausspruchs einer nachträglichen Eheschließung v. 29.3.51. BGBl. I, 215.

452. Der Bundesgesetzgeber hat sich einer Regelung über die Frage, ob es sich um Nichtehen gehandelt hat, enthalten. Es ging vielmehr allein darum, eine der Billigkeit entsprechende Lösung zu finden. Vgl. Maßfeller, Familienrecht für Standesbeamte, S. 303.

453. Dies wird ausdrücklich festgestellt in den Richtlinien für die geschäftliche Behandlung der Fälle der nachträglichen Eheschließung nach dem Bundesgesetz über die Rechtswirkungen des Ausspruchs einer nachträglichen Eheschließung v. 29.3.51, BGBl. I, 215, s. Rundschreiben des Bundesministeriums des Inneren v. 8.6.51 abgedr. in: Das Standesamt 1951, 242 f., Ziff. 16.

nen bzw. zu ersetzen.

Für die Frauen, die auf diese Weise "geheiratet" und u.U. Kinder zur Welt gebracht hatten, war dies vermögensrechtlich zunächst allein mit dem Verlust des Erbrechts verbunden. Inwieweit die soziale Stellung und die gesellschaftliche Anerkennung der Frauen nach 1945 praktisch berührt worden sind, läßt sich mangels statistischer Erhebungen nicht prüfen.

§ 4 Das Erbrecht nach dem Bürgerlichen Gesetzbuch

Eine umfassende Novelle hat das Ehegatten-Erbrecht im Nationalsozialismus nicht erfahren. Die einschlägigen Normen des Bürgerlichen Gesetzbuches blieben unverändert; es galt § 1931 BGB a.F., wonach ein Ehegatte neben Verwandten der ersten Ordnung zu 1/4, solchen der zweiten Ordnung und den Großeltern zu 1/2 und ansonsten als Alleinerbe berufen war[454]. Eine Differenzierung zwischen den Geschlechtern existierte in diesem Zusammenhang nicht.

Nach 1933 wurden Reformvorschläge unterbreitet, wonach u.a. der überlebende Ehegatte nur noch nicht befreiter Vorerbe gegenüber den Abkömmlingen werden sollte[455].

Dies hätte de facto wegen der Altersstruktur in den meisten Ehen zu einer Benachteiligung der Ehefrauen führen können, die dann über wesentliche Vermögensgüter der Erbmasse nicht frei hätten verfügen dürfen. Da diese Gedanken nicht realisiert wurden, müssen mögliche Auswirkungen zum Nachteil der Frauen aber spekulativen Charakter behalten und sollen deshalb nicht weiter vertieft werden[456].

Bezogen auf das allgemeine Ehegatten-Erbrecht sind typisch nationalsozialistische Eingriffe in die Erbenstellung der Frauen nicht feststellbar.

---

454. § 1931 BGB a.F. RGBl. 1896, I, 195 ff.

455. Lange, Die Ordnung der gesetzlichen Erbfolge, in: 2. Denkschrift des Erbrechtsausschusses der Akademie für deutsches Recht S. 133 ff., S. 138 f. u. 149.

456. Der Reformvorschlag wurde in der Folgezeit wieder fallen gelassen.

Deutliche und einschneidende Änderungen brachte das Reichserbhofgesetz[457] schon 1933 für den Bereich des bäuerlichen Erbrechts.
Sinn und Ausrichtung des REG hatte der Gesetzgeber von 1933 bereits in der Einleitung zum REG festgelegt: "Die Reichsregierung will unter Sicherung alter deutscher Erbsitte das Bauerntum als Blutquelle des deutschen Volkes erhalten.
Die Bauernhöfe sollen vor Überschuldung und Zersplitterung im Erbgang geschützt werden, damit sie dauernd als Erbe der Sippe in der Hand freier Bauern verbleiben"[458].
Der Gedanke, die Zersplitterung von Bauernhöfen zu verhindern, ist nicht dem Nationalsozialismus entsprungen. Vielmehr hatten vor der Geltung des REG zahlreiche landesrechtliche Anerbengesetze die Intention verfolgt, Höfe in einer lebensfähigen Größe zu erhalten[459].
Dieses Bestreben ist auch nach 1945 aufrecht erhalten worden. Die Höfeordung von Nordrhein-Westfalen[460] soll z.B. einer Zersplitterung entgegenwirken: "Von leistungsfähigen Höfen mittlerer Größe erwartet der Gesetzgeber erfolgreiche Beiträge für die allgemeine Ernährungsla

---

457. REG v. 29.9.33, RGBl. I, 685 ff.

458. Einleitung zum REG, RGBl. I, 685; vgl. dazu: Dölle, Lehrbuch des Reicherbhofrechts S. 337; Gülland, Das Reichserbhofrecht Anm. 143, der auch den Wohlstand der Bauern hervorhebt (Anm. 169); Kühl, Die Rechtsnatur der Anerbenfolge nach dem Reichserbhofgesetz und den Landesanerbengesetzen, S. 32.

459. Statt vieler: Meyer, Westfälisches Anerbenrecht, S. 3 ff.

460. HöfeO NW i.d.F. v. 26.7.76, BGBl. I, 1933.

ge, auf deren Sicherung und Förderung er besonders bedacht ist"[461].

Wie sich aus diesem Wortlaut ergibt, ist zwar das Ziel der Erhaltung der Höfe damals und heute identisch; an den Motiven zeigt sich aber die nationalsozialistische Ausrichtung des REG. Gerade das REG veranschaulicht die Blut- und Bodenpolitik des Dritten Reiches[462].

In diesem Zusammenhang wurde in der zeitgenössischen Literatur darauf verwiesen, das Reichserbhofrecht entspreche deutschem Bauernwesen und werde die deutsche Nation wieder zu deutschrechtlichem Denken zurückführen[463].

Inwieweit sich die diesbezüglichen Änderungen und Reglementierungen auf die Rechtsstellung der Frau ausgewirkt haben, soll im folgenden untersucht werden.

A Das Anerbenrecht

Nach § 19 REG war der Erbhof als Sondererbmasse ausgewiesen, die kraft Gesetzes ungeteilt auf den Anerben überging. Wer - insbesondere in welcher Reihenfolge - zum Anerben berufen war, bestimmte sich nach § 20 REG:

Zif. 1: Söhne des Erblassers bzw. deren männliche Abkömmlinge[464];

Zif. 2: Vater des Erblassers;

461. Lange-Wulf, Höfeordnung Nr. 53.

462. Dazu ausführlich: Grundmann, Agrarpolitik im Dritten Reich S. 39 ff. u. 44 ff. m.w.N.

463. Heitmeyer, Die Rechtsstellung der Bäuerin nach dem Tode des Bauern nach dem REG S. 1; Krämer, Die vermögens- und erbrechtliche Stellung der Ehefrau im Erbhofrecht S. 82; a.A. Sering, Erbhofrecht und Entschuldung S. 10-20.

464. Erben 1. Ordnung § 1924 BGB.

Zif. 3: Brüder des Erblassers bzw. deren männliche Abkömmlinge[465];

Zif. 4: Töchter des Erblassers bzw. deren männliche Abkömmlinge[466];

Zif. 5: Schwestern des Erblassers bzw. deren männliche Abkömmlinge[467]

Zif. 6: übrige weibliche Abkömmlinge des Erblassers.

Schließlich enthielt die Vorschrift den Satz: "Im übrigen entscheidet der Vorzug des männlichen Geschlechts"[468].

I Mütter und Ehefrauen

An dieser Anerbenfolge fällt zunächst auf, daß - wie im letzten Satz des § 20 REG ausdrücklich betont wird - der männlichen Linie der Vorrang eingeräumt wird und daß die Mutter und insbesondere die Ehegatten des Erblassers überhaupt nicht bedacht sind. Aus dem Kontext und den Formulierungen des REG und den tatsächlichen Eigentumsverhältnissen geht dabei hervor, daß auch die Ausschaltung des Ehegatten als Erben sich nach den Vorstellungen des nationalsozialistischen Gesetzgebers einseitig zu Lasten der weiblichen Ehepartner auswirken sollte. Zum einen beziehen sich die Definitionen zum Begriff "Bauer" im REG durchgängig auf männliche Personen[469]. Zum anderen dürfte es bei den deutschen Bauernhöfen die Ausnahme gewesen sein, daß

465. Erben 2. Ordnung § 1925 BGB.

466. Erben 1. Ordnung § 1924 BGB.

467. Erben 2. Ordnung § 1925 BGB.

468. § 20 Zif. 6 S. 3 REG.

469. vgl. § 11 Abs. 1 REG "Nur der Eigentümer des Hofes heißt Bauer". Der Begriff "Bäuerinn wird im REG nicht verwendet, s. Hipfinger, Vom Reichserbhofrecht S. 5 ff.

eine Frau deren alleinige Eigentümerin war. Dementsprechend war in den häufigsten Fällen "der Bauer" und Erblasser ein Mann, so daß die Regelung des § 20 REG im Ergebnis der Ehefrau eines Bauern das Anerbenrecht versagte[470].

Nach der Konzeption des REG waren damit Mutter und Ehefrau des Bauern von der Anerbenstellung gänzlich ausgeschlossen.

II Töchter

Zugunsten der Töchter des Erblassers wich der Gesetzgeber von der Regelung des § 20 REG ab. Nach § 21 VII REG sollten dann, wenn Söhne oder Sohnessöhne des Erblassers nicht vorhanden waren, Töchter vor dem Vater und den Brüdern zu Anerben berufen sein.

Dieses Vorrecht der Töchter war allerdings nur als eine zeitlich begrenzte Übergangsregelung gedacht. Die auf Dauer gewählte Regelung über die Anerbenstellung war in § 20 REG getroffen. Darüber hinaus sollte nach dem Wortlaut des § 21 VII REG die Tochter lediglich im ersten, maximal zweiten Erbfall, nachdem der Hof Erbhof geworden war, eingreifen[471].

---

470. Damit korrespondiert die damalige zeitgenössische Literatur, die sich mit der Rechtstellung der Frau im REG befaßt (vgl. Butterwegge, Die Ehefrau im Reichserbhofrecht; Heitmeier, Die Rechtstellung der Bäuerin; Krämer, Die vermögens- und erbrechtliche Stellung der Ehefrau im Erhofrecht), in der durchgehend von dem Verlust der Anerbenstellung der Frau ausgegangen wird.

471. s. zum Ganzen: Wöhrmann JW 36, 548 f.; mit der 4. DVO über Erbhofrecht vom 26.4.39, RGBl. I, 843, wurde dies auf den zweiten Erbfall ausgedehnt (Zif. I Nr. 4 der DVO).

Insgesamt und auf Dauer gesehen sollte sich an dem Grundsatz des Vorranges des Mannesstammes nichts ändern. Vielmehr wollte man nur der zum Zeitpunkt der Einführung des REG lebenden Töchtergeneration einen Vorrang auf den Hof des Vaters einräumen. Dies wurde für einen gewissen Zeitraum für ratsam gehalten, weil "die Zurücksetzung der Töchter hinter den Vater und die Brüder des Bauern und der Söhne der bisherigen bäuerlichen Auffassung nicht entsprach und deshalb ein Generationenwechsel abgewartet werden sollte, um ein Einleben in diese für bäuerliche Verhältnisse neuartigen Bestimmungen zu ermöglichen"[472].

Diese Begründung läßt darauf schließen, daß es nicht um eine Besserstellung der Töchter schlechthin ging, sondern darum, das Bauerntum langsam an die Regelungen des REG heranzuführen und diese phasenweise durchzusetzen. Eine Realisierung der nationalsozialistischen Gedanken ohne Rücksichtnahme auf die Belange der Bauern hätte zu einer Verärgerung der Bauern führen können, die diese hätte veranlassen können, weniger zu arbeiten und dementsprechend geringere Mengen an Agrarprodukten für "das deutsche Volk" zu erwirtschaften. Eine solche Konsequenz mußte aber gerade im Hinblick auf die Expansionsbestrebungen der Machthaber im Dritten

472. Wöhrmann JW 36, 548 f.; ähnl. KG Berlin DR 39, 1292 f. Beschl. v. 4.5.39, in dem das KG darüber hinaus eine Rückwirkung der Vorschrift bzgl. der Bevorrechtigung der Töchter als Anerben annahm und dies ebenfalls mit einer Rücksichtnahme auf Anschauungen in bäuerlichen Kreisen begründete. Die Rückwirkung sei zwar nachteilig für den Anerben, der den Hof übernommen habe. Der Fall zweier Erbfälle seit Geltung des REG (bis zum Beschluß 6 Jahre (d.Verf.)) sei recht selten, so daß nur wenige Anerben betroffen seien. Die o.g. Ansichten und Wünsche der Bauern seien nach dem ersten Erbfall noch nicht überwunden, weshalb die Tochter den Vorrang haben müsse.

Reich vermieden werden.
Auf lange Sicht sollten auch die Töchter - trotz der Regelung des § 21 VII REG - nicht Anerben werden können.
Weiterhin ließ § 25 REG dem Bauern lediglich die Möglichkeit, die Rangfolge der Anerbenbestimmung des § 19 REG unter gewissen Voraussetzungen zu ändern. Nach § 25 III REG konnte eine Tochter des Bauern mit Zustimmung des Anerbengerichts den Anerben der 1.-3. Ordnung des § 29 REG[473] vorgezogen werden, wenn hierzu ein wichtiger Grund vorlag[474].
In diesem Zusammenhang wurde betont, daß an den wichtigen Grund, der den Übergang auf eine Tochter ermöglichen sollte, strenge Anforderungen gestellt werden müßten, weil der Hof "aus dem Mannesstamm der Familie ausscheidet"[475].
Ein wichtiger Grund sollte z.B. dann vorliegen, wenn der zu übergehende Sohn seine arische Abstammung nicht einwandfrei nachweisen konnte, nicht fortpflanzungsfähig oder Träger von Erbkrankheiten war[476]. Bei diesen bevölkerungspolitischen, rassischen und eugenischen Aspekten wird deren nationalsozialistischer Charakter ohne weitere Erläuterungen aus dem bisher Gesagten deutlich. Dagegen sollte es nicht ausreichend sein, wenn der Bauer über seinen Sohn aus irgendeinem Grund verärgert war und die Anerbenbestimmung der Tochter allein einer subjektiven Empfindung des Bauern entsprach[477].

473. Söhne, Vater, Brüder des Erblassers.

474. § 25 Abs. 3 REG.

475. Vogels, Reicherbhofgesetz § 25 Anm. 27.

476. Vogels, Reicherbhofgesetz § 25 Anm. 14 m.w.N.

477. Erbhofgericht beim OlG Nürnberg JW 34, 2260 Beschl. v. 20.6.34; REG 2, 373 ff. Beschl. v. 4.5.36; Vogels, Reichserbhofgesetz § 25 Anm. 27.

Aus den Entscheidungen des Reichserbhofgerichts ergibt sich, daß eine Übergehung des Sohnes zugunsten der Tochter zugelassen wurde, wenn dies im Interesse des Hofes lag, weil der Sohn z.B. schon lange nicht mehr auf dem Hof lebte und einem "städtischen Beruf" nachging, die Tochter hingegen faktisch den Hof schon zu Lebzeiten des Bauern bewirtschaftete und deshalb über die nötige Sachkunde verfügte[478].

Auch mit der Regelung des § 25 REG sollten - wie u.a. die Ausführungen des Reichserbhofgerichts belegen - nicht die Töchter um ihrer selbst willen bevorzugt werden. Vielmehr ging es allein um die Erhaltung des Hofes aus den oben bereits genannten Gründen.

III Ausschluß der Testierfreiheit

Mütter, Ehefrauen und Töchter eines Bauern hatten somit de iure und de facto keine bzw. eine sehr geringe Chance, Anerben kraft Gesetzes und Eigentümer eines Erbhofes zu werden. Der Bauer hatte gem. § 24 REG[479] auch nicht die Möglichkeit, die Erbfolge bzgl. des Anerben durch Verfügung von Todes wegen auszuschließen oder zu

---

478. REG 4, 138 ff. Beschl. v. 4.5.37; REG 6, 156 ff = Beschl. v. 15.12.38, in dem trotz Vorliegens dieser Voraussetzungen allerdings die Anerbenbestimmung zugunsten der Tochter nicht erlaubt wurde, weil diese mit einem Ausländer (Schweizer) verlobt war und bei einer Heirat sowohl die Frau als auch die Kinder keine deutschen Staatsangehörigen blieben. Dann fiele nach § 12 REG die Erbhofvoraussetzung für den Hof weg. Dies sei nicht mit der Anschauung des Bauerntums als Blutquell des deutschen Volkes zu vereinbaren. Die Genehmigung sollte deshalb erst dann erteilt werden, wenn der Schweizer seine Einbürgerung beantrage.

479. RGBl. 33, I, 688.

 beschränken[480].

Eine einseitige Änderung der Anerbenfolge des REG stand der bäuerlichen Bevölkerung also nicht offen[481].
Daran zeigt sich, daß der nationalsozialistische Gesetzgeber die agnatische Erbfolge unter allen Umständen gesichert wissen wollte.
Für die Frauen, die nach dem BGB erbberechtigt gewesen wären, bedeutete das REG damit eine endgültige, gesetzlich manifestierte Enterbung.

B Sicherung der Ehefrau des Erblassers

Quasi als Ausgleich für den Verlust der Anerbenstellung sahen das REG und seine Nebengesetze für den überlebenden Ehegatten ein Altenteil und ein Verwaltungs- und Nutznießungsrecht vor. Eine Entschädigung in Geld enthielt das REG zugunsten des weichenden Erben anders als die früheren Anerbengesetze nicht.

480. Diese zusätzliche Sicherung der ungeteilten Vererbung eines Hofes kannten und kennen andere Anerbenrechte nicht. Zwar war und ist die Anerbenfolge geregelt, die Testierfreiheit aber nicht ausgeschlossen (vgl. statt vieler § 12 des Westfälischen Anerbengesetzes vom 2.7.1898; Meyer, Westfälisches Anerbenrecht S. 3; § 5 HöfeNOW i.d.F. v. 26.7.76; in § 7 HöfeONW ist sogar ausdrücklich geregelt, daß die Anerbenfolge nur gilt, wenn von der Möglichkeit der gewillkürten Erbfolge kein Gebrauch gemacht worden ist; nach dem REG durfte indes der Bauer nur dann frei testieren, wenn kein Anerbe i.S. des § 20 REG vorhanden war (vgl. Butterwegge, Die Ehefrau im Reichserbhofrecht S. 30).

481. Die Regelung des § 24 REG - der Ausschluß der Testierfreiheit - widersprach Art 64 EGBGB, der zwar die Anerbengesetze der Länder für gültig erklärte, aber nur unter der Voraussetzung, daß der Bauer frei testieren konnte.

Nach § 31 REG konnte der überlebende Ehegatte, der Miterbe und pflichtteilsberechtigt war und auf alle ihm aus dem Nachlaß zustehenden Ansprüche verzichtete, von dem Anerben lebenslänglich den in den jeweiligen Verhältnisse üblichen Unterhalt verlangen[482]. Ein so ausgestattetes Altenteil war als Einrichtung im gesamten deutschen Sprachgebiet seit Jahrhunderten bekannt und verbreitet und dementsprechend keine nationalsozialistische Errungenschaft[483]. Den in § 31 REG geregelten Verzicht als Voraussetzung für einen Altenteilsanspruch unabhängig vom Geschlecht des Berechtigten enthielten zahlreiche Landesgesetze[484].

Bezüglich des Umfangs und der Ausgestaltung des Altenteils sollten die Unterschiede der bäuerlichen Gewohnheiten in den einzelnen Gebieten Deutschlands Berücksichtigung finden. Einen Anlaß zur Vereinheitlichung sah man nicht, so daß die jeweilige Ortsüblichkeit maßgeblich war[485].

---

482. Dieser Unterhaltsanspruch bestand allerdings nur soweit, wie der überlebende Ehegatte sich nicht aus eigenem Vermögen unterhalten konnte: Saure, Das Reichserbhofgesetz in: Frank, NS-Handbuch S. 1054 ff.

483. Statt vieler: Geiersbach, Die gesetzlichen Versorgungsansprüche des Reichserbhofgesetzes, S. 14.

484. § 36 Westfälisches Anerbengesetz v. 2.7.1898; § 12 Höfegesetz der Provinz Hannover v. 9.8.1909; § 48 des Gesetzes betr. die geschlossenen Bauerngüter und das Anerbengericht v. 24.3.1909 (Schaumburg-Lippe); § 37 VO zur Ausführung des Bürgerlichen Gesetzbuches v. 9.4.1899 (Mecklenburg-Schwerin); Bohn, Das Reichserbhofgesetz Anm. 690; Geiersbach, Die gesetzlichen Versorgungsansprüche des Reichserbhofgesetzes S. 14; Hennig, Das Reichserbhofrecht § 31 I; Vogels, Reichserbhofgesetz § 31 Anm. 2; Wagemann/ Hopp, Reichserbhofgesetz § 31 Anm. 2.

485. Baumecker, Erbhofrecht § 31 Anm. 16; Butterwegge, Die

Wegen der Deckungsgleichheit mit nicht nationalsozialistischen Gesetzen soll auf die Inhalte des Altenteils hier nicht näher eingegangen werden. Obwohl die gesetzliche Regelung des § 31 REG nach ihrem Wortlaut zwischen Männern und Frauen keine Unterscheidung traf, sondern von dem "überlebenden Ehegatten" ausging, waren - wegen der bereits erläuterten Folgen der agnatischen Erbfolge, dem Ausschluß der Testierfreiheit in § 24 REG und der Altersstruktur in den wohl meisten Ehen - Frauen von der Altenteilsregelung eher betroffen als Männer.
In diesem Zusammenhang bleibt anzumerken, daß - wie die Erfahrung zeigte -[486] die Anordnung des Altenteils häufig vergessen wurde und die Ehefrau durch die Regelung des REG mit dem Tode ihres Mannes völlig rechtlos gestellt war.

II. Verwaltungs- und Nutznießungsrecht

Nach § 26 REG konnte der Erblasser anordnen, daß "dem Vater oder der Mutter des Anerben über die Volljährigkeit, jedoch nicht über das 25. Lebensjahr des Anerben hinaus, die Verwaltung und Nutznießung des Hofes zustehen soll".[487]
Dieses Verwaltungs- und Nutznießungsrecht wurde als Recht besonderer Art bezeichnet, dessen Inhalt sich nur aus seinem Zweck und aus der Abwägung der Belange der Beteiligten ableiten lasse.[488] Dem Nutzwalter sollte die Befugnis

---

Ehefrau im Reichserbhofrecht, S. 6; Hennig, Das Reichserbhofrecht § 31 III 1; Wagemann/Hopp, Reichserbhofgesetz § 31 Anm. 3.

486. Baumecker, Erbhofrecht § 31 Anm. 4.

487. § 26 REG, RGBl. 33, I, 688.

488. Vogels, Reichserbhofgesetz § 26 Anm. 10; ähnl. Hennig, Das Reichserbhofrecht S. 423.

zustehen, im Rahmen ordnungsgemäßer Wirtschaft über den Hof und dessen Erträgnisse zu verfügen. Er durfte damit auch Nutzungen ziehen. Im Einklang mit diesen Rechten des Nutzwalters durfte der Anerbe selbst nicht ohne Zustimmung über den Hof verfügen. Die Nutzwaltung war indes auch mit Pflichten des Berechtigten behaftet. Er mußte u.a. gegenüber dem Anerben - wie jeder Nießbraucher - die öffentlich- und privatrechtlichen Lasten tragen und war darüber hinaus verpflichtet, dem Anerben auf dem Hof Unterhalt gegen dessen seinen Kräften und Fähigkeiten entsprechende Mithilfe zu gewähren[489].

Eine derartige Ausgestaltung des Verwaltungs- und Nutznießungsrechts sollte sowohl dem Gemeinwohlinteresse, als auch - wenigstens für eine Übergangszeit - dem Individualinteresse des Nutzwalters dienen[490]. Die Nutzwaltung des Vaters oder der Mutter des Anerben bis zu dessen 25. Lebensjahr[491] sollte sicherstellen, daß die

---

489. Baumecker, Erbhofrecht § 26 Anm. 2 ff.; Bohn, Das Reichserbhofgesetz Anm. 678; Dölle, Lehrbuch des Reichserbhofrechts § 48 II, 5, S. 298 ff; Hennig, Das Reichserbhofrecht S. 424; Vogels, Reichserbhofgesetz § 26 Anm. 11f.

490. Dölle, Lehrbuch des Reichserbhofrechts § 48 I S. 296.

491. Nach § 11 der Erbhofrechtsverordnung v. 23.12.36, RGBl. I, 1071 (EHRV) konnte der Erblasser das Nutzwaltungsrecht für den überlebenden Ehegatten über das 25. Lebensjahr des Anerben hinaus bestimmen, wenn eine Person der 2., 3., 5. oder späteren Anerbenordnung des § 20 REG Anerbe wurde. § 11 Abs. 2 EHRV sah vor, daß diese Bestimmung des Erblassers mit dem 30. Lebensjahr des Anerben auf Antrag des Landesbauernführers durch das Anerbengericht wieder aufgehoben werden konnte.
§ 11 EHRV ließ damit für die Ehefrau eine längere Dauer ihrer Nutzwaltung zu, wenn der Anerbe entfernterer Verwandter war. Trotz der relativ geringen praktischen Auswirkungen, die diese Regelung gehabt haben dürfte, wurde die zeitliche Begrenzungsmöglichkeit ausdrücklich unter bevölkerungspolitischen Gesichtspunkten abgelehnt. Bei fremder Nutznießung und

Bewirtschaftung des Hofes erfahrenen Händen anvertraut war, solange der Anerbe selbst noch nicht die erforderliche Reife hatte. Dem Nutzwalter sollte eine Stellung eingeräumt werden, die seinen bis zum Tode des Bauern zum Hofe bestehenden Beziehungen gerecht wurde. § 26 REG unterschied dabei nach seinem Wortlaut nicht zwischen den Geschlechtern. Wegen der bereits angesprochenen Altersstrukturen in den meisten Ehen dürfte das Nutzwaltungsrecht praktisch eher den Frauen zugute gekommen sein. Es erscheint allerdings fraglich, ob die nicht zur Anerbin berufene Ehefrau durch das Nutzwaltungsrecht die Stellung, die sie bis zum Tode des Bauern innehatte, wesentlich verbessern konnte. Zum einen hatte sie nur beschränkte Verfügungsbefugnis über den Erbhof und zum anderen war ihr Recht zeitlich begrenzt. Bis zur Volljährigkeit des Anerben hätte ihr ohnehin die elterliche Gewalt für den Anerben oblegen, so daß sie im Rahmen der Vermögenssorge die nötigen Geschäfte etc. für den Hof hätte tätigen können und müssen. Das eigens im REG festgeschriebene Nutzwaltungsrecht verlängerte praktisch die Rechte und Pflichten des gesetzlichen Vertreters des Anerben um 4 Jahre, allerdings mit der Maßgabe, daß Nutzungen zu eigenen Zwecken gezogen werden konnten[492]. Unter diesem Blickwinkel relativiert sich das Eigeninteresse des Vaters oder der Mutter des Anerben an der Nutzwaltung. Darüber hinaus ist

---

Verwaltung sei der Anerbe gehindert, eine Familie zu gründen, weshalb auch seine Schaffenskraft gelähmt sei: Krämer, Die vermögens- und erbrechtliche Stellung der Ehefrau im Erbhofrecht S. 77.

492. Volljährigkeit trat mit Vollendung des 21. Lebensjahres ein (§ 2 BGB a.F. RGBl. 1896, I, 195 ff.); vgl. zum Ganzen Baumecker, Erbhofrecht § 26 Anm. 2; Hennig, Das Reichserbhofrecht S. 423.

zu beachten, daß § 26 REG die Nutzwaltung nicht gesetzlich anordnete, sondern von einer letztwilligen Verfügung des Erblassers abhängig machte, die ihrerseits das Wissen des Erblassers um deren Notwendigkeit voraussetzte. Einen Ausgleich für den Verlust der Anerbenstellung konnte das Recht der Nutznießung und Verwaltung nicht gewähren. Dies nicht zuletzt deshalb, weil seine testamentarische Anordnung - wie bei dem Altenteil - häufig vergessen wurde.

C Fazit zum REG

Die Anerbenregelung des REG nahm den Frauen - Müttern, Töchtern und den Ehefrauen des Erblassers - ihr gesetzliches Erbrecht. Da § 24 REG auch kein Testament zugunsten der Mütter und Ehefrauen zuließ, waren diese praktisch als Hofnachfolgerinnen ausgeschlossen. Die Mutter des Erblassers wird den Erbfall häufig nicht mehr erlebt haben oder war zumindest so alt, daß sie allein ohnehin zur Führung des Hofes nicht mehr in der Lage gewesen wäre. Aus diesen praktischen Erwägungen heraus hat die zeitgenössische Literatur sich vorwiegend mit der Rechtsstellung der Ehefrauen des Bauern befaßt und die Auswirkungen des REG auf diese erläutert.

Trotz des eindeutigen Ausschlusses der Ehefrau als Erbin des Hofes und den relativ schwach ausgestalteten Ausgleichsrechten zugunsten der Ehefrau[493] wurde in der zeitgenössischen Literatur nahezu einhellig die Meinung vertreten, das REG stelle keinen tiefgreifenden, die bisherige bäuerliche Sitte überwindenden Eingriff in die Rechte der Ehefrau dar.

---

493. Altenteil, Nutznießung und Verwaltung.

Es wurde zwar festgestellt, daß die Ehefrau bzgl. der Erbberechtigung im REG schlechter behandelt werde als nach dem BGB[494]. Dies werde aber u.a. dadurch ausgeglichen, daß dem Bauern die Möglichkeit bleibe, über sein erbhoffreies Vermögen frei zugunsten der Ehefrau zu testieren, zu ihren Gunsten eine Lebensversicherung abzuschließen oder ein Sparbuch anzulegen[495]. Diese Argumentation läßt außer Betracht, daß i.d.R. neben dem Erbhof und dessen Zubehör kaum Vermögen vorhanden gewesen sein dürfte und daß außerdem - sollten doch erbhoffreie Vermögenswerte bestanden haben - vielfach andere Pflichtteilsberechtigte daran partizipiert hätten.

Im übrigen wurde darauf hingewiesen, daß der Ehefrau des Erblassers ihr Altenteil zustehe. Wenn man bedenke, daß der Erbteil, den die Frau neben den Kindern erwarb, zu gering sein könne, als daß die Frau davon allein hätte existieren können, sei die Ehefrau eines Bauern bei dessen Tode mit der Altenteilsregelung des REG sogar gegenüber dem Erbrecht des BGB besser gestellt; die Unterhaltssicherung sei deshalb ein großer Vorteil für die Frau[496]. Hierzu ist anzumerken, daß der Frau auch die allgemeinen Regeln des BGB einen Unterhaltsanspruch gegen ihre Kinder oder sonstigen Verwandten in gerader Linie (§§ 1601

---

494. Butterwegge, Die Ehefrau im Reichserbhofrecht S. 38; Heitmeyer, Die Rechtstellung der Bäurin nach dem Tode des Bauern nach dem REG S. 69; Krämer, Die vermögens- und erbrechtliche Stellung der Ehefrau im Erbhofrecht S. 60; Schröder, Die Rechtstellung der Ehefrau im REG S. 2; Walter DR 38, 98 ff., 100.

495. Hase JW 34, 389, 392; Vogels, Reichserbhofgesetz § 17 Anm. 17 f.

496. Krämer, Die vermögens- und erbrechtliche Stellung der Ehefrau im Erbhofrecht S. 60 f.; Schröder, die Rechtstellung der Ehefrau im REG, S. 2.

ff BGB) gewährten, wenn sie außerstande war, sich selbst zu ernähren. Insoweit enthielt das REG im Ergebnis für die meisten Fälle also keine Begünstigung oder Besonderheit. Allein die Ausgestaltung des Altenteilsrechts weicht von der des Unterhaltsanspruchs ab.
Die Benachteiligung der Ehefrau im Regelungssystem des REG suchte die zeitgenössische Literatur unter ideologischer Sicht zu begründen. "Die Zurückstellung der Belange der Ehefrau zugunsten des Anerben wird durch das über allen persönlichen Ansprüchen stehende Ziel, ein freies, gesundes Bauerntum zu schaffen und zu erhalten, gerechtfertigt."[497] "In Wirklichkeit bestehen die Härten, die angeblich nach dem REG für die Ehefrau des Bauern bestehen sollten, nicht, wenn die Ehefrau sich immer bewußt ist, daß in erster Linie das Schicksal des Erbhofes maßgebend ist, nicht nur für heute, sondern vor allem für die Zukunft der Sippennachfahren."[498] Der Grundsatz "Gemeinnutz geht vor Eigennutz" habe für die Ehefrau erhöhte Bedeutung und solle "gerade für sie Leitstern ihres Denkens und Handelns sein"[499].

Schon 3 Jahre nach Inkrafttreten des REG wurde eine große Unzufriedenheit der bäuerlichen Bevölkerung mit der gesetzlichen Anerbenbestimmung konstatiert[500]. In diesem Zusammenhang wurde

---

497. Schröder, Die Rechtstellung der Ehefrau im REG, S. 2; ähnl. Butterwegge, Die Ehefrau im Reichserbhofrecht, S. 38.

498. Krämer, Die vermögens- und erbrechtliche Stellung der Ehefrau im Erbhofrecht S. 82; ähnl. Walter DR 38, 98 ff., 100, die allerdings einen Ausgleich von Härten forderte.

499. Schreiber-Lobbes, Die Rechtstellung der Ehefrau im Erbhofrecht S. 61.

500. Heitmeyer, Die Rechtstellung der Bäurin nach dem Tode des Bauern nach dem REG, S. 70.

lediglich auf die noch notwendige ideologische Erziehungsarbeit hingewiesen, die den Betroffenen verdeutlichen sollte, daß die Beschränkungen zum Nutzen des Hofes, der Sippe und des Volkes erforderlich seien. "Der Bauer wird mit der Zeit über Härten hinwegsehen und mit Stolz auf sein rassisch und bevölkerungspolitisches Wirken blicken"[501].

Die Umerziehung der deutschen Bauern in dem o.g. Sinne scheint nicht ohne weiteres in aller Kürze vollziehbar gewesen zu sein. Dem REG folgten Verordnungen, die dessen Regelungen allmählich lockerten und den alten Anerbengesetzen wieder näherten. Diese Verfahrensweise hätte der nationalsozialistische Gesetzgeber sicher nicht gewählt, hätte nicht ein praktisches Bedürfnis und ein dementsprechend starker äußerer Druck bestanden[502].

---

501. Butterwegge, die Ehefrau im Reichserbhofrecht, S. 38; ähnl. Heitmeyer, Die Rechtstellung der Bäurin nach dem Tode des Bauern nach dem REG S. 70; Schröder, Die Rechtstellung der Ehefrau im REG, S. 2; Jobst, Das Reichserbhofgesetz im Vergleich mit älteren deutschen Anerbenrechten, der eine strikte Erziehungsarbeit für notwendig hielt.

502. Dies bestätigt eine Stellungnahme des Reichsjustizministeriums von 1940 - nach Erlaß einiger auf das REG folgenden Verordnungen - , die darauf verweist, daß nach der gesetzlichen Lage keine Härten für die Witwe eines Bauern mehr existierten. Härten entstünden lediglich, wenn der Bauer es unterlasse, "die zur Verhütung von Härtefällen gegebenen rechtlichen Möglichkeiten zu nutzen": Amtliche Bekanntmachung des RJM v. 20.4.1940 (8330-II a 381) zur Rechtlichen Stellung der Witwe des Bauern im Erbhofrecht, abgedr. in DJ 40, 480.

Von der Voraussetzung des § 1 I Nr. 2 REG, daß ein Hof im Alleineigentum einer bauernfähigen Person stehen mußte, um Erbhof zu sein, wurde schon bald nach Inkrafttreten des REG Abstand genommen. Um mehr Höfe in den Regelungsmechanismus des REG einzubinden[503], wurde bestimmt, daß auch Höfe, die im Gesamtgut einer ehelichen Gütergemeinschaft oder sonst im Miteigentum von bauernfähigen Ehegatten standen, Erbhöfe i. S. des REG waren[504]. Nach § 19 EHRV galten für diese sog. Ehegattenerbhöfe die allgemeinen Bestimmungen des REG, soweit die Erbhofrechtsverordnung selbst keine andere Regelung traf.

Nach § 20 I EHRV konnten die Ehegatten sich bei einem Ehegattenerbhof gegenseitg zum Anerben bestimmen. Damit ging die EHRV deutlich über das Bestimmungsrecht des § 25 REG hinaus, der lediglich die Einsetzung eines Anerben i.S. des § 20 REG zugelassen hatte. Auch die Ehefrau konnte also zur Anerbin bestimmt werden. Diese Abweichung von der agnatischen Erbfolge wurde allein mit Billigkeitserwägungen und der Notwendigkeit, Härten auszugleichen[505], begründet.

Eine dauernde Abkehr von den nationalsozialischen Prinzipien des Erbhofrechtes kann hierin allerdings nicht gesehen werden. Es ist zu bedenken, daß der Ehegatte in der EHRV nicht - wie § 20 REG es bzgl. der dort genannten Anerben vorsah - zum Anerben als Sonderrechtsnachfolger

---

503. Das war notwendig, weil in vielen Teilen Deutschlands Gütergemeinschaft in bäuerlichen Kreisen üblich war; s. Dölle, Lehrbuch des Reichserbhofrechts § 69 I S. 361; Wagemann/Hopp, Das Reichserbhofgesetz S. 367.

504. § 62 der 1. DVO zum REG v. 19.10.33, RGBl. I, 749, 760 f. in Verbindung mit § 5 Abs. 1 der 2. DVO zum REG v. 19.12.33, RGBl. I, 1096; § 17 EHRV.

505. Baumecker, Ebhofrecht § 20 EHRV Anm. 1; Vogels, Reichserhofgesetz § 20 EHRV Anm. 1.

kraft Gesetzes berufen war, sondern die EHRV nur die Möglichkeit gegeben war, zugunsten seines Ehegatten zu testieren; es war also eine positive Handlung des Erblassers erforderlich. Erfolgte diese nicht, existierte kein Testament zugunsten eines Ehegatten, fiel der Erbhof nach § 22 I EHRV beim Tode der Frau dem Mann als Anerben an. Ohne letztwillige Verfügung trat dementsprechend der Vorrang der männlichen Linie wieder in Kraft.

Starb der Mann vor oder nach der Frau und hatten die Ehegatten niemanden zum Anerben bestimmt, so regelte sich die Anerbenfolge bzgl. des ganzen Hofes nach § 20 REG (§ 22 II EHRV). Auch wenn die Frau noch lebte, ging demnach beim Tod des Mannes sowohl dessen Anteil am Erbhof als auch der der Frau auf den Anerben aus dem "Mannesstamm" über[506]. In diesem Fall wurde die Frau also faktisch enteignet - sie verlor kraft Gesetzes ihren Eigentumsanteil am Erbhof[507]. Für den Verlust ihres Anteils erhielt die Frau keine Entschädigung in Geld[508]. Ihr blieb allein das Altenteil und ein Verwaltungs- und Nutznießungsrecht bis zum 25. Lebensjahr des Anerben (§ 22

---

506. Baumecker, Erbhofrecht § 22 EHRV Anm. 3; Krämer, Die vermögens- und erbrechtliche Stellung der Ehefrau im REG, S. 71; Pfundtner/Neubert, Reichsrecht Bd. 2 b 21, S. 47; Schreiber-Lobbbes, Die Rechtstellung der Ehefrau im Erbhofrecht, S. 51; Schüler, Der Ehegatten-Erbhof S. 33; Vogels, Reichserbhofgesetz § 22 EHRV Anm. 5.

507. Rechtsübergang kraft Gesetzes unter Lebenden (str.); Cammerer DJZ 34, 254 ff, 257; Gülland, Das Reichserbhofrecht Nr. 176 ff.; Kirstaedter, Der Erbbegriff und die Rechtstellung des Erben im Erbhofrecht, S. 24; Vogels, Reichserbhofgesetz § 22 EHRV Anm. 5; Wöhrmann, Das Reichserbhofrecht zum Anerben § 17 Anm. 3; zum Streitstand s. Krämer, Die vermögens- und erbrechtliche Stellung der Ehefrau im Erbhofrecht, S. 71 m.w.N.

508. Bohn, Das Reichserbhofgesetz, Anm. 723.

III EHRV)[509].

Der in § 22 II EHRV geregelte Eigentumsverlust zu Lebzeiten der Frau widersprach dem römischrechtlichen Grundsatz, daß ein Lebender nicht beerbt werden kann[510]. Auch ohne rechtshistorisches Vorbild wurde es zur Begründung des § 22 II EHRV als ausreichend angesehen, "daß dieses neue Recht auf rein erbhofrechtlichem Gedankengut aufgebaut und gestützt ist"[511].

An den Inhalten der EHRV zeigt sich, daß das Ziel des Gesetzgebers die agnatische Erbfolge war - d.h., die Frauen als Anerben auszuschalten.

Eine mögliche Ausnahme bzw. Lockerung des o.g. Grundsatzes war in § 21 EHRV vorgesehen. Hatte die Ehefrau den wirtschaftlich bedeutenderen Teil des den Erbhof bildenden Besitzes in die Ehe eingebracht, so konnte sie "auch ohne Mitwirkung des Mannes bestimmen, daß sie selbst Anerbin des Mannes sein soll, oder daß der Hof beim Tode des Mannes oder bei ihrem eigenen Vorversterben an eine Person als Anerben fallen soll, die nach dem Reichserbhofgesetz als Anerbe des einen oder des anderen Ehegatten bestimmt werden könnte..."[512].

Dieses für die Frau vorgesehene Bestimmungsrecht außerhalb der agnatischen Erbfolge bedurfte nach § 21 I EHRV allerdings der Zustimmung des An-

---

509. Inhalt und Umfang s.o., 2. Kapitel § 5 B I und II.

510. Butterwegge, Die Ehefrau im Reichserbhofrecht, S. 12.

511. Krämer, Die vermögens- und erbrechtliche Stellung der Ehefrau im Erbhofrecht, S. 72.

512. § 21 Abs. 1 EHRV.

erbengerichts. Darüber hinaus ist wiederum zu beachten, daß es sich nicht um den Fall einer gesetzlich angeordneten Anerbenfolge handelte, sondern die Frau von ihren Rechten Gebrauch machen mußte. Das setzte voraus, daß sie überhaupt um die Erbfolge und deren einschneidenden Änderungen im nationalsozialistischen Rechtsgefüge wußte. Dieses Wissen mußte die Frau noch zu Lebzeiten des Mannes haben. § 21 II EHRV ließ eine letztwillige Verfügung seitens der Frau nur zu, solange der Mann noch lebte. Des weiteren verlangte § 21 EHRV die Form eines öffentlichen Testaments.

Dennoch darf nicht verkannt werden, daß § 21 I EHRV eine Änderung der Bestimmungen des REG zugunsten der Frau enthielt. Dies wurde mit Gerechtigkeits- und Billigkeitserwägungen begründet, allerdings nicht ohne darauf hinzuweisen, daß zum Schutz des Mannes (und der Erbfolge im männlichen Stamm) das Anerbengericht als Kontrollinstanz zwischengeschaltet war[513].

Die Möglichkeit der Frau, ihre Linie zu bevorzugen, ist nicht auf ungeteilte Zustimmung gestoßen. Man meinte vielmehr teilweise, individuelle wirtschaftliche Härten müßten im Interesse des Erbhofes getragen werden[514].

Angesichts der o.g. vielfältigen Voraussetzungen für eine wirksame letztwillige Verfügung der Frau dürfte die Bestimmung des § 21 EHRV prak-

---

513. Baumecker, Erbhofrecht § 21 EHRV Anm. 1; Bohn, Das Reichserbhofgesetz Anm. 730; Pfundtner/Neubert, Reichsrecht Bd. 2 b 21 S. 46 f.; Vogels, Reichserbhofgesetz § 21 EHRV Anm. 1.

514. Krämer, Die vermögens- und erbrechtliche Stellung der Ehefrau im Erbhofrecht, S. 75.

tisch kaum zum Tragen gekommen sein. Auch die Anzahl der Höfe, die im überwiegenden Eigentum der Frau standen, war gering. Insgesamt muß daher davon ausgegangen werden, daß § 21 EHRV in der Praxis an dem Grundsatz der agnatischen Erbfolge nichts Wesentliches geändert hat.

In diesem Zusammenhang muß darüber hinaus darauf hingewiesen werden, daß - bei aller Lockerung bzgl. der Erbfolge im Mannesstamm, die die EHRV vorsah - die EHRV zur Aufrechterhaltung des Vorrangs der männlichen Linie sogar einen über das REG hinausgehenden Regelungsmechanismus enthielt. Nach § 10 EHRV konnte nämlich der Bauer in einer Hofsatzung mit Geltung für alle künftigen Erbfälle bestimmen, "daß der Hof sich zunächst ausschließlich im Mannesstamm vererbt, also nur auf Personen männlichen Geschlechts, die durch Männer mit dem Bauern verwandt sind."[515] Daran wird deutlich, daß mit der EHRV die Ziele des REG nicht aufgegeben wurden. Von § 10 EHRV ist allerdings kaum Gebrauch gemacht worden[516].

§ 7 Die Verordnung zur Fortbildung des Erbhofrechts[517]

In der Praxis zeigte sich, daß die ideologische Umerziehung der bäuerlichen Bevölkerungskreise - wenn überhaupt - nur sehr zögerlich vonstatten ging. Auch nach Inkrafttreten der Erbhofrechtsverordnung, die zumindest für Ehegattenerbhöfe gegenüber dem REG einige Vorteile für die Ehe-

---

515. § 10 EHRV.

516. Grundmann, Agrarpolitik im Dritten Reich, S. 140 m.w.N.

517. Verordnung zur Fortbildung des Erbhofrechts (Erbhofrechtsfortbildungsverordnung - EHFV) v. 30.9.43, RGBl. I, 549 ff.

frauen enthielt, wurden die mit der Blut- und Bodenpolitik verbundenen Konsequenzen der anerbenrechtlichen Regelungen des nationalsozialistischen Gesetzgebers von vielen Bauern nicht akzeptiert. Gerade unter dem Einfluß der Kriegswirren, die nicht selten durch den Tod des Bauern im Felde zu einer - gemessen an Friedenszeiten - vorzeitigen Erbfolge führten, traten die Nachteile des Anerbenrechts des REG und der EHRV für die Frauen überdeutlich in den Vordergrund. War der Bauer Soldat, oblag die Last der Bewirtschaftung des Hofes allein den Frauen - insbesondere den Ehefrauen, die in der Regel in diesem Fall die Verantwortung zu tragen hatten. Fiel der Bauer, trat die Anerbenfolge des § 20 REG in Kraft - eine entgegenstehende letztwillige Verfügung des Bauern änderte daran nichts, es sei denn, es hatte sich um einen Ehegattenerbhof gehandelt. Der Tod des Bauern entwurzelte die bis dahin allein für und auf dem Hof arbeitende Frau ihrer sozialen Stellung und führte unter Einhaltung der agnatischen Erbfolge u.U. zur Anerbschaft eines entfernten männlichen Verwandten des Bauern[518].

Diesen praktischen Erwägungen konnte sich auch der nationalsozialistische Gesetzgeber nicht verschließen - wollte er sich die Schaffenskraft und Einsatzfreude sowohl der den Hof bewirtschaftenden Frauen als auch der Bauern als Soldaten erhalten. Dem trug die Verordnung zur Fortbildung des Erbhofrechts im Jahre 1943 Rechnung. Wegen ihrer kurzen Geltungsdauer - Teile traten erst am 1.4.1944 in Kraft - hat sie das Gesamtbild des bäuerlichen Erbrechts im Nationalsozialismus nicht nachhaltig ändern können.

---

518. s. zum Ganzen Grundmann, Agrarpolitik im Dritten Reich, S. 140 m.w.N.

Deshalb erscheint es nicht sinnvoll, die in der EHFV enthaltenen Abweichungen zum REG und zur EHRV im Zusammenspiel der einzelnen Regelungen abzuhandeln. Vielmehr ist es der praktischen und auch wohl ideologischen Bedeutung der EHFV angemessen, sie quasi als Nachtrag zum nationalsozialistischen Erbhofrecht zu erörtern. Endziel war die Regelung des REG mit seiner strengen agnatischen Erbfolge, von dem man unter den gegebenen Umständen vorübergehend abzuweichen gezwungen war.

A Besserstellung des Ehegatten

Zwar hat der nationalsozialistische Gesetzgeber den ersten Abschnitt der Erbhoffortbildungsverordnung geschlechtsneutral "Besserstellung des einheiratenden Ehegatten" tituliert[519], hat aber in den unter dieser Rubrik folgenden Regelungen einseitige Bestimmungen zugunsten des Mannes bzw. zu Lasten der Frau getroffen.
Heiratete ein bauernfähiger Ehemann in den Erbhof seiner Frau ein, so stand ihm an dem Hof das Recht der Nutznießung und Verwaltung zu (§ 4 I EHFV). Da § 4 I EHFV in diesem Zusammenhang ausdrücklich auf § 17 EHFV Bezug nahm, der Inhalt und Ausgestaltung des Nutzwaltungsrechts festlegte, ergibt sich, daß der einheiratende Ehemann zum Zeitpunkt der Eheschließung Nutzwalter des Hofes werden sollte[520]. Auch den Anerben

519. RGBl. 43, I, 549.

520. Geschlechtsunabhängige Verfügungsbeschränkungen sieht auch der heute geltende gesetzliche Güterstand der Zugewinngemeinschaft in §§ 1365 ff BGB vor, wenn eine Verfügung über das Vermögen als Ganzes oder über Haushaltsgegenstände getroffen werden soll. Im Unterschied dazu übertrug die EHFV die Entscheidungsbefugnis grundsätzlich auf den Mann und enthob die Frau ihrer bisherigen Rechte.

durfte die Frau nur zusammen mit ihrem Mann bestimmen (§ 5 I 1 EHFV). Ein solches Recht für die einheiratende Ehefrau sah die EHFV nicht vor.

Eine dementsprechende Regelung war für den Fall der Wiederverheiratung des überlebenden Ehegatten vorgesehen. Nach § 9 I EHFV stand dem die überlebende Frau heiratenden Mann ein Nutzwaltungsrecht zu, während die Frau im umgekehrten Fall lediglich altenteilsberechtigt war (§ 10 EHFV).

Abweichend zum REG und zur EHRV sollte nach § 7 I EHFV dem überlebenden Ehegatten ein gesetzliches Verwaltungs- und Nutznießungsrecht am Erbhof zustehen, so daß nunmehr eine dahingehende Anordnung des Bauern zur Sicherung der Rechtsstellung des überlebenden Ehegatten entbehrlich war.

B Anerbenfolge

Bei Erbhöfen, die im Alleineigentum eines Bauern standen, galt die strenge Anerbenfolge des § 20 REG; § 24 REG untersagte darüberhinaus jede letztwillige Verfügung zugunsten der Ehefrau. Dieses zusätzliche Instrumentarium, das die Erbfolge im Mannesstamm sichern sollte, wurde in der EHFV aufgegeben. § 12 I 1 EHFV bestimmte, daß auch der Alleineigentümer eines Erbhofes seinen bauernfähigen Ehegatten zum Anerben einsetzen konnte. Damit war zwar der Ehegatte noch kein gesetzlicher Anerbe, aber immerhin bestand die Möglichkeit, daß er überhaupt Eigentümer des Erbhofes wurde.

Zugleich sollte der Bauer diese Anerbenstellung seines Ehegatten zeitlich beschränken können, indem er verfügte, daß noch zu Lebzeiten des

Ehegatten die weitere Anerbenfolge eintreten sollte (§ 12 I 2 EHFV).

Der aufgrund letztwilliger Verfügung nach § 12 I 1 EHFV Anerbe und Eigentümer gewordene Ehegatte durfte allerdings grundsätzlich seinerseits nicht selbst frei einen weiteren Anerben bestimmen. Vielmehr fiel nach § 12 II EHFV nach seinem Tod "der Hof demjenigen als weiteren Anerben an, der nach dem Reichserbhofgesetz als Anerbe des vorverstorbenen Ehegatten und Hofeigentümers berufen wäre, wenn dieser in diesem Zeitpunkt erst verstorben wäre"[521]. Um die gesetzliche Anerbenfolge des REG zu verhindern, blieb die Möglichkeit, daß der Bauer zusammen mit seinem Ehegatten, den er zum Anerben einsetzen wollte, einen weiteren Anerben nach dem Ehegatten bestimmte (§ 12 III 1 EHFV), was allerdings die Kenntnis des Hofeigentümers von dieser Regelung voraussetzte.
§ 12 IV EHFV brachte die Tendenz, Individualinteressen zu beachten, auch seinem Wortlaut nach zum Ausdruck: "Sind bauernfähige eheliche Abkömmlinge des vorverstorbenen Ehegatten und Hofeigentümers nicht vorhanden und ist eine Bestimmung nach (§ 12, d. Verf.) Abs. 3 Satz 1 nicht getroffen, so kann der Anerbe gewordene überlebende Ehegatte den weiteren Anerben in besonderen Ausnahmefällen mit Zustimmung des Anerbengerichts auch aus seinen Abkömmlingen bestimmen, wenn nach den besonderen Umständen des Falles das Festhalten an der Anerbenfolge in der Hofessippe für diesen Abkömmling eine unbillige schwere Härte bedeuten würde. Das Anerbengericht hat vor seiner Entscheidung den Lan-

---

521. § 12 Abs. 2 EHFV.

 desbauernführer zu hören."[522]
Mit dieser Vorschrift und den in ihr enthaltenen Möglichkeiten, von der agnatischen Erbfolge abzuweichen, kam der nationalsozialistische Gesetzgeber den bäuerlichen Gepflogenheiten weit entgegen und ließ - wegen der kriegsbedingten Todesfälle männlicher Personen - der Frau das Recht, einen Anerben zu bestimmen. Dies wurde damit begründet, daß die Frau nicht nur zu der Sippe gehöre, aus der sie kommt, sondern auch ein Teil der Sippe ihres Mannes sei[523]. Die darin enthaltene Erweiterung des Sippenbegriffs täuscht indes nicht über die Tatsache hinweg, daß zugunsten einzelner von der zunächst strikt auf die männliche Linie bezogenen Blut- und Bodenpolitik abgewichen werden sollte, wenn eine "unbillige Härte" vorlag. Welche Fallkonstellationen allerdings als "unbillige Härte" i. S. d. § 12 IV EHFV anzusehen waren, läßt sich nicht feststellen. Wegen der recht kurzen Geltungsdauer der EHFV ist § 12 IV EHFV kaum praktisch geworden. Gerichtliche Entscheidungen scheinen insoweit nicht zu existieren, so daß ein endgültiges Urteil über die ideologische Bedeutung dieser Norm nicht gefällt werden kann.

War die Ehefrau nach § 12 EHFV zur Anerbin bestimmt, sah § 13 EHFV bei deren Wiederverheiratung vor, daß dem neuen Ehemann - soweit er bauernfähig war - das Recht der Verwaltung und Nutznießung zustehen sollte. Demgegenüber erwarb die einheiratende Ehefrau im umgekehrten Fall

---

522. § 12 Abs. 4 EHFV.

523. Grundmann, Agrarpolitik im Dritten Reich, S. 143 m.w.N.

lediglich einen Anspruch auf Altenteil[524]. Die Regelung der §§ 13 und 14 EHFV entsprechen damit denen der §§ 9 und 10 EHFV, so daß auf die dortigen Ausführungen verwiesen werden kann[525].

Die o.g. Möglichkeiten, die § 12 EHFV bzgl. der Bestimmung des Ehegatten zum Anerben offenließ, wurden durch § 15 EHFV allerdings wieder eingeschränkt. Auf Antrag des Landesbauernführers konnte das Anerbengericht aus wichtigem Grund die vorzeitige Anerbenfolge nach dem nach § 12 EHFV zum Anerben gewordenen Ehegatten anordnen (§ 15 I 1 EHFV). Hier handelt es sich wiederum - wie bereits in § 22 II EHRV -[526] um eine "Weitervererbung" zu Lebzeiten des "Erblassers".

Der Ehegatte, der Anerbe geworden war, sollte - notfalls auf Bestimmung des Anerbengerichts (§ 15 II 2 EHFV) - den Erbhof an den weiteren Anerben übergeben, wenn dieser zu den Abkömmlingen des verstorbenen Ehegatten gehörte, das 25. Lebensjahr überschritten hatte und nach seiner bäuerlichen Ausbildung zur Selbstbewirtschaftung des Hofes in der Lage war, und wenn die Hofübergabe zur Förderung der Familiengründung des weiteren Anerben oder des Kinderreichtums auf dem Hof geboten erschien[527].

§ 15 II 1 EHFV stellt - im Gegensatz zu der Grundtendenz der Erbhofrechtsfortbildungsverordnung - den Gemeinnutzgedanken wieder deutlich in den Vordergrund. Bevölkerungspolitische Aspekte sollten die Interessen, wirtschaftlichen Belange

---

524. § 14 EHFV.

525. s.o. 2. Kapitel, § 7 A.

526. s.o. FN 507.

527. § 15 Abs. 2 S. 2 EHFV.

etc. des zum Anerben gewordenen, überlebenden Ehegatten überwiegen, wenn die Versorgung des Hofes gesichert schien.

C Besonderheiten des Ehegattenerbhofes in der EHFV

Auch bzgl. der Ehegattenerbhöfe, die in der Erbhofrechtsverordnung von 1936[528] schon eine gesonderte Behandlung erfahren hatten[529], brachte die Erbhofrechtsfortbildungsverordnung 1943/44[530] einige Neuerungen.

Dabei ist insbesondere hervorzuheben, daß - anders als in der EHRV 1936, die lediglich bereits bestehende Ehegattenerbhöfe erfaßte - mit der EHFV die Möglichkeit eröffnet wurde, neue Ehegattenerbhöfe zu bilden. § 1 Nr. 2 REG[531] bestimmte, daß nur die landwirtschaftliche Besitzung Erbhof werden konnte bzw. war, die im Alleineigentum einer bauernfähigen Person stand. Davon abweichend ließ § 20 I EHFV zu, daß der Eigentümer eines Erbhofes mit seinem Ehegatten "auch mit Wirkung für den Hof Gütergemeinschaft vereinbaren"[532] oder dem Ehegatten auf andere Weise Miteigentum am Erbhof einräumen konnte. Darüber hinaus sollten Ehegatten einen Erbhof nach § 20 EHFV auch gemeinsam erwerben können. Zwar war die Genehmigung des Anerbengerichts erforderlich (arg. ex. § 20 IV EHFV), die aber erteilt werden sollte, wenn ein wichtiger Grund vorlag. Dies war nach § 20 IV 2 EHFV insbeson-

528. RGBl. 36, I, 1071 ff.

529. s.o. 2. Kapitel, S. 6.

530. RGBL. 43, I,549 ff.

531. RGBl. 33, I, 685.

532. § 20 Abs. 1 EHFV.

dere dann der Fall, "wenn in der Gegend, in der der Erbhof liegt, die Begründung von Ehegattenerbhöfen in Fällen der zur Entscheidung stehenden Art früher üblich war"[533]. Hier wurde also erneut auf bäuerliche Gepflogenheiten und damit auf Individualinteressen Rücksicht genommen.

In konsequenter Fortführung des § 20 EHFV fiel der Ehegattenerbhof nach § 24 I 1 EHFV beim Tode eines Ehegatten dem anderen kraft Gesetzes als Anerben zu. Aus wichtigem Grund blieb dem von dem Hof stammenden Ehegatten allerdings vorbehalten, den anderen Ehegatten von der Anerbschaft auszuschließen. Es gilt zu beachten, daß bei einem Erbhof, den die Ehegatten zu gleichen Teilen in die Ehe eingebracht hatten, der Hof als vom Ehemann stammend galt (§ 23 I 2 EHFV), so daß der Mann im Zweifel die Möglichkeit hatte, die Frau von der Anerbenfolge auszuschließen - dies um so mehr, als in den überwiegenden Fällen ohnehin ein Mann Eigentümer des Hofes war.

War ein überlebender Ehegatte Anerbe geworden, so richtete sich die weitere Anerbenfolge grundsätzlich nach der strikt agnatischen Anerbenregelung des REG (§ 24 I 2 REG). Dem Ehegatten war es aber gestattet, selbst einen Anerben zu bestimmen, der allerdings aus den Personen auszuwählen war, die nach dem REG Anerben des Ehegatten waren, von dem der Hof stammte.

533. § 20 Abs. 4 EHFV.

Stammte der Erbhof von der Mutter des Erblassers, so trat die Mutter als Anerbin in die Anerbenposition des Vaters ein, die diesem in § 20 III REG eingeräumt war und konnte beim Fehlen männlicher Abkömmlinge Anerbin werden[534]. Töchter und deren männliche Abkömmlinge sollten den Seitenverwandten und den Eltern - auch dem Vater - "bis auf weiteres"[535] vorgehen (§ 33 I EHFV), wenn der Erblasser dies nicht ausdrücklich ausgeschlossen hatte (§ 33 II EHFV).

Darüber hinaus bestimmte § 34 EHFV, daß in die Erbhofrechtsverordnung der § 54 a eingefügt werden sollte. Danach konnten die Sohnestöchter des Erblassers Anerben werden, wenn ansonsten ein Seitenverwandter Anerbe wäre und dies eine unbillige Härte darstellen würde.

Die im REG erfolgte Zurückstellung weiblicher Personen wurde damit weitestgehend aufgegeben. Allerdings zeigt sich sowohl an der Gesetzestechnik - auch bei der EHFV handelt es sich um eine bloße VO - als auch am Wortlaut - "bis auf weiteres " -, daß diese Besserstellung kein Dauerzustand sein sollte.

E Fazit zur EHFV

Betrachtet man die ideologische Ausrichtung des REG und den in weiten Teilen gegenläufigen Inhalt der EHFV, so stellt sich die Frage, warum die 1943 erlassene VO "Erbhofrechtsfortbildungsverordnung" genannt wurde. Hinsichtlich der von den Nationalsozialisten verfolgten Blut- und

---

534. § 32 EHFV.

535. § 33 EHFV.

Bodenpolitik - die nicht zuletzt in der agnatischen Erbfolge ihren Ausdruck finden sollte - stellt die EHFV deutlich einen Rückschritt, keinesfalls aber eine Fortbildung im nationalsozialistischen Sinn dar. Die EHFV hat ihrer Tendenz nach den Zustand der Anerbengesetze vor 1933 wiederhergestellt und die Entrechtung der weiblichen Personen, die das REG zur Verfolgung der ideologischen Ziele enthielt, in weiten Teilen rückgängig gemacht.

Dieser Inhalt, der vom nationalsozialistischem Standpunkt aus betrachtet eine Rückwärtsbewegung darstellt, darf aber nicht darüber täuschen, daß die EHFV nur vorübergehenden Charakter haben und über kriegsbedingte Motivationsprobleme hinweghelfen sollte.

§ 8 Einleitung

Das Arbeitsrecht ist im Nationalsozialismus zum Teil erheblichen Veränderungen unterzogen worden. Das gilt insbesondere für den Bereich des Kollektivarbeitsrechts.
Obwohl Art 159 WRV[536], der die "Vereinigungsfreiheit zur Wahrung und Förderung der Arbeits- und Wirtschaftsbedingungen" und damit die freie Zugehörigkeit zu Gewerkschaften gewährleistete, auch unter nationalsozialistischer Herrschaft formelle Geltung behielt, wurden die Gewerkschaften am 2.5.1933 zerschlagen[537], die Arbeitnehmer in der Deutschen Arbeitsfront (zwangs-) organisiert.

Mit dieser Gleichschaltung auf dem kollektivarbeitsrechtlichen Sektor ging die Entwicklung des Individualarbeitsrechts konform. Bereits im Januar 1934 trat das Gesetz zur Ordnung der Nationalen Arbeit[538] in Kraft. Das AOG faßte - als typischer Ausdruck der Gemeinschaftsideologie[539] - Arbeitnehmer und -geber als Betriebsgemeinschaft[540] auf. Diese Formulierung legt zwar den

536. WRV, RGBl. 19, I, 1383 ff.

537. Bracher, Stufen der Machtergreifung in: Bracher, Schulz, Sauer, Die nationalsozialistische Machtergreifung S. 179 ff.; Schumann, Nationalsozialismus und Gewerkschaftsbewegung, S. 69 ff.

538. AOG v. 20.1.34 RGBl. I, 45 ff.

539. Kranig, Lockung und Zwang S. 43; Rüthers, Die unbegrenzte Auslegung S. 393.

540. vgl. § 1 AOG.

Gedanken einer Gleichberechtigung und -behandlung der Arbeitnehmer und Arbeitgeber nahe; diese Auslegung würde aber Ziel und Intention des nationalsozialistischen Gsetzgebers mißverstehen. Anders als der Ausdruck "Betriebsgemeinschaft" vermuten lassen könnte, verstärkte das AOG in seinem wesentlichen Inhalt die Gestaltungsbefugnisse der Arbeitgeber auf der individuellen und insbesondere auf der betrieblichen Ebene, indem u.a. Entscheidungen wieder völlig in die Hand des Arbeitgebers gelegt und die Arbeitnehmer von der Mitbestimmung weitgehend ausgeschlossen wurden.[541] Dem Terminus "Betriebsgemeinschaft" steht in diesem Zusammenhang das Begriffspaar "Führer des Betriebes" und "Gefolgschaft" gegenüber[542], an dem die beabsichtigte innerbetriebliche Struktur deutlich wird. Die Möglichkeit der Arbeitgeber, in Art und Ablauf des Arbeitsprozesses vermehrt einzugreifen, muß indes vor dem Hintergrund der Weltwirtschaftskrise gesehen werden. Wegen der mangelnden Arbeitsplätze war die Belegschaft ohnehin zu einer großen Disziplin bereit; darüber hinaus mußten zusätzlich die Arbeitsplätze rationalisiert werden, um ein wirtschaftliches Wachstum zu erreichen. Hierfür mußte und sollte das AOG den Arbeitgebern die nötigen Instrumentarien an die Hand geben[543].

Die hiermit verbundene starke Hierarchisierung der innerbetrieblichen Entscheidungsprozesse betraf die Arbeitnehmer geschlechtsunabhängig. Daß Frauen in diesem Zusammenhang eine besondere

---

541. § 2 Abs. 1 AOG; Kranig, Arbeitsrecht in NS-Staat, S. 61.

542. § 1 AOG.

543. Kranig, Lockung und Zwang S. 43; Mason, Sozialpolitik im Dritten Reich S. 120 ff.

Behandlung erfahren und Arbeitgeber ihnen z.B. in erhöhtem Maße ihre Vorstellungen aufgezwungen hätten, ist nicht feststellbar. Davon unabhängig ist die Frage der gerade zu Beginn der nationalsozialistischen Herrschaft verfolgten Absicht, Frauen gänzlich aus dem Arbeitsmarkt zu verdrängen.

Auch die Beendigung von Arbeitsverhältnissen durch arbeitgeberseitige Kündigung weist keine geschlechtsspezifischen Eigenarten auf; so fällt in der Rechtsprechung des Reichsarbeitsgerichtes weder die Kündigungsfrequenz noch die Art der Kündigungsgründe abweichend auf. Die Arbeitsgerichtsverfahren weisen vielmehr vorwiegend politische und rassistische Komponenten auf[544]. Allerdings ist in diesem Zusammenhang nicht auszuschließen, daß derartige Phänomene in nicht veröffentlichten Instanzgerichtsurteilen eine Rolle gespielt haben. Außerdem sind Anzahl und Ursache der von Frauen ausgesprochenen Kündigungen nicht nachprüfbar. Es erscheint zumindest denkbar, daß im Hinblick auf die sozialen Vergünstigungen (Ehestandsdarlehen, Steuermäßigungen etc.) Frauen ihren Arbeitsplatz aufgegeben haben. Dies zu erforschen würde den Rahmen dieser Arbeit sprengen und soll deshalb im folgenden ausgeklammert werden.

Insgesamt sind die Verfahren vor den Arbeitsgerichten seit der "Machtergreifung" bis 1945 ständig geringer geworden[545].

Als mögliche Gründe dafür kommen u.a. Kontrollen durch NSDAP bzw. DAF und die Arbeitsmarktsituation der Vollbeschäftigung in Betracht, die es

---

544. vgl. z.B. Rechtsprechungsauswahl in Kranig, Arbeitsrecht im NS-Staat, S. 75 ff.

545. 1932: 371. 592, 1938: 151.577, 1940: 82.506, Quelle: Statistisches Jahrbuch für das Deutsche Reich 1933, S. 556 f., 1939/40 S. 632 f., 1941/42 S. 657f.

für Arbeitnehmer entbehrlich machte, gerichtlich gegen den Arbeitsplatzverlust vorzugehen[546].

Die arbeitsrechtliche Rechtsprechung im Dritten Reich bietet mithin keine ausreichende Grundlage, um spezifisch nationalsozialistische Unterschiede oder Gemeinsamkeiten der Behandlung weiblicher und männlicher Arbeitnehmer aufzuzeigen und zu bewerten.

Soziale Wirklichkeit und Gesetzgebung[547] haben demgegenüber durchaus geschlechtsabhängige Divergenzen aufgewiesen, wobei die arbeitsrechtliche Sozialpolitik im Dritten Reich in der Sekundärliteratur bereits umfangreich erörtert worden ist[548].

Die folgenden Ausführungen sollen sich daher weitgehend auf die nationalsozialistische Gesetzgebung beschränken. Angesichts der namentlich im Bereich des Arbeitsrechts bestehenden Auswirkungen der jeweiligen Wirtschaftslage und der Veränderungen durch wachsende Technisierung und Industrialisierung erschien eine stärkere historische Orientierung erforderlich, als es im

546. vgl. dazu ausführlich Kranig, Lockung und Zwang, S. 200 ff.

547. Unter "Gesetzgebung" sind - insbesondere im Arbeitsrecht - sowohl die formelle Gesetz- und Verordnungsgebung als auch bloße Rundschreiben, Führerbefehle, Anordnungen zu verstehen, wobei eine feste Rangfolge nicht eingehalten worden ist: Kirschenmann, "Gesetz" im Staatsrecht und in der Staatsrechtlehre des Nationalsozialismus, S. 121 ff.

548. vgl. Bajohr, Die Hälfte der Fabrik; Mason, Arbeiterklasse und Volksgemeinschaft; Mason Sozialpolitik im Dritten Reich; Winkler, Frauenarbeit im Dritten Reich; jeweils m.w.N.

 Familien- und Erbrecht der Fall gewesen ist.

§ 9 Arbeitsschutz

A Arbeitszeitregelungen

I Vor 1933

Das Arbeitsschutzrecht ist keine nationalsozialistische Neuerung, sondern findet seine Wurzeln in der Zeit der industriellen Revolution, in deren Verlauf im Kaiserreich der Schutz der breiten Arbeitnehmerschaft erstmals akut wurde[549]. Trotz der mannigfaltigen Gefahren der Gesundheitsgefährdung und daraus resultierenden Minderung der Leistungsfähigkeit, Ausbeutung etc. hat eine Arbeitszeitbeschränkung mit täglichen Höchstarbeitszeiten für männliche erwachsene Arbeitnehmer bis zum Ende des Ersten Weltkrieges nicht bestanden[550]. Für Frauen[551] setzte hingegen die Gesetzgebung bereits gegen Ende des 19. Jahrhunderts Grenzen bzgl. der erlaubten täglichen Beschäftigungszeiten.
In Fabriken mit mehr als 20 Arbeitnehmern betrug die Höchstarbeitszeit für Frauen über 16 Jahre[552] seit 1891 11 Stunden - vor Sonn- und

549. Kranig, Lockung und Zwang, S. 14.

550. Meisel/Hiersemann, Arbeitszeitordnung, S. 16; Rohmer, Arbeitszeitordnung, S. 4; Schneider/Wolkersdörfer, Arbeitszeitordnung, S. 28f.

551. Für Jugendliche und Kinder galten Arbeitsschutzbestimmungen ohne Unterscheidung der Geschlechter bereits seit 1839 (vgl. Preußisches Regulativ über die Beschäftigung jugendlicher Arbeiter in Fabriken, zit. in Schneider/Wolkersdörfer, Arbeitszeitordnung S. 27). Schutznormen für Kinder und Jugendliche sollen mangels geschlechtsspezifischer Differenzierungen im Rahmen dieser Arbeit nicht untersucht werden.

552. Die Regelung galt für Arbeiterinnen, nicht für Angestellte.

Feiertagen 10 Stunden - täglich[553]. Darüber hinaus regelte § 137 I GewO von 1891 ein Nachtarbeitsverbot für Frauen zwischen 20.30 Uhr und 5.30 Uhr. Frauen über 16 Jahren war mindestens eine einstündige Mittagspause zu gewähren[554]; betrug die Mittagspause keine 1 1/2 Stunden, so mußten Frauen, "welche ein Hauswesen zu besorgen"[555] hatten, auf ihren Antrag hin eine halbe Stunde vor der regulären Mittagspause nach Hause entlassen werden. Diese Regelung scheint - anders als die generelle Arbeitszeitbeschränkung zugunsten der Frauen - allerdings nicht allein im Interesse der Frauen ergangen zu sein. Vielmehr sollte wohl der Frau die Möglichkeit gegeben werden, eine Mahlzeit zuzubereiten, um die Versorgung der Familie - nicht zuletzt der Kinder - sicherzustellen.

Auch wenn die Arbeitszeitverkürzung zunächst auf Betriebe mit mehr als 20 Arbeitnehmern - 1900 wurde die Zahl auf 10 Arbeitnehmer gesenkt[556] - und auf Arbeiterinnen beschränkt blieb, bedeutete sie eine Erleichterung für die Frauen.
1908 wurde die Höchstarbeitszeit für Arbeiterinnen auf 10 Stunden täglich und 8 Stunden vor Sonn- und Feiertagen verkürzt[557]. Das Nachtarbeitsverbot für Frauen wurde auf die Zeit zwischen 20.00 Uhr und 6.00 Uhr ausgedehnt[558].

---

553. § 137 Abs. 2 GewO i.d.F. v. 1.6.1891, RGBl. I, 261 ff., 282.

554. § 137 Abs. 3 GewO 1891.

555. § 137 Abs. 4 GewO 1891.

556. GewO i.d.F. v. 26.7.1900, RGBl. I, 871 ff., 965.

557. § 137 Abs. 2 GewO i.d.F. v. 28.12.1908, RGBl. I, 667 ff., 669.

558. § 137 Abs. 1 GewO 1908; auch die Regelungen der GewO von 1908 galten nur für Arbeiterinnen in Fabriken mit mehr als 10 Arbeitnehmern (§ 134 GewO 1908).

Mit Gesetz vom 4.8.1918[559] wurden alle Arbeitsschutzbestimmungen aufgehoben, weil alle Arbeitskräfte in Kriegszeiten nutzbar seien mußten[560].

Zu Beginn der Weimarer Republik wurde für alle gewerblichen Arbeiter und Angstellte ohne Unterschied des Alters, des Geschlechts oder der Größe des Betriebes[561] der 8-Stunden-Tag eingeführt.[562]
Als im Zuge der Wirtschaftskrise in Deutschland in den Zwanziger Jahren der Verfall der Wirtschaft rapide voranschritt und der desolate Zustand der deutschen Wirtschaft nur noch durch einen Mehreinsatz der verfügbaren Arbeitskräfte aufzuhalten schien, wurden die Arbeitszeitregelungen von 1918/19 1923 wieder aufgelockert. Die Verordnung über die Arbeitszeit vom 21.12.1923[563] sah dementsprechend Möglichkeiten vor, den 8-Stunden-Tag z.B. durch Tarifver-

---

559. RGBl. 18, I, 333.

560. RGBl. 18, I, 333; vgl. Schneider/Wolkersdörfer, Arbeitszeitordnung, S. 29.

561. Die Betriebsgröße blieb jedoch für die Anwendbarkeit anderer Bestimmungen ausschlaggebend (z.B. Nachtarbeitsverbot, Pausenregelung).

562. vgl. Regelung der Arbeitszeit gewerblicher Arbeiter v. 23.11.1918 (RGBl. I, 1334) mit Ergänzung v. 17.12.1918 (RGBl. I, 1436); Regelung der Arbeitszeit der Angestellten v. 18.3.1919 (RGBl. I, 315); Meisel/Hiersemann, Arbeitszeitordnung S. 17; Rohmer, Arbeitszeitordnung S. 5; Schneider/Wolkersdörfer, Arbeitszeitordnung, S. 29 f.

563. RGBl. 23, I, 1249.

trag[564] oder durch freiwillige Mehrarbeit[565] zu verlängern.

Die tarifvertraglche Arbeitszeit durfte allerdings 10 Stunden täglich nicht überschreiten[566]; was die freiwillige Mehrarbeit pro Tag anbelangt, wurde zwischen den Geschlechtern differenziert: die zulässige Gesamtdauer der Arbeitszeit von 8 Stunden durften Männer um 2, Frauen um 1 Stunde täglich überschreiten[567].

II 1933 bis 1939

Diesen 1923 bestehenden Rechtszustand schrieb die Arbeitszeitverordnung von 1934[568] fest; Änderungen oder Neuerungen enthielt sie insoweit, als sie die Regelungen auf öffentliche und private Dienstleistungs- und Verwaltungsbetriebe ausdehnte[569]. Ansonsten faßte sie die verschiedenen Regelungen in der Gewerbeordnung bzw. den einzelnen Arbeitszeitordnungen zusammen[570]. Spezifisch nationalsozialistische, frauenbezogene Besonderheiten enthielt die AZO 34 mithin nicht[571].

564. § 5 der VO von 1923.

565. § 4 der VO von 1923.

566. § 9 der VO von 1923.

567. § 4 der VO von 1923.

568. Verordnung über die neue Fassung der Arbeitszeitordnung v. 26.7.1934, RGBl. I, 803 ff. (AZO 34).

569. § 1 AZO 34; Winkler, Frauenarbeit im Dritten Reich, S. 69.

570. Rohmer, Arbeitszeitordnung S. 66; Schneider/Wolkersdörfer, Arbeitszeitordnung, S. 34.

571. In diesem Zusammenhang verdient der Umstand Erwähnung, daß der zweite Abschnitt der AZO 34 die Überschrift trägt "Erhöhter Schutz, insbesondere für Kinder, Jugendliche und Frauen". Diese Formulierung läßt vermuten, daß es dem nationalsozialistischen Arbeitgeber tatsächlich um den Schutz des Individuums

Die Arbeitszeitordnung von 1938[572] sollte die Unzulänglichkeiten der AZO 34 beseitigen. Dazu zählte zunächst, daß die AZO 34 mangels Ermächtigung nicht ohne weiteres Ausnahmen zuließ und den praktischen Bedürfnissen angepaßt werden konnte[573]. Es wurde angeführt, von geringem praktischen Wert seien insbesondere die Vorschriften, die den Arbeitsschutz an die Betriebsgröße knüpfen oder zwischen Arbeitern und Angestellten differenzieren: "Der nationalsozialistische Staat gewährt allen in Klein- und Großbetrieben beschäftigten Gefolgschaftsmitgliedern grundsätzlich den gleichen Schutz. Die erhöhten Anforderungen, die heute an die schaffenden Volksgenossen gestellt werden, bedingen außerdem, daß jedes Gefolgschaftsmitglied gegen Gesundheitsschäden ausreichend geschützt und daß ihm trotz starker Beanspruchung genügend Freizeit zur Teilnahme an den kulturellen Gütern der Nation gewährt wird."[574]

---

im Arbeitsleben ging. Ob dies allerdings ein Schutz um des Schutzbedürftigen selbst willen war oder vielmehr die Schaffenskraft, Einsatzmöglichkeit etc. erhalten sollte, soll an dieser Stelle noch offen bleiben.

572. Verordnung über die neue Fassung der Arbeitszeitordnung und über andere arbeitsrechtliche Vorschriften v. 30.4.1938, RGBl. I, 446 ff. (AZO 38); die AZO 38 gilt im wesentlichen noch heute, Meisel/Hiersemann, Arbeitszeitordnung, S. 19.

573. Amtliche Begründung zur AZO 38 abgedr. in: Rohmer, Arbeitszeitordnung, S. 295 f., 295.

574. Amtliche Begründung zur AZO 38 abgedr. in: Rohmer, Arbeitszeitordnung S. 295. Aus der Amtlichen Begründung wird einerseits deutlich, daß ein Schutz des einzelnen Arbeitnehmers gewährleistet sein sollte. Andererseits legt die Formulierung "Freizeit zur Teilnahme an den kulturellen Gütern der Nation" die Vermutung nahe, daß es sich hierbei um die Ermöglichung der Teilnahme an parteipolitischen, ideologisch beeinflußten Veranstaltungen handelte, die

Im einzelnen sah die AZO 38 mehrere Vergünstigungen für die Arbeitnehmer vor.

Auch für männliche erwachsene Arbeitnehmer galt nunmehr eine Pausenregelung innerhalb der Arbeitszeit und zwischen den Schichten[575]. Für Frauen hatte schon vor 1938 eine detaillierte Pausenregelung gegolten[576].

Die bisherigen Pausenvorschriften weitete die AZO 1938 zum Teil geringfügig aus, ließ sie aber ihrem wesentlichen Inhalt nach bestehen[577]. Der gesamte Komplex der Arbeitspausen galt seit der AZO 38 nicht mehr allein für Arbeiterinnen, sondern auch für weibliche Angestellte.

Dagegen blieb die Regelung der Nachtruhe und der Arbeitszeit vor Sonn- und Feiertagen weiterhin den Arbeiterinnen vorbehalten[578]. Dieser Umstand wird zwar in der amtlichen Begründung vermerkt[579], die Motive dafür bleiben aber offen. Weshalb Angestellte von dieser Regelung nach wie vor ausgenommen waren, läßt sich daher nur auf Vermutungen stützen. Denkbar erscheint, daß Angestellte gegenüber Arbeiterinnen weniger

---

ihrerseits zur Erziehung und Arbeit im nationalsozialistischen Sinne beitragen sollten.

575. § 12 AZO 38, RGBl. I, 449; z.B. bei einer Arbeitszeit von mehr als 6 Stunden: 1 1/2 Stunden Pause (§ 12 Abs. 2 AZO 38); 11 Stunden ununterbrochene Ruhepause zwischen den Schichten (§ 12 Abs. 1 AZO 38).

576. vgl. u.a. §§ 20, 21 AZO 34.

577. z.B. statt 15 Minuten Pause bei einer Arbeitszeit bis zu 6 Stunden (§ 12 Abs. 2 AZO 34) mußten nach § 18 Abs. 1 AZO 38 20 Minuten gewährt werden.

578. § 19 AZO 38.

579. Rohmer, Arbeitszeitordnung, S. 296.

schutzbedürftig erschienen, weil jene keine schweren körperlichen Arbeiten verrichten mußten, oder aber, daß kein praktisches Bedürfnis für die Tätigkeit von Angestellten nach Schließung der Fabriktore bestand.
Auch in der AZO 38 ist in der Überschrift des Abschnittes, der die die Frauen betreffenden Regelungen enthält, eine individuelle Betrachtungsweise zum Ausdruck gekommen. Der Wortlaut "Erhöhter Schutz für Frauen"[580] läßt Rückschlüsse auf die Intention des Gesetzgebers zu, für eine der besonderen körperlichen und sozialen Stellung der Frau adäquate Regelung sorgen zu wollen. Ob dies zugunsten der Frau schlechthin oder - zumindest auch - im Hinblick auf die Schonung der Gesundheit der Frau zur Erhaltung der Gebärfähigkeit, um die nationalsozialistischen bevölkerungspolitischen Ziele verwirklichen zu können, erfolgt ist, kann aus der Formulierung allein nicht entnommen werden. Betrachtet man allerdings in diesem Zusammenhang die übrige bevölkerungspolitisch ausgerichtete Gesetzgebung im Recht des Nationalsozialismus[581], so liegt der Schluß auf die bevölkerungspolitischen Aspekte nahe.

III Arbeitszeiten im Krieg

Mit Ausbruch des 2. Weltkrieges erfuhren die bestehenden Arbeitszeitregelungen eine Lockerung. § 4 einer Verordnung vom 1.9.1939[582] setzte insbesondere die Schutzbestimmungen der AZO 38[583] für männliche Arbeitnehmer außer

580. Überschrift des Dritten Abschnitts der AZO 38.

581. z.B. Ehestandsdarlehen s.o. 1. Kapitel § 2 B.

582. VO zur Abänderung und Ergänzung von Vorschriften auf dem Gebiete des Arbeitsrechts v. 1.9.39, RGBl I, 1683 ff.

583. Darüber hinaus auch die besonderen Regelungen für Bäcker und Arbeitnehmer in Krankenpflegeanstalten.

Kraft. Eine derart weitgehende Regelung wurde für Frauen in diesem Zeitpunkt (noch) nicht getroffen[584]. § 5 der VO vom 1.9.39[585] ermächtigte jedoch die höheren Verwaltungsbehörden, Arbeitszeitverlängerungen in den einzelnen Betrieben zuzulassen.
Mit der "Anordnung über die Ausnahmen vom Arbeitsschutz"[586] wurden 10 Tage später auch die Arbeitszeiten für Frauen verlängert. Nach Nr. 1 und 2 der Anordnung vom 11.9.39 war die Beschäftigung von Frauen in "dringenden Fällen" bis zu 10 Stunden täglich möglich, wobei die Wochenarbeitszeit - statt bisher 48 Stunden - 56 Stunden nicht überschreiten durfte.
Es sollte nicht jeder kriegswirtschaftliche Auftrag einen "dringenden Fall" darstellen. Vielmehr sollten nur wichtige und eilige Aufträge in Frage kommen, "deren Nichterledigung in der festgesetzten Frist einen erheblichen volks- oder kriegswirtschaftlichen Schaden verursachen würde."[587]
Ohne die Beschränkung auf "dringende Fälle" ließ die Anordnung über die Ausnahmen vom Arbeitsschutz eine Verkürzung der Ruhepausen abweichend von der AZO 38 zu. Bei einer Arbeitszeit von 6 bis 9 Stunden täglich mußte eine halbstündige, bei mehr als 9 Stunden eine Stunde Pause und bei weniger als 6 Stunden überhaupt keine Pause gewährt werden. Dazu wurde geregelt: "Diese

---

584. Anders - allerdings ohne Beleg - Winkler, Frauenarbeit im Dritten Reich, S. 160.

585. RGBl. 39, I, 1684.

586. Anordnung über die Ausnahmen vom Arbeitsschutz v. 11.9.39, RArbBl. 39, III, 293 f.

587. Reichsarbeitsminister III a 23006/39 abgedr. in: RArbBl. 39, III, 380 ff. 381; ähnl. Schmidt RArbBl. 39, III, 295 f.

Einschränkung der Ruhepausen ist an die Voraussetzung geknüpft, daß die Arbeit wiederholt durch Kurzpausen unterbrochen wird, so daß ohnehin eine ausreichende Erholung für Frauen und Jugendliche gewährleistet ist; anderenfalls sind längere Ruhepausen den Vorschriften der Arbeitszeitordnung und des Jugendschutzgesetzes entsprechend zu gewähren."[588] Da es in der Praxis kaum möglich gewesen sein dürfte, die Einhaltung der vorgeschriebenen "Kurzpausen" zu überprüfen, dürfte die Regelung im Ergebnis zu einer Ruhepausenverkürzung geführt haben. Da in einer halbstündigen Mittagspause die Einnahme einer warmen Mahlzeit - bei Frauen u.U. noch zusätzlich deren Zubereitung - undurchführbar schien, wurde gefordert, daß bei anstrengender körperlicher Arbeit die Mittagspause wenigstens eine Stunde betragen sollte[589]. Als Begründung für die Ruhezeitenverkürzungen wurde angeführt, daß Frauen trotz längerer Arbeitszeiten ein früherer Betriebsschluß ermöglicht werden sollte[590]. Vor dem Hintergrund der übrigen Arbeitszeitregelungen zu Kriegsbeginn erscheint diese Argumentation wenig stichhaltig. Bei kürzeren Ruhepausen wird eine möglichst optimale Ausnutzung der Kapazitäten von Maschinen eher erreichbar sein; darüber hinaus kann bei Schichtarbeit ein Auswechseln der Arbeitskräfte früher erfolgen, was ebenfalls zu einer Produktionssteigerung führt. Von einer Regelung zugunsten der Frauen kann daher nicht gesprochen werden. Darauf deutet auch die Lockerung des Nachtarbeitsverbotes hin. Nr. 4 der Anordnung vom 11.9.1939 sah das

---

588. Nr. 3 der AO betr. Ausnahmen vom Arbeitsschutz, RArbBl. 39, III, 293.

589. Schmidt, RArbBl. 39, III, 295 f.

590. Schmidt, RArbBl. 39, III, 295 f.

Nachtarbeitsverbot abweichend von der AZO 38, die Nachtarbeit für Frauen zwischen 20 und 6 Uhr verbot - bei Arbeiterinnen in Wechselschichten lediglich noch von 24 Uhr bis 5 Uhr vor. Zwischen 5 Uhr und 24 Uhr waren unter Einbeziehung der verkürzten Ruhepausen genau 2 Schichten à 9 1/2 Stunden möglich.
Im Rüstungsinteresse schien dem nationalsozialistischen Gesetzgeber diese Arbeitszeiterweiterung auch für Frauen erforderlich und gerechtfertigt: "Da der Volksgenosse in der Heimat seine ganze Kraft für die Reichsverteidigung zur Verfügung stellen muß, ist eine Auflockerung des Arbeitszeitschutzes bis zu den durch Gesundheitsrücksichten gezogenen äußersten Grenzen erforderlich."[591]

Infolge der erhöhten Rüstungsanstrengungen schon zu Beginn des Krieges scheinen aber die Betriebe ihre Arbeitnehmer bis zu deren völliger Übermüdung und Erschöpfung und Frauen weit über die bestehenden Arbeitszeitregelungen hinaus beschäftigt und eingesetzt zu haben[592].
Schon im Dezember 1939 sah sich der nationalsozialistische Gesetzgeber jedenfalls veranlaßt, die "Verordnung über den Arbeitsschutz"[593] zu erlassen. In deren Präambel heißt es: "Die Sorge für die Gesundheit aller Schaffenden bleibt auch in Kriegszeiten eine vordringliche Aufgabe des Arbeitsschutzes. Trotz der Notwendigkeit erhöhter Leistungen muß jede übergroße Beanspruchung der Arbeitskraft vermieden werden. Die bei Kriegsbeginn angeordnete Lockerung des Arbeitsschutzes galt daher nur für die erste Zeit

---

591. Schmidt, RArbbl. 39, III, 295 f.

592. vgl. Winkler, Frauenarbeit im Dritten Reich, S. 60.

593. VO über den Arbeitsschutz v. 12.12.39, RGBl. I, 2403 f.

der Umstellung auf die neuen Aufgaben. Nachdem sie vollzogen ist, gilt dem Schutze der Arbeitskraft wieder die volle Sorge der Staatsführung. Übermäßige Arbeitszeiten müssen verhindert, der Schutz der Frauen und Jugendlichen muß wieder verstärkt werden. Dann kann und muß aber von allen Schaffenden erwartet werden, daß sie ihre volle Arbeitskraft für den unserem Vaterlande aufgezwungenen Kampf zur Verfügung stellen."[594]
Insbesondere die Formulierung, "die volle Sorge der Staatsführung" gelte dem "Schutz der Arbeitskraft" macht die Intention des nationalsozialistischen Gesetzgebers deutlich. Nicht mehr der Schutz des Arbeitnehmers - also auch der Frauen - an sich stand im Vordergrund der Regelungen, sondern die Erhaltung ihrer Arbeitskraft für das "Vaterland".
Nach § 1 dieser VO vom 12.12.39 durfte die Arbeitszeit für alle Arbeitnehmer geschlechterunabhängig 10 Stunden täglich nicht überschreiten. § 3 der VO vom 12.12.39 verbot die Nachtarbeit für Frauen über die bis dahin geltenden Grenzen der AZO 38 und der Nr. 4 der AnO vom 11.9.39 hinaus gänzlich. Auch die VO vom 12.12.39 sah von diesen Bestimmungen zwar Ausnahmen vor. Anders als die VO vom 1.9.39 waren die Ausnahmen auf "außergewöhnliche Fälle"[595] beschränkt und bedurften nicht allein der Genehmigung der höheren Verwaltungsbehörden, sondern mußten bei einer die Dauer von drei Wochen überschreitenden Verlängerung der Arbeitszeit vom Reichsarbeitsministerium genehmigt werden[596].
Diese Genehmigung sollte nur "in besonders ge-

---

594. RGBl. 39, I, 2403.

595. § 4 der VO v. 12.12.39, RGBl. I, 2403.

596. § 4 Abs. 2 und 3 der VO v. 12.12.39.

lagerten Ausnahmefällen in Betracht" kommen und mußte "vor allem der Schutzbedürftigkeit der Frauen ... Rechnung tragen."[597]

In der auf die VO vom 12.12.39 folgenden Zeit wurde die Einhaltung des Arbeitsschutzes seitens des Reichsarbeitsministeriums kontrolliert. Darüber hinaus erfolgte sogar ein schrittweiser Ausbau der Schutzbestimmungen für Frauen[598].

1942 wurde die Arbeitszeit für den öffentlichen Dienst neu geregelt[599]. Während die bisherigen Arbeitszeitbestimmungen die Arbeitszeit jeweils nach oben begrenzten, legte das Reichsinnenministerium eine Mindestarbeitszeit für alle im öffentlichen Dienst Beschäftigten von 56 Stunden pro Woche fest, wobei nach Geschlechtern nicht unterschieden wurde[600]. Der Reichsminister des Innern ordnete dazu an: "Die Begrenzung der täglichen Arbeitszeit auf höchstens 9 Stunden fällt weg. Wie der Soldat an der Front ungeachtet aller Entbehrungen und Gefahren keine Begrenzung seines Dienstes kennt, hat jeder Behördenangehörige seine Dienstgeschäfte täglich so wahrzunehmen, daß keines unerledigt bleibt."[601]

Im März 1943 wurde diese Anordnung des Reichsinnenministeriums schon geändert. Zwar blieb die 56-Stunden-Woche für alle Mitarbeiter im öffent-

---

597. Reichsarbeitsminister IIIa 23006/39 abgedr. in: RArbBl. 39, III, 380 ff., 389.

598. Winkler, Frauenarbeit im Dritten Reich, S. 161 m.w.N.

599. AO über die Mindesarbeitszeit für den öffentlichen Dienst während des Krieges v. 10.4.1942 (Runderlaß des RMdI -IIa 1087/42 - 6450, RArbBl. 42, II, 297.

600. Nr. 1 der AnO des RMdI v. 10.4.42 wie FN 593.

601. Nr. 2 der AnO s. FN 593.

lichen Dienst als Minimum bestehen[602]. Nr. 4 der Anordnung vom 10.3.1943 sah aber eine Ausnahmeregelung für Frauen vor: "Für Frauen, die neben ihrer Berufsarbeit einen Haushalt zu versorgen haben ... kann der Behörden- oder der Betriebsleiter Arbeitserleichterungen gewähren ..."[603]. Mit der sog. Freizeitanordnung vom 22.10.1943[604] wurde Frauen mit eigenem Hausstand ein "Hausarbeitstag"[605] gewährt, der allerdings nicht vergütet wurde[606].

1944 wurde die Mindestarbeitszeit für alle Arbeitnehmer - auch für die im öffentlichen Dienst Beschäftigten - angehoben. Für Männer betrug danach die wöchentliche Mindestarbeitszeit 60 Stunden[607].

Für Frauen galt eine Mindestarbeitszeit von 56 Stunden pro Woche; die weiteren Schutzvorschriften für Frauen blieben unberührt[608].

---

602. Nr. 1 der AnO über die Erhöhung der Mindestarbeitszeit im öffentlichen Dienst während des Krieges v. 10.3.43, RGBl. 43, I, 141.

603. Nr. 4 der AnO v. 10.3.43 FN 596.

604. AnO über die Arbeitszeitverkürzung für Frauen, Schwerbeschädigte und minderleistungsfähige Personen v. 22.10.43, RArbBl. 43, III, 343 (Freizeitanordnung).

605. § 2 der Freizeitanordnung s. FN. 598.

606. Wie der Erlaß betr. keine Bezahlung des Hausarbeitstages v. 8.12.43 (RArbBl. 43, I, 590) ausdrücklich klarstellt.

607. § 1 der VO über die Sechzigstundenwoche v. 31.8.44, RGBl. 44, I, 191 und Nr. 1 der AnO über die weitere Erhöhung der Mindestarbeitszeit im öffentlichen Dienst während des Krieges v. 7.9.44, RGBl. 44, I, 192.

608. § 2 der VO v. 31.8.44 und Nr. 2 der AnO v. 7.9.44, beide s. FN 601.

Den Regelungen der "Mindestarbeitszeit" war immanent, daß die festgelegten Wochenarbeitsstunden von jedem Arbeitnehmer erbracht werden mußten und auch durch eine Vereinbarung zwischen Arbeitgeber und Arbeitnehmer im Hinblick auf § 134BGB keine wirksame Verkürzung derArbeitszeit möglich war. Damit sollte erreicht werden, daß die verfügbaren Arbeitskräfte voll eingesetzt wurden und die noch freien oder frei werdenden arbeits- oder wehrfähigen Personen anderweitig einsatzbereit waren. Dadurch, daß lediglich "Mindestarbeitszeiten" festgelegt waren, wurde es den Arbeitgebern freigestellt, ihre männlichen Arbeitnehmer länger zu beschäftigen. Für Frauen kam eine weitere Verlängerung der Arbeitszeiten im Regelfall nicht in Betracht, weil - wie bereits dargestellt - die übrigen Schutzvorschriften unberührt blieben, so daß die in den bereits genannten Verordnungen und Anordnungen enthaltenen Bestimmungen zugunsten der Frauen Wirkung behielten.

Ein unbeschränkter Arbeitseinsatz führte indes sowohl bei Männern als auch bei Frauen zu derartigen körperlichen Verfallerscheinungen durch Überarbeitung und Ermüdung, daß der Arbeitsertrag durch bloße Arbeitszeiterhöhung nicht gesteigert werden konnte.

Anders als im Ersten Weltkrieg, in dem grundsätzlich alle Arbeitsschutzbestimmungen aufgehoben wurden[609], versuchte die nationalsozialistische Führung durch differenzierte Arbeitszeitregelungen die Arbeitskraft des Volkes zu erhalten. Die besonderen Schutzbestimmungen zugunsten der Frauen bestanden in diesem Stadium allein, um deren Schaffenskraft und Gebärfähigkeit zu erhalten[610].

---

609. RGBl. 18, I, 333.

610. vgl. dazu im einzelnen Winkler, Frauenarbeit im

B Beschäftigungsverbote

I Übersicht

§ 139 a I der Gewerbeordnung i.d.F.v. 1878[611] ermöglichte erstmals ein Beschäftigungsverbot für Frauen. 1878 wurde zwar ein solches Beschäftigungsverbot noch nicht in die Gewerbeordnung aufgenommen, aber der Bundesrat ermächtigt, die Beschäftigung von Arbeiterinnen in Fabrikationszweigen, "welche mit besonderen Gefahren für Gesundheit oder Sittlichkeit verbunden"[612] waren, zu untersagen oder zu beschränken.
Daraufhin wurde die Untertagearbeit für Frauen verboten[613]. Mit zunehmender Industrialisierung und Technisierung wurde die Notwendigkeit, die Arbeitnehmer zu schützen, immer größer. Zu Beginn des 20. Jahrhunderts erfolgten nach und nach in verschiedenen Industriezweigen Beschäftigungsverboten für Frauen. Wegen der Fülle der gesetzlichen Regelungen, deren zeitliche Abfolge und Dichte die Besonderheiten im Nationalsozialismus erst deutlich machen, sollen die einzelnen Beschäftigungsverbote nicht im laufenden Text, sondern der besseren Übersicht halber tabellarisch dargestellt werden:

Dritten Reich, S. 163.

611. GewO i.d.F. v. 17.7.1878, RGBl. I, 199 ff., 209.

612. § 139 a Abs. 1 GewO 1878.

613. vgl. Rohmer, Arbeitszeitordnung, S. 65.

Jahr	Industriezweig/ verwendetes Material	Beschäftigungsverbot/beschränkung		Sonstiges	Lfd. Nr.
		Verbot	Beschränkung		
1903[614]	Präservative, Pessare		nicht zusammen mit Männern in einem Raume	zwecks Wahrung der Sittlichkeit	1
1905[615]	Bleihütten	bei direkter Verarbeitung			2
1907[616]	Alkali-Chromate	"			3
1907[617]	Zigarren		nur, wenn sie im unmittelbaren Arbeitsverhältnis zum Unternehmer stehen		4
1908[618]	elektrische Akkumulatoren aus Blei oder Bleiverbindungen	"			5
1909[619]	Zichorie	bei direkter Verarbeitung			6
1909[620]	Steinbrüche, -hauereien	-Steingewinne -Rohstoffaufarbeitung -im Zusammenhang mit Steinstaub -Transport u. Verladen			7

Jahr	Industriezweig/ verwendetes Material	Beschäftigungsverbot/beschränkung		Sonstiges	Lfd. Nr.
		Verbot	Beschränkung		
1910[621]	Schwefelkohlenstoff	-Herstellung -Lagerung -Verwendung			8
1911[622]	Rohrzucker, Melasse	-Rübenwaschen -Transport -in hoher Wärme			9
1912[623]	Zinkhütten Zinkrösthütten	bei direkter Verarbeitung bzw. Kontakt			10
1913[624]	Ziegeleien	Verbot			11
1919[625]	Nitro- und Amidoverbind.	bei direkter Verarbeitung bzw. Kontakt			12
1920[626]	Bleifarben	"			13
1930[627]	Blei in Anstrichfarben	"			14
1930[628]	Gaststättengewerbe		Beschäftigung nur mit Erlaubnis		15

Jahr	Industriezweig/ verwendetes Material	Beschäftigungsverbot/beschränkung Verbot	Beschränkung	Sonstiges	Lfd. Nr.
1931[630]	Thomasmehl	"			17
7/ 1933[631]	Verladen von Kohlenbriketts			Anweisung an Gewerbeaufsichtsämter, zu überprüfen und Frauen arbeit ohne unnötige Härten einzustellen.	18
7/ 1933[632]	Schuhmaschinen			Bitte an Gewerbeaufsichtsämter Beschäftigung von Frauen unter 21 Jahren an Schuhmaschinen zu untersagen.	19
1934[633] (AZO)	Bergwerke, Salinen, Aufbereitung, Brüche u. Gruben unter Tage, Transport Kokereien, Transport v. Baumaterial aller Art;	Verbot § 16 VI AZO34 § 16 VIIAZO34	§ 16 VII Arbeiten mit bes. Gefahr f. Gesundheit u. Sittlichkeit; Ermächtigung an Reichsarbeitsminister		20
1935[634]	Konserven		Arbeit an Dosenverschlußmaschinen mit Fußeinrückung darf nur sitzend verrichtet werden.		21
1935[635]	Druckluft	Verbot			22

Jahr	Industriezweig/ verwendetes Material	Beschäftigungsverbot/beschränkung Verbot	Beschränkung	Sonstiges	Lfd. Nr.
1936[636]	Maschinen mit Fußeinrückung			Bitte an Gewerbeaufsichtsämter, Beschäftigung von Arbeitnehmerinnen an Maschinen zu unterbinden, an denen "die Betätigung der Fußeindrückung sich so schnell wiederholt, daß eine Überlastung des Standbeines zu befürchten ist", es sei denn, es wird ausr. Sitzgelegenheit geschaffen.	23
1936[637]	Süßwarenindustrie			Anweisung an Gewerbeaufsichtsämter, darauf zu achten, daß Frauen nicht in zu großer Hitze arbeiten und zu große Lasten tragen müssen. "Ich (der Arbeitsminister) habe in der letzten Zeit wiederholt auf die Gefahren der Beschäftigung von Frauen und Mädchen mit solchen Arbeiten hingewiesen, zu denen sie ihrer Natur nach nicht geeignet sind und die sie in der Erfüllung ihrer Aufgabe als Hausfrau und Mutter zu gefährden drohen".	24
1936[638]	Grob-u. Feinkeramische Industrie		Bitte an die Sozialverwaltungen, die Gewerbeaufsichtsämter anzuweisen, die Beschäftigung von Frauen mit ungeeigneten Arbeiten zu untersagen. z.B.: - Arbeit direkt an Öfen - Tragen über 15 kg; für schwerere Transportarbeit sollen "nach Möglichkeit männliche Arbeitskräfte eingestellt werden."		25
1937[639]	Konserven		Gewerbeaufsichtsämter sollen auf ausr. Sitz-		26

Jahr	Industriezweig/ verwendetes Material	Beschäftigungsverbot/beschränkung Verbot	Beschränkung	Sonstiges	Lfd. Nr.
1937[640]	Ziegeleien s. vorher 1913; Nr. 11	Verbot; detaillierte Aufstellung der verbotenen Arbeiten; zusätzl.: Heben über 15kg verboten.	Begründung der VO: ... Der Staat muß an der "Gesunderhaltung der Frauen u. des männlichen Nachwuchses die schärfsten Anforderungen stellen."[641]		27/ 28
1938[642] (AZO)	wie AZO 34 (§16I u. II AZO 38)	(§ 16 III AZO 38)			29
1938[643]	Hochofen-, Stahl-,Walz-, Preß-,Hammerwerke; Metallhütten	Verbot bei eigentlichen Betriebsarbeiten			30
1938[644]	Bauten aller Art	"			31
1938[645]	Haarhutfabriken	Verbot bei Quecksilberarbeit f. Schwangere u. Stillende			32
1939[646]	Holz	direktes Verbot für Schwangere	Zum Schälen von Holz sollen Frauen nicht herangezogen werden, weil Arbeit körperlich zu anstrengend ist und schwere gesundheitliche Schädigungen herbeiführen kann.		33

Jahr	Industriezweig/ verwendetes Material	Beschäftigungsverbot/beschränkung		Sonstiges	Lfd. Nr.
		Verbot	Beschränkung		
1939[647]	Areginal-Begasungsanlagen	als Wärter der Begasungsanlagen dürfen nur Männer über 18 J. beschäftigt werden			34
1939[648]	Seifenpressen	Verbot der Beschäftigung Schwangerer u. Mütter bis 12 Wochen nach der Niederkunft bei Seifenpressen mit reinem Fußantrieb	Auflage, nur kräftige, körperlich geeignete Frauen an Seifenpressen mit Fußantrieb zu beschäftigen.		35
1938/ 1940[649]	Glashütten	Verbot für Arbeiten, in denen AN mit Rohstoffen zur Glasbereitung, Schamott, Schleifarbeiten, Sandstrahlarbeiten o. Blei in Berührung kommen			36
1940[650]	Castor-Begasungsanlagen	wie Nr. 34			37

Jahr	Industriezweig/ verwendetes Material	Beschäftigungsverbot/beschränkung: Verbot	Beschäftigungsverbot/beschränkung: Beschränkung	Sonstiges	Lfd. Nr.
1940[651]	Benzol	Verbot für Schwangere ab dem 3. Monat	Arbeitszeit für Frauen auf 8 Stunden tägl. begrenzt		38
1940[652]	allg. Heben von Lasten		Verweis auf Erlaß vom 22.6.36 (RArbBl. 36, III, 17 und Bitte, in anderen Industriezweigen ebenfalls 15 kg als Höchstlast, die von Frauen zu tragen ist durchzusetzen. Bei Transportarbeiten schwererer Ar sollen "nach Möglichkeit männliche Arbeitskräfte herangezogen werden."		39
1940[653]	Fahren von Fahrzeugen	-Verbot für Frauen, Schienenbahnen, Omnibusse u. Lastkraftwagen mit mehr als 1,5t zu fahren. - Verbot für werdende Mütter für Beförderungsmittel auch unter 1,5 t.			39a
1940[654]	allg. Beschäftig. von Frauen		"Bei dem vermehrten Einsatz von Frauen in der deut schen Wirtschaft muß in erhöhtem Maße Vorsorge getroffen werden, daß Frauen nur zu Arbeiten herange zogen werden, die sie ohne Schädigung ihrer Gesund heit verrichten können".... Ausnahmen von den bestehenden Schutzvorschriften sollen "nur in besonders begründeten Einzelfällen erteilt werden,		40

Jahr	Industriezweig/ verwendetes Material	Beschäftigungsverbot/beschränkung Verbot	Beschränkung	Sonstiges	Lfd. Nr.
			und zwar nur dann, wenn die Gewähr besteht, daß die Frauen bei der Arbeit gegen Gefahren für ihre Gesundheit in ausreichender Weise geschützt sind. Ich ersuche jedoch, in diesen Fällen die Beschäftigung werdender Mütter in den Ausnahmegenehmigungen ausdrücklich auszuschließen." Ansuchen, in verschiedenen Industriezweigen (: Ziegeleien, Steinbrüchen, Tongruben, Bauten, Arbeiten i.S. des § 16 II AZO 38 und Lehm- und Sandgruben) keine Ausnahmen zu genehmigen.		
1941[655]	Sprengstoff	für Frauen unter 20 Jahren; werdende und stillende Mütter	nur körperliche geeignete Frauen mit Gesundheitszeugnis vom Staatlichen Gewerbearzt.		41
1941[656]	Röntgenstrahlen	für Frauen mit Menstruationsbeschwerden, werdende Mütter und Frauen, die vor 3 Monaten eine Geburt (auch Fehlgeburt o. Frühgeburt) durchgemacht haben.			42
1942[657]	Bergbau (Regelung gilt für weibl. Arbeitskräfte deutschen und artverwandten Blutes)	Verbot der Arbeit unter Tage, in Kokereien, beim Transport u.	Frauen im Bergbau unerwünscht wegen der "Besonderheiten des Körperbaus der Frau, der Fähigkeit ihrer inneren Organe und der seelischen Anlage.."		43

Jahr	Industriezweig/ verwendetes Material	Beschäftigungsverbot/beschränkung: Verbot	Beschäftigungsverbot/beschränkung: Beschränkung	Sonstiges	Lfd. Nr.
		Verladen bleibt aufrechterhalten	bei anderen Arbeiten, wie Aufbereitung, Kohle putzen, Reinigungsarbeiten etc. sollen nur volljährige Frauen eingestellt werden. möglichst keine: - Mütter mehrerer Kinder - ältere Frauen		
		Verbot für werdende Mütter			
1942[658]	allg. Arbeitseinsatz von Männern und Frauen		Hinweis auf die besondere Lage der Arbeitskräfte im Krieg. Die besondere Situation verlangt, die äußeren Umstände für die Arbeitenden so angenehm wie möglich zu gestalten (schmackhafte Mahlzeiten, Bildschmuck an den Wänden, nationalsozialistische Literatur für die Freizeit etc.). Nr. 4: "Die größte Fürsorge jedoch verlange ich von allen Seiten für die schaffenden Frauen und Mädchen. Es ist eine der entschiedensten Forderungen des Führers, der besonders auch im freiwilligen Einsatz befindlichen deutschen Frau ebenso wie der im Berufsleben an und für sich stehenden deutschen Frau die Arbeitsbedingungen so gut wie nur irgend möglich zu gestalten.".		44
1942[659]	Bauzeichner		Ausbildung von Frauen zu "Bauzeichnern" gestattet, wenn die Frauen nicht zu körperlichen Arbeiten auf dem Bau herangezogen werden.		45
1942[660]	Holzwollhobel		Standen keine männlichen oder ausländischen Arbeitskräfte zur Verfügung, durften deutsche Frauen eingesetzt werden, außer für Arbeiten, in die sie nicht genügend eingewiesen waren.		46

Jahr	Industriezweig/ verwendetes Material	Beschäftigungsverbot/beschränkung Verbot	 Beschränkung	Sonstiges	Lfd. Nr.
1942[661]	Chamid-härtereien	Verbot			47
1942[662]	Holz	Verbot im Winter, Frauen im Freien arbeiten zu lassen; Verbot bzgl. Abladen, Stapeln etc. von Holz.	Bezugnahme auf den Erlaß v. 8.2.39(lfd. Nr. 33): "Wo die Lage des Arbeitsmarktes es zur Zeit nicht gestattet, auf die Beschäftigung von Frauen mit dem Schälen von Holz ganz zu verzichten, sind grundsätzlich zu dieser Arbeit nur ältere, möglichst nur über 40 Jahre alte Frauen heranzuziehen, denen nach ihrer körperlichen Beschaffenheit und ihrem Gesundheitszustand diese Tätigkeit zur Not zugemutet werden kann. Es ist ferner darauf zu achten, daß nur Frauen eingesetzt werden, die nicht zusätzlich durch die Pflege kleiner Kinder oder die Führung eines größeren Haushaltes oder durch weite Anmarschwege belastet sind..."		48
1943[663]	Fahren von Elektrokarren	Verbot für werdende Mütter	Anordnung, Frauen möglichst wenig zu beschäftigen, weil Elektrokarren wenig gefedert und der Fahrer daher Stößen ausgeliefert sei		49
1943[664]	Fahren von Lastkraftwagen für die Kriegsdauer	-Verbot für werdene und stillende Mütter -Verbot, Frauen auf abschüssig.	Fahren von LKWs für Frauen während des Krieges erlaubt (bis 3,5 t Nutzlast) - möglichst nicht bei Dunkelheit - keine Mithilfe bei schwerem Be- und Entladen.		50

Jahr	Industriezweig/ verwendetes Material	Beschäftigungsverbot/beschränkung Verbot	Beschränkung	Sonstiges	Lfd. Nr.
		unübersichtlichten o. vielbefahr. Strecken einzusetzen. -Arbeitszeit beschränkt auf 8 Stunden tgl.			
1943[665]	Fahren von Straßenbahnen	überwiegend wie Nr. 50. Zusätzlich besondere Anforderungen an die Gesundheit der Frauen.			51
1943[666]	Hohlglasschleiferei		Höchstgewicht beim Tragen von Lasten für Frauen 15 kg; f. Schwangere 5 kg.		52
1944[667]	Arbeitsschutz ausländischer Frauen	grundsätzlich gelten alle Regelungen wie für deutsche Frauen, aber das Gewerbeaufsichtsamt kann den gesamten Arbeitsschutz (Arbeitszeit, Beschäftigungsverbote, Mutterschutz) abweichend regeln.			53
1944[668]	Holzschleifmaschinen		Bitte an Gewerbeaufsichtsämter, darauf zu achten, daß Frauen an Holzschleifmaschinen ohne Entbungsanlage nicht beschäftigt werden.		54

Fußnoten zur Tabelle:

614. 1. Bekanntmachung vom 30.1.1903 betreffend den Betrieb von Anlagen zur Herstellung von Präservativ, Sicherheitspressarien, Suspensorien und dergleichen nebst der durch die Bekanntmachung vom 1.4.1903 erfolgten Ergänzung, RGBl. 03, I, S. 3 und 123.

615. 2. Bekanntmachung, betr. die Einrichtung und den Betrieb von Bleihütten vom 16.6.1905, RGBl. 05, I, 545.

616. 3. Bekanntmachung, betr. die Einrichtung und den Betrieb von Anlagen zur Herstellung von Alkali-Chromaten vom 16.5.1907, RGBl. 07, I, 233.

617. 4. Bekanntmachung, betr. die Einrichtung und den Betrieb der zur Anfertigung von Zigarren bestimmten Anlagen vom 17.02.1907, RGBl. 07, I, 34.

618. 5. Bekanntmachung, betr. die Einrichtung und den Betrieb von Anlagen zur Herstellung elektrischer Akkumulatoren aus Blei- oder Bleiverbindungen vom 6.5.1908, RGBl. 08, I, 172.

619. 6. Bekanntmachung, betr. die Beschäftigung von Arbeiterinnen und jugendlichen Arbeitern in Anlagen, die der Herstellung von Zichorie dienen vom 25.11.1909, RGBl. 09, I, 968.

620. 7. Bekanntmachung, betr. die Einrichtung und den Betrieb von Steinbrüchen und Steinhauereien (Steinmetzbetrieben) vom 31.5.1909 und 20.11.1911, RGBl. 09, I, 471 u. 971; RGBl. 11, I, 955.

621. 8. Erlaß des Preußischen Ministers für Handel und Gewerbe, betr. Herstellung, Lagerung und fabrikatorische Verwendung von Schwefelkohlenstoff vom 23.2.1910; HMBl. 1910, S. 71.

622. 9. Bekanntmachung, betr. die Beschäftigung von Arbeiterinnen und jugendlichen Arbeitern in Rohrzuckerfabriken, Zuckerraffinerien und Melasseentzuckerungsanstalten vom 24.11.1911, RGBl. 11, I, 958.

623. 10. Bekanntmachung, betr. die Einrichtung und den Betrieb der Zinkhütten und Zinkrösthütten vom 13.12.1912 u. 21.2.1923, RGBl. 12, I, 564; RGBl. 23, I, 161.

624. 11. Bekanntmachung, betr. die Beschäftigung von Arbeiterinnen und jugendlichen Arbeiten in Ziegeleien und Anlagen zur Herstellung von Dinassteinen, Schamottsteinen und anderen Schamotterzeugnissen vom 8.12.1913, RGBl. 13, I, 777.

625. 12. Erlaß des Preußischen Ministers für Handel und Gewerbe, betr. die Einrichtung und den Betrieb von Anlagen, denen gesundheitsschädliche Nitro- oder Ami-

doverbindungen hergestellt oder in größeren Mengen wiedergewonnen werden vom 21.10.1919, HMBl 19, 404.

626. 13. Bekanntmachung über die Einrichtung und den Betrieb von Anlagen zur Herstellung von Bleifarben und anderen Bleiverbindungen vom 27.1.1920, RGBl. 20, I, 109.

627. 14. Verordnung zum Schutze gegen Bleivergiftung bei Anstricharbeiten vom 27.5.1930, RGBl. 30, I, 183.

628. 15. Preußische Verordnung zur Durchführung des Gaststättengesetzes vom 18.6.1930, Gesetzessammlung, S. 117.

629. 16. Verordnung über die Beschäftigung von Arbeitern unter 18 Jahren und Arbeiterinnen in Malz- und Hammerwerken, vom 26.3.1930, RGBl. 30, I, 104.

630. 17. Verordnung über die Herstellung, Verpackung, Lagerung und Einfuhr von Thomasmehl vom 30.1.1931, RGBl. 31, I, S. 17 und 525.

631. 18. Erlaß des Preuß. Ministers für Wirtschaft und Arbeit, betr. Beschäftigung von Frauen beim Verladen von Kohlenbriketts (Kohlensputen) vom 17.7.1933, RArbBl. 1941, III, 339.

632. 19. Erlaß des Preuß. Ministers für Wirtschaft und Arbeit, betr. die Beschäftigung von Arbeiterinnen an Schuhmaschinen vom 28.7.1933, MBlWiA, S. 418.

633. 20. Arbeitszeitordnung vom 26.7.1934, RGBl. 34, I, 804 ff.

634. 21. Erlaß des Reichs- und Preuß. Arbeitsministers, betr. Frauenarbeit in der Konservenindustrie vom 3.10.35 RArbBl. 41, III, 339.

635. 22. Verordnung über Arbeiten in Druckluft vom 29.5.1935, RGBl. 35, I, 725.

636. 23. Erlaß des Reichs und Preuß. Arbeitsministers, betr. die Beschäftigung von Frauen an Maschinen mit Fußeinrückung vom 9.1.1936; RArBl. 36, III, 34.

637. 24. Erlaß des Reichs- und Preuß. Arbeitsministers, betr. die Frauenarbeit in der Süßwarenindustrie vom 8.7.1936, RArbBl. 36, III, 172.

638. 25. Erlaß des Reichs- und Preuß. Arbeitsministers an die Sozialverwaltungen, betr. die Beschäftigung von Arbeiterinnen in der grob- und feinkeramischen Industrie vom 22.6.1936, RArbBl. 36, III, 171.

639. 26. Erlaß, betr. den Arbeitsschutz in der Konservenindustrie vom 18.3.1937, RArbBl. 37, III, 86.

Fußnoten zur Tabelle:

640. 27. Verordnung über die Beschäftigung von Arbeitnehmerinnen und jugendlichen Arbeitern in Ziegeleien und verwandten Betrieben (Ziegeleiverordnung) vom 5.6.1937, RGBl, 37, I, 20.

641. 28. Amtliche Begründung der Ziegeleiverordnung, RArbBl. 37, III, S. 144.

642. 29. Arbeitszeitordnung vom 30.4.1938, RGBl. 38, I, 447 ff.

643. 30. Ausführungverordnung zur Arbeitszeitordnung Nr. 20 vom 12.12.1938, RGBl. 38, I, 1799.

644. 31. Ausführungsverordnung wie FN 637.

645. 32. Verordnung, betr. die Beschäftigung in den Haarhutfabriken vom 26.3.1938, RGBl. 38, I, 347.

646. 33. Erlaß des Reichsarbeitsministers, betr. die Beschäftigung von Frauen und Jugendlichen mit dem Schälen von Holz vom 8.2.1939, RArbBl. 39, III, 63.

647. 34. Erlaß, betr. die Richtlinien für Areginal-Begasungsanlagen vom 13.7.1939, RArbBl. 39, III, 252.

648. 35. Erlaß, betr. Beschäftigung von Frauen an Seifenpressen vom 4.10.1939, RArbBl. 39, III, 333.

649. 36. Verordnung über Glashütten, Glasschleifereien, Glasätzereien, Glasmalereien, Glashafenfabriken und verwandte Betriebe (Glashüttenverordnung) vom 23.12.1938 und 13.9.1940, RGBl. 40, I, 1961 und 1246.

650. 37. Richtlinien für die Caor-Beglasungsanlagen vom 22.4.1940, RArbBl. 40, III, 187.

651. 38. Erlaß des Reichsarbeitsministers betr. die Verwendung von Benzol vom 20.8.1940, RArbBl. 40, III, 236.

652. 39. Erlaß des Reichsarbeitsministers betr. Beschäftigung weiblicher Gefolgschaftsmitglieder mit dem Tragen von Lasten vom 20.12.1940, RArbBl. 41, III, 2.

653. 39a. Anordnung des Reichsarbeitsministers über die Beschäftigung von Frauen auf Fahrzeugen vom 30.10.1940, RArbBl. 40, III, 283.

654. 40. Erlaß des Reichsarbeitsministers betr. die Beschäftigung von Frauen vom 11.1.41, RArbBl. 41, III, 2.

655. 41. Erlaß betr. Gesundheitsschutz der Arbeiter in der Sprengstoffindustrie vom 20.1.1941, RArbBl. 41, I, 75.

Fußnoten zur Tabelle:

656. 42. Erlaß betr. Verordnung zum Schutze gegen Schädigung durch Röntgenstrahlen und radioaktive Stoffe vom 7.2.1941, RArbBl. 41, III, 46.

657. 43. Erlaß betr. die Beschäftigung von Frauen im Bergbau vom 20.2.1942 und "Richtlinien über den Einsatz weiblicher Arbeitskräfte deutschen und artverwandten Blutes im Bergbau", RArbBl. 42, III, 96.

658. 44. Anordnung Nr. 3 des Generalbevollmächtigten für den Arbeitseinsatz über die Betreuung der schaffenden deutschen Männer und Frauen vom 29.4.42, RArbBl. 42, I, 272.

659. 45. Erlaß betr. Ausbildung weiblicher Jugendlicher in dem Lehrberuf "Bauzeichner" vom 30.9.1942, RArbBl. 42, III, 300.

660. 46. Erlaß betr. die Beschäftigung von Frauen an Holzwollehobelmaschinen vom 5.10.1942, RArbBl. 42, III, 300.

661. 47. Erlaß betr. Richtlinien und Merkblatt für Chanidhästereinen vom 2.12.1942, RArbBl. 42, III, 357.

662. 48. Erlaß betr. Beschäftigung von Frauen und Jugendlichen mit dem Schälen von Holz vom 9.12.1942, RArbBl. 42, III, 364.

663. 49. Erlaß betr. Führen von Elektrokarren, durch Frauen vom 18.2.1943, RArbBl. 43, III, 70.

664. 50. Erlaß betr. Beschäftigung von Frauen als Führerinnen von Lastkraftwagen vom 23.3.1943, RArbBl. 43, III, 101.

665. 51. Erlaß betr. Beschäftigung von Frauen auf Straßenbahnen vom 20.4.1943, RArbBl. 43, I, 141 und Erlaß betr. die Richtlinien für die Einstellung von Frauen und Mädchen als Straßenbahnschaffnerinnen vom 20.4.1943, RArbBl. 43, I, 280.

666. 52. Erlaß betr. Richtlinien für die Durchführung der Unfallverhütung in Hohlglasschleifereien einschließlich der Absprengereien, Verschmelzereien und Kröselstände vom 24.5.1943, RArbBl. 43, III, 178.

667. 53. Anordnung über den Arbeitsschutz ausländischen Arbeitskräfte und Ostarbeiter vom 8.1.1944, RArbBl. 44, III, 1.

668. 54. Erlaß betr. Beschäftigung von Frauen an Holzschleifmaschinen vom 22.2.1944, RArbBl. 44, III, 14.

Allein an der Anzahl der gesetzlichen Bestimmungen in der Zeit von 1933 - 1945 wird deutlich, daß der Arbeitsschutz in dieser Zeit besonders intensiv vorangetrieben worden ist. Das mag zwar auch damit zusammenhängen, daß im Zuge der technischen Entwicklung die einzelnen Arbeitsabläufe immer schneller aufeinander folgten, der Einsatz von Maschinen, deren Umgang bei mangelnden Vorsichtsmaßnahmen gesundheitsgefährdend war, sich häufte und insbesondere die chemische Industrie das Arbeiten mit bisher unbekannten, z. T. giftigen Stoffen ermöglichte. Dennoch hat nicht etwa 1933 ein "Industrialisierungsschub" stattgefunden, der den Umstand rechtfertigen könnte, daß nach dem Ersten Weltkrieg bis 1933 lediglich sechs Beschäftigungsverbote bzw. -beschränkungen für Frauen erlassen wurden, während es von 1933 bis 1945 mehr als 30 waren.

In diesem Zusammenhang muß darauf hingewiesen werden, daß Frauen im Arbeitsleben durch die Beschäftigungsverbote einerseits möglicherweise geschützt wurden, andererseits es ihnen aber auch verwehrt war, in dem "verbotenen" Beruf tätig zu werden, so daß dieser als Erwerbsquelle für Frauen ausfiel. Vor diesem Hintergrund erscheint es notwendig, die im Nationalsozialismus erlassenen Gesetze und Verordnungen, die Beschäftigungsverbote für Frauen [669] regelten, auf deren Motive und Zielsetzung hin zu untersuchen.

Dabei ist eine pauschale Feststellung dahin-

---

669. und i.d.R. auch für Jugendliche, nicht aber für Männer.

gehend, daß Frauen mit diesen Vorschriften vom Arbeitsmarkt ferngehalten werden und die vorhandenen Arbeitsplätze Männern offen bleiben sollten, sicher nicht möglich. Dagegen spricht nach Kriegsausbruch der durch den Einzug zum Wehrdienst bedingte Ausfall männlicher Arbeitskräfte, der den Einsatz von Frauen notwendig machte. Aber auch vor dem Beginn des Zweiten Weltkrieges war 1936/37 die Vollbeschäftigung nahezu erreicht und die Industrie konnte und wollte auf die Arbeitskraft der Frauen - nicht zuletzt wegen der geringeren Lohnkosten für weibliche Arbeitnehmer - nicht verzichten. Es stellt sich daher die Frage, ob die Beschäftigungsverbote und - beschränkungen die Frauen vor Ausbeutung, Gesundheitsschäden etc. um ihrer selbst willen "wirklich schützen" [670] sollten oder ob nicht eine andere Motivation hinzutrat bzw. auslösendes Moment war.

Es erscheint auffällig, daß nahezu sämtliche für Frauen verbotene Tätigkeiten bzw. Tätigkeitsbereiche die Gebärfähigkeit der Frauen oder das Entstehen einer gesunden Leibesfrucht gefährden. Als Beispiele sollen hier nur wenige herausgegriffen werden. Z. B. die Arbeit an Maschinen mit Fußantrieb im Stehen [671] führte zu einseitigen Belastungen des Standbeines, daraus resultierenden Beckenveränderungen und Unterleibsbeschwerden; das Fahren mit Elektrokarren hatte wegen deren mangelnder Federung Erschütterungen und daher bei einer längeren Beschäftigungsdauer Veränderungen der Unterleibsorgane und Wirbel-

670. so Winkler, Frauenarbeit im Dritten Reich S. 67.

671. lfd. Nr. 21, 23, 35 der Übersicht.

672. lfd. Nr. 49.

säule der Frauen zur Folge [672]; ähnliche Schäden wurden beim Tragen von Lasten festgestellt, woraufhin eine Höchstgrenze von 15 kg angesetzt wurde [673]; das Einatmen von chemischen Giften, Arbeiten mit Quecksilber, Benzol, Blei [674] etc. konnte Mißbildungen der Kinder bewirken.

Die mit dieser Auswahl sich aufdrängende bevölkerungspolitische Komponente wird relativiert durch den Schutz der Frauen sämtlicher Altersgruppen. Auch Frauen im nicht mehr gebärfähigen Alter durften zu diesen Tätigkeiten nicht herangezogen werden. Lediglich einmal ist von dem Grundsatz, für alle Frauen Beschäftigungsverbote zu erteilen, eindeutig zugunsten der Frauen im gebährfähigen Alter abgewichen worden [675]. Da jedoch eine Vielzahl von Frauen einer außerhäuslichen Erwerbstätigkeit nachgingen, wird insgesamt deutlich, daß die Frau gerade nicht um ihrer selbst willen, sondern zur Erhaltung ihrer Gebärfähigkeit geschützt und in ihrem Entschluß zur Mutterschaft trotz der Arbeit bestärkt werden sollte.

Zum Teil kommt dieses Motiv in den Verordnungen, Anordnungen und Erlassen selbst zum Ausdruck: keine Beschäftigung "von Frauen und Mädchen mit solchen Arbeiten..., zu denen sie ihrer Natur nach nicht geeignet sind und die sie in der Erfüllung ihrer Aufgabe als Hausfrau und Mutter" gefährden [676].

---

673. lfd. Nr. 25, 39, 52; insbesondere wurden Gebärmuttervorfälle durch zu schweres Tragen diagnostiziert, Fallheyer RArbBl. 41, III, 313 ff, 313; Bauer RArbBl. 41, III, 278 ff, 280.

674. Bauer RArbBl. 41, III, 278 ff, 282.

675. lfd. Nr. 48.

676. lfd. Nr. 24; ähnl. lfd. Nr. 28, 40, 43 und 48.

Darüber hinaus hat die zeitgenössische Literatur den bevölkerungspolitischen Aspekt im Arbeitsschutzrecht des Nationalsozialismus betont [677]. Insbesondere eine Tagungsreihe der Reichsstelle für Arbeitsschutz in den Jahren 1940, 1941 hat dies in verschiedenen Beiträgen deutlich werden lassen. Allein die Tatsache, daß während des Krieges Tagungen stattfanden, die sich ausschließlich mit dem Arbeitsschutz bei der Frauenarbeit befaßten, zeigt, daß dieser Themenkreis für die Verantwortlichen von einiger Bedeutung war. In dem die Tagungsreihe einleitenden Vortrag heißt es: "Es ist auch notwendig, schon während der Kriegszeit den Blick scharf auf die zukünftige Friedenswirtschaft zu richten; denn auch an sie werden höchste Anforderungen gestellt werden, die nur ein gesundes und kräftiges Volk erfüllen kann. Die Voraussetzung für ein kräftiges und gesundes Volk sind aber körperlich und seelisch gesunde Frauen und Mütter [678]. Das Ziel dieser Tagungen ist, der deutschen Frau die Arbeit so zu gestalten, daß sie bei ihr körperlich und seelisch keinen Schaden erleidet, um diese Voraussetzung zu erfüllen."[679] Die Intention, eine möglichst effektive Arbeitsweise mit dem besten erreichbaren Schutz zu verbinden, um die Frau leistungs- und gebärfähig zu erhalten, tritt in weiteren Beiträgen dieser Tagungs-

---

677. vgl. Danzer DR 38, 109ff, 111.

678. Hervorhebung von d.Verf.

679. Horst RArbBl. 41, III, 271 ff, 272; ähnl. Brünneck DR 38, 96ff, 96.

reihe deutlich hervor. Bei aller kriegswirtschaftlicher Notwendigkeit dürfe die eigentliche Aufgabe als Frau und Mutter nicht außer Betracht bleiben[680]. "Denn die erste naturgewollte Aufgabe der Frau ist die Erhaltung der Art durch Hervorbringen und Aufzucht eines gesunden Nachwuchses und Pflege der Familie als der Quelle des Volkstums."[681] In diesem Rahmen wurde darauf verwiesen, daß "der Dienst an der arbeitenden Frau zugleich Dienst an der Mutter und damit an der Allgemeinheit bildet."[682]
Neben diesen klaren bevölkerungspolitischen Zielen des Arbeitsschutzes für Frauen darf allerdings nicht verkannt werden, daß es auch darum ging, die Leistungsfähigkeit der arbeitenden Frau und deren Produktivität für die deutsche (Kriegs-)Wirtschaft zu erhalten. Überarbeitete, schwache und kranke Menschen waren für den "totalen" Arbeitseinsatz unbrauchbar[683].

Trotz der deutlich ideologisch geprägten Motive und Zielsetzungen hat der nationalsozialistische Gesetzgeber den Arbeitsschutz auf die gewerblichen Arbeitnehmerinnen beschränkt[684]. Zwar waren gerade nach Ausbruch des Zweiten Weltkrieges zahlreiche Frauen in der Landwirtschaft tätig, die ihre Männer und Söhne auf dem Hof ersetzen mußten. Für diese stark beanspruchten Frauen gab es jedoch keinerlei Schutzvorschriften. Zur Linderung des Arbeitskräftemangels auf

---

680. Kremer RArbBl. 41, III, 287 ff, 288.

681. Bauer RArbBl. 41, III, 278 ff, 278 und 285; ähnl. Pilz RArbBl. 41, III, 316ff, 318.

682. Bauer RArbBl. 41, III, 285 ff, 287.

683. S. für den Bereich des Tragens schwerer Lasten: Fallheyer RArbBl. 41, III, 313ff, 316.

684. Horst RArbBl. 41, III, 274ff, 277.

dem Lande wurde lediglich das Pflichtlandjahr für Mädchen eingeführt, die die Frauen, die oft Mütter mehrerer Kinder waren, entlasten sollten.

C Mutterschutz

Im Einklang mit den bisher festgestellten bevölkerungspolitischen Aspekten im Arbeitsschutzrecht des Dritten Reiches stehen die Regelungen des Mutterschutzgesetzes von 1942[685], die die bis dahin bestehenden Schutzvorschriften für Schwangere und Mütter erheblich ausweiteten und präzisierten. Auch hinter dem Mutterschutzgesetz von 1942 verbarg sich letztlich der Gedanke, die deutsche Mutter um der Erhaltung und Mehrung des deutschen Volkes willen schützen zu müssen. Diese Intention kommt schon in der Präambel des Gesetzes zum Ausdruck, in der von dem Schutz der Frauen die Rede ist, damit diese den Pflichten ihrer Mutterschaft nachkommen können: "Die deutsche Frau kann ihre größte Leistung für die Volksgemeinschaft, die Geburt gesunder Kinder, nur vollbringen, wenn sie vor allen Schäden und Nachteilen vor und nach der Niederkunft behütet wird. Die Sorge für einen ausreichenden Schutz gilt allen deutschen Frauen. Vordringlich ist jedoch ein besonderer Schutz für die im Erwerbsleben stehende Mutter, die trotz schwerer Lebensbedingungen dem Vaterlande Kinder schenkt. Damit sie die Pflichten ihrer Mutterschaft ungefährdet erfüllen kann, hat die Reichsregierung das folgende Gesetz beschlossen ..."[686].

Um die Besonderheiten der Regelungen des MuSchG von 1942 und deren möglicherweise bestehende

---

685. Gesetz zum Schutze der erwerbstätigen Mutter vom 17.4.1942, RGBl. I, 321ff (MuSchG 42).

686. Einleitung zum MuSchG 42, RGBl. I, 321.

nationalsozialistische Prägung feststellen zu können, muß auch für den Mutterschutz - wie schon bei den Arbeitszeitregelungen und den Beschäftigungsverboten - ein kurzer geschichtlicher Abriß vorangestellt werden.

I Mutterschutz vor 1942

Die erste mutterschutzrechtliche Bestimmung im deutschen Reichsgebiet enthielt die Gewerbeordnung in der Fassung von 1878. Nach § 135 GewO i.d.F.v. 1878[687] durften Frauen 3 Wochen nach der Entbindung nicht beschäftigt werden. Dieses Beschäftigungsverbot beschränkte sich auf gewerbliche Arbeiterinnen. Ein finanzieller Ausgleich für die ausgefallene Arbeitszeit wurde erstmals 1883 bei Einführung der gesetzlichen Krankenversicherung vorgesehen[688]. Den Arbeiterinnen wurde für den Zeitraum von 3 Wochen ein Krankengeld gezahlt, das die Hälfte des Tageslohnes betrug.

1891 verlängerte der Gesetzgeber das Beschäftigungsverbot auf 4 Wochen nach der Niederkunft; eine Beschäftigung in der 5. und 6. Woche nach der Geburt mußte durch ärztliches Zeugnis zugelassen werden[689]. Ein Jahr später, 1892, wurde auch die Unterstützung für Wöchnerinnen auf grundsätzlich 4 Wochen - bei ärztlichem Attest bis zu 6 Wochen - verlängert[690]. 1903 wurde die Bezugsdauer für die Unterstützung auf generell 6

---

687. GewO i.d.F. vom 17.7.1878, RGBl. I, 199.

688. § 20 Nr. 2 des Gesetzes betr. die Krankenversicherung der Arbeiter vom 15.6.1883, RGBl. I, 73.

689. § 173 GewO i.d.F. vom 1.6.1891, RGBl. I, 261.

690. § 20 Nr. 2 Krankenversicherungsgesetz i.d.F. vom 10.4.1892, RGBl. I, 417.

Wochen ausgedehnt[691].
1908 enthielt § 137 VI GewO[692] zum ersten Mal einen Schutz für Frauen vor der Entbindung, indem er das Beschäftigungsverbot auf 8 Wochen verlängerte, von denen mindestens 6 Wochen nach der Niederkunft liegen mußten.
Während des Ersten Weltkrieges wurde für die gesamte Dauer des Beschäftigungsverbotes sog. "Wochenhilfe" an Frauen gezahlt, deren Männer Kriegdienst leisteten[693]. Diese Regelung wurde nach dem Krieg im Grundsatz für alle Versicherten übernommen[694].
Die Verordnung über die Arbeitszeit vom 21.12.1923[695] gewährte gewerblichen Arbeiterinnen die Möglichkeit, auf ihren Wunsch während der Schwangerschaft und der Stillzeit sich von der Mehrarbeit - über 8 Stunden täglich hinaus - befreien zu lassen. Ein finanzieller Ausgleich war hierfür nicht vorgesehen.

1927 trat mit dem Gesetz über die Beschäftigung vor und nach der Niederkunft[696] ein umfassenderer Mutterschutz in Kraft. § 1 I des Gesetzes erweiterte den persönlichen Geltungsbereich auf weibliche Arbeitnehmerinnen, wobei allerdings in der Landwirtschaft und im Haushalt Beschäftigte nach wie vor ausgenommen waren[697]. In § 2 des

---

691. Krankenversicherungsgesetz i.d.F. vom 25.3.1903, RGBl. I, 233.

692. GewO i.d.F. vom 28.12.1908, RGBl. I, 667.

693. Bekanntmachung betr. die Wochenhilfe während des Krieges vom 3.12.1914, RGBl. 14, 492.

694. Gesetz über Wochenhilfe und Wochefürsorge vom 26.9.1919, RGBl. I, 1757.

695. RGBl. 23, I, 1249.

696. Gesetz vom 16.7.1927, RGBl. I, 184 ff.

697. § 1 Abs. 2 des Gesetzes über die Beschäftigung vor und nach der Niederkunft, s. FN 690.

Gesetzes von 1927 wurde das bis dahin bestehende Beschäftigungsverbot für 6 Wochen nach der Niederkunft bestätigt; zusätzlich durften die Frauen ihre Arbeit 6 Wochen vor der Geburt verweigern und weitere 6 Wochen nach Ablauf der Dauer des Beschäftigungsverbotes, wenn sie mit ärztlichem Attest ihre Arbeitsunfähigkeit nachwiesen.

§ 3 des Gesetzes über die Beschäftigung vor und nach der Niederkunft bestimmte, daß Müttern während der Arbeitszeit bis zu 2x täglich eine halbe Stunde oder 1x täglich eine Stunde Gelegenheit zum Stillen ihrer Kinder gegeben werden mußte.
Darüber hinaus regelte § 4 des Gesetzes erstmals ein Kündigungsverbot. Die Kündigung eines Arbeitgebers in einem Zeitraum von 6 Wochen vor bis 6 Wochen nach der Niederkunft war unwirksam, wenn der Arbeitgeber die Schwangerschaft kannte oder die Arbeitnehmerin ihm diesen Umstand unmittelbar nach der Kündigung mitteilte. Über die sechs Wochen nach der Entbindung hinaus war eine Arbeitnehmerin im Falle einer mit der Schwangerschaft zusammenhängenden Erkrankung unkündbar. Die Möglichkeit einer Kündigung aus wichtigem Grund blieb unberührt[698].

II Mutterschutzgesetz von 1942

Dieser Rechtszustand blieb auch nach 1933 lange Zeit unverändert. Erst der durch den Zweiten Weltkrieg notwendig gewordene verstärkte Einsatz von Frauen in Industrie und Wirtschaft veran-

---

698. § 4 Abs. 3 des Gesetzes über die Beschäftigung vor und nach der Niederkunft, s. FN 690.

laßte die Nationalsozialisten zu einer weitergehenden mutterschutzrechtlichen Gesetzgebung. 1942 wurde das Gesetz zum Schutz der erwerbstätigen Mutter (Mutterschutzgesetz)[699] erlassen.

1. Regelungsinhalt

Das Mutterschutzgesetz von 1942[700] erweiterte zunächst den Geltungsbereich der bisherigen Schutzvorschriften.

§ 1 I MuSchG 42 dehnte den Mutterschutz, der vorher nur für gewerbliche Arbeiterinnen gegolten hatte, auf "alle weiblichen Gefolgschaftsmitglieder, die in Betrieben und Verwaltungen jeder Art beschäftigt"[701] waren, aus, wobei dies allerdings auf Frauen beschränkt war, die deutsche Staatsangehörige oder Volkszugehörige - ohne Juden zu sein - waren[702]. Darüber hinaus wurde der Reichsarbeitsminister ermächtigt, auch Hausgehilfinnen, Hausangestellte und Heimarbeiterinnen in den Mutterschutz einzubeziehen (§ 1 I 2 MuSchG 42). Dasselbe wurde "für die in der Landwirtschaft tätigen Ehefrauen der Bauern und Landwirte sowie die in der Landwirtschaft mithelfenden weiblichen Familienangehörigen"[703] geregelt. Gerade in der Landwirtschaft waren die Frauen - wie bereits ausgeführt - oftmals besonders harten Arbeitsbedingungen ausgesetzt, was nicht zuletzt eine immer stärker werdende Land-

---

699. MuSchG vom 17.5.1942, RGBl. I, 321 ff.

700. im folgenden: MuSchG 42.

701. § 1 Abs. 1 MuSchG 42.

702. Ausführungsverordnung zum Gesetz zum Schutze der erwerbstätigen Mutter vom 17.5.1942, RGBl. I, 324.

703. § 1 Abs. 2 MuSchG 42.

flucht und einen dementsprechend steigenden Arbeitskräftemangel in der Landwirtschaft zur Folge hatte. Um diese Entwicklung zu hemmen und die Arbeit für Frauen in der Landwirtschaft attraktiver zu machen, wurde dieser Zweig vom Gesetzgeber in den Mutterschutz einbezogen[704]. Trotz dieser im Hinblick auf die Blut- und Boden-Politik stark ideologisch geprägte Intention des nationalsozialistischen Gesetzgebers hat der Reichsarbeitsminister von der Ermächtigung, die Landwirtschaft in die Schutzvorschriften für Mütter einzubeziehen, keinen Gebrauch gemacht; in der relativ kurzen Zeit bis zum Zusammenbruch wäre wahrscheinlich schon organisatorisch ein Mutterschutz in der Landwirtschaft vollkommen undurchsetzbar und unpraktikabel gewesen. Allerdings sah § 4 MuSchG für alle werdenden und stillenden Mütter - auch für die in der Landwirtschaft tätigen - ein Verbot der über die gesetzlichen Arbeitszeiten hinausgehenden Mehrarbeit, der Nachtarbeit zwischen 20.00 Uhr und 6.00 Uhr und der Sonn- und Feiertagsarbeit vor. Da das Verbot bzgl. der Mehrarbeit für den landwirtschaftlichen Bereich mangels gesetzlich normierter Höchstarbeitszeiten leergelaufen wäre, war hierfür ausdrücklich bestimmt, daß eine Beschäftigung über neun Stunden pro Tag verboten war[705].

Auch die in einigen Zweigen bereits bestehenden Beschäftigungsverbote für werdende Mütter erweiterte das Mutterschutzgesetz von 1942. Nach § 2 I MuSchG 42 durfte eine Mutter grundsätzlich nicht beschäftigt werden, wenn nach ärztlichem Attest Leben oder Gesundheit von Mutter und Kind

---

704. Schmidt/Bauer, Mutterschutzgesetz § 1 Anm. 8.

705. § 4 S. 1 2. HS MuSchG 42.

gefährdet waren.
Diese in ihrem pauschalen Beschäftigungsverbot vollkommen neue Vorschrift sollte eine komplikationslose Schwangerschaft und die Geburt gesunder Kinder gewährleisten und aus diesem Grunde auch schon dann eingreifen, wenn eine großzügigere Pausenregelung, eine tageweise Unterbrechung der Arbeit etc. für den weiteren Verlauf der Schwangerschaft medizinisch angezeigt war und genügt hätte[706].
§ 2 II MuSchG bestimmte über die Generalklausel des § 2 I MuSchG hinaus Beschäftigungsverbote für Tätigkeiten, die nach dem damaligen Stand der medizinischen Wissenschaften den Gesundheitszustand von Mutter oder Kind zu gefährden geeignet waren - wie z.B.: Heben von Lasten, Arbeiten mit gesundheitsschädlichen Stoffen, Tätigkeiten in Hitze, Kälte oder Nässe, Fließband- und Akkordarbeit.
Das Beschäftigungsverbot nach der Niederkunft betrug - wie auch vor Geltung des MuSchG - weiterhin 6 Wochen, wurde aber für stillende Mütter auf bis zu 12 Wochen verlängert[707]. Darüber hinaus wurde das Gewerbeaufsichtsamt ermächtigt, Schutzmaßnahmen für Frauen anzuordnen, die "nach ärztlichem Zeugnis in den ersten Monaten nach der Niederkunft nicht voll leistungsfähig" waren[708].
Die Stillzeiten verlängerte das MuSchG 42 auf 2x täglich 45 Minuten bzw. 1x täglich 90 Minuten. Einschneidender als die Erweiterung war dabei die ausdrückliche Bestimmung, daß die Gewährung der Stillzeiten keinen Lohnausfall zur Folge

706. Schmidt/Bauer, Mutterschutzgesetz § 2 Anm. 2.

707. § 3 Abs. 1 MuSchG 42.

708. § 3 Abs. 2 MuSchG 42.

haben durfte[709].

Das Kündigungsverbot wurde auf die gesamte Dauer der Schwangerschaft und auf 4 Monate nach der Geburt ausgedehnt.

Die praktisch bedeutsamste Regelung innerhalb des umfangreich ausgebauten Mutterschutzes im Jahre 1942 dürfte § 7 MuSchG 42 gewesen sein, der die bislang den sozialversicherungsrechtlichen Vorschriften überlassene Gewährung von Wochen- und Stillgeld beinhaltete.

Während bis zum Inkrafttreten des Mutterschutzgesetzes von 1942 lediglich die Hälfte des Durchschnittseinkommens als Krankengeld ausgezahlt wurde und die Frauen also erhebliche finanzielle Verluste hinnehmen mußten, wollten sie sich ganz ihrem Kind widmen, erhielten sie nach § 7 I 1 MuSchG 42 für die Dauer ihres schwangerschaftsbedingten Ausfalls vollen Lohnausgleich. Dies galt nicht nur für krankenversicherte Arbeitnehmerinnen, sondern für alle Frauen in einem Arbeitsverhältnis[710].

Die bis 1942 von den Frauen hinzunehmende Einbuße der Hälfte des Arbeitsentgeltes hatte dazu geführt, daß Frauen häufig bis kurz vor der Niederkunft gearbeitet hatten und so der Gesundheitsschutz der Schwangeren praktisch vereitelt wurde. Einen zusätzlichen Anreiz zur Weiterarbeit hatte der Umstand gebildet, daß das Wochengeld nach der RVO neben dem Lohn gezahlt werden konnte[711]. Zur effektiveren Gestaltung des Mutterschutzes wurde diese Möglichkeit der doppel-

---

709. § 5 S. 5 MuSchG 42.

710. § 7 Abs. 1 S. 2 MuSchG 42.

711. Bulla/Buchner, Mutterschutzgesetz Teil B, II, Anm. 15, S. 102.

ten "Entlohnung" in § 7 I 2 MuSchG 42 ausdrücklich unterbunden.

2. Motive

Bei der Gesamtkonzeption des Mutterschutzgesetzes von 1942 stellt sich die Frage, ob die Erweiterung der Mutterschutzvorschriften allein den gewandelten Verhältnissen und Bedürfnissen in der Arbeitswelt entsprach[712] oder ob sie zumindest auch der nationalsozialistischen Ideologie entsprungen war.
Es ist sicher nicht zu verkennen, daß im Zuge fortschreitender Industrialisierung die Anforderungen im Arbeitsprozeß stetig gewachsen sind. Gerade unter Kriegsbedingungen waren die Ausstattung der Arbeitsplätze, was Schutz- und Sicherungsmittel anbelangte, nicht auf die Tätigkeiten werdender Mütter zugeschnitten waren. Des weiteren mußten Frauen die eingezogenen Männer an Stellen ersetzen, die ansonsten ausschließlich männlichen Arbeitnehmern vorbehalten waren. Diese Situation war allerdings im Ersten Weltkrieg nicht grundlegend anders; auch von 1914 bis 1918 war ein verstärkter Einsatz der Frauen zur Aufrechterhaltung der deutschen (Rüstungs-)Industrie zwingend notwendig. Im Ersten Weltkrieg sind keinerlei Erweiterungen des Mutterschutzes vorgenommen worden[713]. Die Veränderungen im Arbeitsleben allgemein können daher nicht allein zur Begründung der umfassenden Schutzvorschriften für Mütter und Stillende herangezogen werden. Aus der Einleitung zum Mutterschutzgesetz von 1942[714] ergibt sich viel-

---

712. Gröninger/Thomas, Mutterschutzgesetz, Einführung 1.

713. Dasselbe gilt für Arbeitszeiten und Beschäftigungsverbote im 1. Weltkrieg.

714. RGBl. 42, I, 321.

mehr die bevölkerungspolitische Intention des nationalsozialistischen Gesetzgebers, der gewährleisten wollte, daß die Frau "die Pflichten ihrer Mutterschaft ungefährdet erfüllen kann."[715] Schon der Wortlaut läßt - unter Einbeziehung der Rolle der Frau als Hausfrau und Mutter in der nationalsozialistischen Ideologie - die auch während des Krieges noch bestehende Vorrangigkeit der Mutterschaft einer Frau erkennen. Die amtliche Begründung zum Mutterschutzgesetz von 1942 geht damit korrespondierend davon aus, daß das Gesetz nicht den Abschluß "sondern den Anfang eines Mutterschutzes" darstellt, "der sich auf alle Mütter erstrecken und weiter ausgebaut werden soll. Ziel wird dabei sein, die während des Krieges ausgeweitete Berufstätigkeit der Ehefrau wieder einzuschränken und die Frauen, die jetzt ihre volle Arbeitskraft für die Sicherung der Freiheit des deutschen Volkes einsetzen, wieder ganz der Familie zuzuführen."[716] Zusätzlich zu diesen ideologischen "Fernzielen" muß berücksichtigt werden, daß kriegsbedingt immer weniger Geburten verzeichnet wurden und deshalb ein Anreiz geschaffen werden mußte, unter erschwerten Verhältnissen Kinder zu bekommen.

§ 10 Löhne

Der Bereich der Lohnpolitik von 1933 bis 1945 soll - um den Rahmen dieser Arbeit nicht zu sprengen - nur insoweit untersucht werden, als geschlechtsabhängig von der[717] Forderung nach

---

715. Einleitung zum MuSchG 42, RGBl. 42, I, 321.

716. Amtliche Begründung zum MuSchG 42 RArbBl. 42, III, 159.

717. - auch heute noch nicht verwirklichten -.

gleichem Lohn für gleiche Arbeit abgewichen wurde.

Eine geringere Entlohnung der Frauenarbeit in Relation zur Männerarbeit entsprach in Deutschland wie auch in anderen Industriestaaten schon lange vor 1933 ständiger Übung. Diese Ungleichbehandlung mag zum einen darauf beruht haben, daß - insbesondere vor der Industrialisierung - die Bewältigung vieler Arbeiten von physischen Kräften abhing und Männer daher für diese Tätigkeiten produktiver eingesetzt werden konnten, und zum andern darf nicht verkannt werden, daß in einer patriarchalischen Gesellschaftsstruktur die Arbeit der Frau schon ideell einen niedrigeren Stellenwert als die des Mannes hatte.

Auch unter der Herrschaft der Nationalsozialisten in Deutschland wurden Frauen zum Teil sogar erheblich[718] schlechter bezahlt als Männer[719]. Im folgenden soll untersucht werden, ob der nationalsozialistische Gesetzgeber in ideologisch geprägter Art und Weise eine geschlechterspezifische Lohnstaffelung erweitert und ausgebaut hat und Frauen daher zu dieser Zeit besonders diskriminiert worden sind.

Die pauschale Feststellung "das Lohnsystem des Dritten Reiches benachteiligte die Frau in extremer Weise"[720] ist dabei nicht erschöpfend.

1933 und in den ersten Jahren danach war es zu Zeiten hoher Arbeitslosigkeit das politische und ideologische Ziel der Nationalsozialisten,

---

718. In einigen Zweigen erhielten Frauen nur 40 % des Männerlohnes vgl. Kuhn/Rothe, Frauen im deutschen Faschismus Bd. 2 S. 66 ff m.w.N.

719. Gerhardt, Deutsche Arbeits- und Sozialpolitik S. I 255; Hästling, Die Lage der erwerbstätigen Frau S. 54.

720. Tidl, Die Frau im Nationalsozialismus S. 38, der ohne weitere Kommentierung die geringere Bezahlung der Frauen feststellt.

Frauen vom Arbeitsmarkt zu verdrängen und deren Arbeitsplätze für männliche Arbeitnehmer frei zu machen und sie ihrer "natürlichen Bestimmung" zuzuführen. Diese Intention, die z.B. an Maßnahmen wie Ehestandsdarlehen, Kinderbeihilfen und Steuerermäßigungen[721] erkennbar wird, hätte auch in der Lohnpolitik ihren Niederschlag finden können. Durch eine gesetzlich festgelegte Minderbezahlung der weiblichen Arbeitskräfte hätte diesen der letzte Anreiz an einer außerhäuslichen Arbeitsstelle genommen werden können. Eine derartige Gesetzgebung fehlt allerdings; der Zustand der ungleichen Löhne ist weder geändert noch festgeschrieben worden.
Im Zuge des ständig steigenden Arbeitskräftebedarfs wurden auch Frauen - als die billigeren Arbeitskräfte - vermehrt in den Fabriken beschäftigt. Zu diesem Zeitpunkt griff die Deutsche Arbeitsfront (DAF)[722], ein Verband der NSDAP, die alte Forderung der Gewerkschaften der Weimarer Republik nach gleichem Lohn für gleiche Arbeit wieder auf; zur Begründung wurde nicht nur das Argument, die geringere Entlohnung der Frauen steigere allein die Unternehmergewinne,

---

721. s.o. 1. Kapitel § 2 C und D.

722. "Die DAF ist ein angeschlossener Verband der NSDAP im Sinne des Gesetzes zur Sicherung der Einheit von Partei und Staat. Im Sinne der Forderung des Führers, nach welcher die Partei dem Staat befiehlt, wird die DAF von der Partei geführt, und demgemäß hat die DAF das Recht, von den staatlichen Institutionen bei der Durchführung ihrer Aufgaben unterstützt zu werden. Die DAF ist die Organisation der schaffenden Deutschen der Stirn und Faust. In ihr sind alle Arbeiter, Angestellten, Betriebsführer, selbständige Handwerker, Kaufleute usw. als gleichberechtigte Mitglieder zusammengeschlossen. Die DAF ist im Rahmen ihrer Aufgaben die allein zuständige Organisation." Definition aus Jamrowsky, Handbuch des Betriebsführers S. 191; vgl. VO über die DAF vom 24.10.1934 abgedr. in: Das neue deutsche Arbeitsrecht Bd. 4, VII, Anhang S. 1.

angeführt, sondern darüber hinaus dargelegt, daß eine schlechtere Bezahlung der weiblichen Arbeitnehmerinnen auch bevölkerungspolitisch unerwünscht sei. Wegen der Lohnersparnisse würden Frauen für körperlich harte und u.U. gesundheitsschädliche Arbeit herangezogen, obwohl hinreichend Männer vorhanden seien[723].

Anders als in den meisten anderen Industriestaaten äußerten sich Regierungskreise zumindest positiv zu einer gerechteren Entlohnung von Frauen. Ein Umsetzen dieser Ideen in die Tat blieb freilich aus.
Im Hinblick auf diese Überlegungen kann die Lohnpolitik in Deutschland vor dem Zweiten Weltkrieg nicht von vornherein als frauenfeindlich qualifiziert werden. Selbst wenn bevölkerungspolitische Ziele, wie oben erwähnt[724], motivierend wirkten, wären die höheren Löhne den Frauen unmittelbar zugute gekommen. Zwischen den Arbeitszeitregelungen und Beschäftigungsverboten "zugunsten" der Frauen und der Lohnfrage besteht ein qualitativer Unterschied: Ein Beschäftigungsverbot führt direkt dazu , daß eine Frau eine bestimmte Tätigkeit nicht ausübt und ihre Gesundheit und Gebärfähigkeit nicht gefährdet - wirkt also als gesetzlicher Zwang -. Bei einer gesetzlichen Bestimmung, wonach für Frauen und Männer ein gleicher Lohn zu zahlen wäre, müßte um dasselbe Ziel zu erreichen, der Unternehmer in die Kausalkette einbezogen werden. Stellt er statt der Frau einen Mann ein, so wird der

723. Winkler, Frauenarbeit im Dritten Reich S. 74 m.w.N. in FN 41.

724. Deren Realisierung erscheint äußerst zweifelhaft.

bevölkerungspolitische Zweck erreicht - bleibt die Frau beschäftigt, ist sie die allei-nige Nutznießerin der Regelung.

Nach Ausbruch des Zweiten Weltkrieges wurde mit der Kriegswirtschaftsverordnung noch im Oktober 1939 bestimmt, daß die Löhne vom Reichstreuhänder und Sondertreuhänder der Arbeit den Kriegsverhältnissen angepaßt werden sollten und eine Erhöhung davon abweichend verboten war[725]. Die Verordnung bewirkte einen Lohnstopp; die zu Kriegsbeginn bestehenden Lohnverhältnisse mit ihren Ungleichheiten waren zunächst festgeschrieben.

Anders als im Ersten Weltkrieg waren im Zweiten Weltkrieg die staatlichen Unterhaltsbeiträge für Ehefrauen von Soldaten so hoch, daß es zahlreiche Frauen - nicht zuletzt wegen der niedrigen Löhne - vorzogen, zu hause zu bleiben, und ihre Arbeitsstelle aufgaben[726].

Der ständig wachsende Bedarf an (Rüstungs-) Arbeiterinnen hätte - um die kriegswichtige Produktion aufrechterhalten bzw. steigern zu können - durch gezielte Maßnahmen gedeckt werden müssen.

Dazu bot sich zum einen eine allgemeine Dienstpflicht für Frauen an, für die eine gesetzliche Grundlage schon vor Kriegsbeginn geschaffen war[727]. Der Durchsetzung der allgemeinen Frauendienstpflicht standen indes ideologische und praktische Bedenken entgegen: das nationalsozialistische Fernziel war es, die Frauen ganz

---

725. § 18 Abs. 1 KriegswirtschaftsVO vom 4.9.1939, RGBl. I, 1609 ff.

726. VO zur ERgänzung und Durchführung des Familienunterstützungsgesetzes vom 11.7.1937, RGBl. I, 1225; Gersdorff, Frauen im Kriegsdienst S. 51 ff; Winkler, Frauenarbeit im Dritten Reich S. 92 m.w.N. in FN 50.

727. § 1 der VO zur Sicherstellung des Kräftebedarfs für Aufgaben von besonderer staatspolitischer Bedeutung vom 13.2.1939, RGBl. I, 206 ff.

ihrer "natürlichen Aufgabe" zuzuführen[728], was einer auch nur vorübergehenden Verpflichtung zur außerhäuslichen Arbeit widersprach. Was die praktische Handhabung anbelangt, so scheinen die Behörden eine klare Antwort auf die Frage, was die Frauen von der Arbeit fernhielt, nicht haben geben können. Eine Unterscheidung zwischen bloßer Unlust und der Überbeanspruchung der Frauen durch die kriegsbedingte Erschwerung der Haushaltsführung und Ernährung der Kinder war praktisch nicht zu treffen[729]. Von der Möglichkeit zur Dienstverpflichtung wurde daher kaum Gebrauch gemacht[730] - nicht zuletzt, um die Bevölkerung nicht zu demoralisieren. In der zeitgenössischen Literatur wurden allerdings Stimmen laut, die eine Erweiterung des Frauenarbeitsdienstes und der Dienstpflicht forderten[731]. Auch der gesetzlich gewährte Rahmen der Sanktionierung bei Arbeitsverweigerung[732] wurde bei weitem nicht ausgeschöpft[733].

Neben dem direkt wirkenden Mittel der Dienstverpflichtung hätten u.U. höhere Löhne für die Frauen in Verbindung mit einer Bestimmung, das Gehalt nicht mehr auf die Unterhaltsunterstüt-

728. statt vieler: Amtliche Begründung zum MUSchG 42, RArbBl. 42, III, 159.

729. vgl. dazu Winkler, Frauenarbeit im Dritten Reich S. 106 ff.

730. Mason, Sozialpolitik im Dritten Reich S. 277.

731. Herwig, Gemeinschaft und Frauenarbeitsdienst S. 39 und 20 ff m.w.N. und Marawske-Birkner, Der weibliche Arbeitsdienst S. 250; diese Autorin betonte, daß der Krieg zeige, daß Deutschland Frauen brauche," die Haltung haben" (S. 73 ff).

732. § 28 AOG, RGBl. 34, I, 45 ff.

733. ausführlich Winkler, Frauenarbeit im Dritten Reich S. 94 ff.

zung anzurechnen, Anlaß zu freiwilliger Arbeit bieten können. Von diesem Lockmittel ist - was den gesamten Rüstungssektor anbelangt - abgesehen worden. Lediglich in anderen Gewerbezweigen ist der Frauenlohn dem der männlichen Arbeitskollegen angenähert worden[734].

Propaganda war daher das einzige umfassend eingesetzte Mittel, Frauen zum Arbeitseinsatz zu bewegen.

Die Lohngestaltung im Recht des Nationalsozialismus weist ingesamt keinen Ansatz besonders frauenfeindlicher Gesetzgebung auf. Eine spezifisch ideologische Ausrichtung der Lohnpolitik ist nicht feststellbar, so daß die eingangs beschriebene Pauschalierung der "extremen" Benachteiligung der Frauen durch das Lohnsystem im "Dritten Reich" nicht bestätigt werden kann. Vielmehr zeigen gerade die Forderungen der DAF nach Lohngleichheit im Hinblick auf die bisherigen Ausführungen zu nationalsozialistisch geprägten Arbeitsrechtsvorschriften und unter Berücksichtigung der historisch gewachsenen Ungleichheit der Löhne eine erstaunlich fortschrittliche und letztlich frauenfreundliche Tendenz.

§ 11 Tätigkeitsbereiche für Frauen

A NS-Ideologie zur "Verwendbarkeit" von Frauen

Im Bereich des Arbeitsschutzes konnten im Vorangegangenen zum Teil umfangreiche Verbesserungen für weibliche Arbeitnehmer in der Zeit von 1933 bis 1945 festgestellt werden, die nicht um den

---

734. z.B. Baugewerbe vgl. RArbBl. 41, IV, 7.

Schutz der Frau - um ihrer selbst willen - , sondern größtenteils aus bevölkerungspolitischen Aspekten heraus eingeführt worden waren. Ausdehnung des Mutterschutzes, Einschränkung der Arbeitszeiten und Erlaß von Beschäftigungsverboten fügen sich in die nationalsozialistische Ideologie, deren Idealbild die Freistellung der Frau von gewerblicher Arbeit überhaupt und deren gänzliche Rückführung in den "Schoß der Familie"[735] war, insoweit ein, als sie während der wirtschaftlich und arbeitsmarktpolitisch gegebenen Notwendigkeit der Beschäftigung von Frauen eine Mutterschaft ermöglichen oder zumindest die gesundheitlichen und körperlichen Voraussetzungen dafür erhalten sollten.
Dieser Ausbau des Arbeitsschutzes für Frauen darf indes nicht darüber hinwegtäuschen, daß zum einen - wie bereits ausgeführt - als Fernziel Frauen in Friedenszeiten vom Arbeitsmarkt vollkommen entfernt werden sollten und zum anderen auch zu Zeiten der Vollbeschäftigung und trotz des notorischen Arbeitskräftemangels während des Krieges Frauen für bestimmte Berufssparten als völlig ungeeignet angesehen und zum Teil von einer Betätigung ausgeschlossen wurden.
Als Anknüpfungspunkt dafür, in welchen Berufen Frauen beschäftigt werden sollten und durften, stand die Frage der Eignung im Vordergrund, wobei eher an die psychischen und intellektuellen denn an die physischen Fähigkeiten von Frauen gedacht war.
Schon in "Mein Kampf" hatte Hitler dementsprechende Erziehungsziele für Mädchen formuliert: "Auch dort ist das Hauptgewicht vor allem auf die körperliche Ausbildung zu legen, erst dann auf die Förderung der seelischen und zuletzt der

---

735. Amtliche Begründung zum MUSchG 42, RArbBl. 42, III, 159; vgl. Rühle, Das Dritte Reich Bd. V S. 343.

geistigen Werte. Das Ziel der weiblichen Erziehung hat unverrückbar die kommende Mutter zu sein."[736] Für die Jungenerziehung hatte Hitler zwar auch die körperliche Ertüchtigung in den Vordergrund gestellt und dies damit begründet, daß "ein körperlich gesunder Mensch ... für die Volksgemeinschaft wertvoller ist, als ein geistreicher Schwächling."[737] Die weiteren von ihm beschriebenen Erziehungsziele wie z.B. Verantwortungsbewußtsein[738], Charakterfestigkeit[739], Fähigkeit zu logischem Denken[740] etc. bezieht er allein auf die männliche Jugend. Nach 1933 wurden dann die Lehrpläne an den deutschen Schulen so geändert, daß Mädchen nahezu ausschließlich auf ihren "Beruf als Mutter" hin ausgebildet wurden[741]. Der Lehrplan sollte "durch die Einführung des pflichtgemäßen Unterrichts in Hauswirtschaft einschließlich Handarbeit und Gartenbau, in Gesundheits-, Säuglings- und Kleinkinderpflege sowie nach Möglichkeit durch praktische Arbeit in Krippen, Kindergärten und -horten dem Ziel der Mädchenbildung der Mittelschule Rechnung (tragen): verantwortungs- und rassebewußte deutsche Mädchen zu erziehen, die als zukünftige Hausfrauen und Mütter oder in den weiblichen (gehobenen) Berufen dem Volke ihren Beitrag zu seiner Lebensentfaltung erbringen."[742]

---

736. Hitler, Mein Kampf S. 459 f.

737. Hitler, Mein Kampf S. 452.

738. Hitler, Mein Kampf S. 462.

739. Hitler, Mein Kampf S. 460.

740. Hitler, Mein Kampf S. 466.

741. Lück, Die FRauen im Männerstaat S. 70 m.w.N.; Klinksiek, Die Frau im NS-Staat S. 41; Tidl, Die Frau im Nationalsozialismus S. 46.

742. Bestimmungen über Erziehung und Unterricht in der

Außerhalb der Tätigkeit als Hausfrau und Mutter sollten also "weibliche" Berufe in Betracht kommen, wobei es sich insbesondere um Berufe im pflegerischen und erzieherischen Bereich handelte[743], für die Frauen sich - nicht zuletzt wegen der behaupteten Monotonie der Arbeitsweise - nach nationalsozialistischem Kenntnis- und Erfahrungsstand besonders eigneten. "Dabei müsse man sich wundern, daß (diese) Volksschullehrer es überhaupt aushalten, alljährlich vor ihren Schülern dasselbe zu exerzieren. Für solch ständige Wiederholungen sei sowohl physisch als auch psychisch an sich ja nur die Frau geeignet. Die Frau empfinde es nicht als Belastung, als Mutter ein Kind nach dem anderen auf dieselbe Weise zur Welt zu bringen und großzuziehen. Die Frau finde sich als Stenotypistin mit den ständigen Wiederholungen einer überwiegend mechanischen Arbeit ab. Die Frau sei deshalb auch am ehesten geeignet, den Abc-Schützen in den Schulen die Anfangsgründe des Lesens und Schreibens beizubringen. Man solle deshalb dafür sorgen, daß von den 2 Millionen Frauen, die in Deutschland unverheiratet durchs Leben gingen, möglichst viele

---

Mittelschule. Sonderdruck aus dem Handbuch für Mittelschulen, hrsg. Pax, Raffauff, Schroedel S. 9, zit. in: Lück, Die Frau im Männerstaat S. 66 und vgl. Reichsjugendführung (Hrsg.), Mädel im Dienst S. 9 ff, die in ihrer Anleitung zur Führung von Jungmädelgruppen darauf hinwies, daß das Staatsinteresse eine bessere hauswirtschaftliche Ausbildung erfordere; ebenso Marawske-Birkner, Der weibliche Arbeitsdienst S. 70 ff; ähnl. Klaus, Mädchen im Dritten Reich S. 58 ff.

743. Thalmann, Frau sein im Dritten Reich S. 96 ff;vgl. auch Eggener DR 38, 92ff, 92, die u.a. den Einsatz der Frau bei der Bewältigung "weiblicher Sonderaufgaben" in Erwägung zog und die Notwendigkeit "weiblicher Mitarbeit zur Ergänzung männlicher Leistung" hervorhob.

die Möglichkeit erhalten, als Lehrerinnen einen ihren mütterlichen Empfindungen entsprechenden Lebensberuf zu erhalten."[744]

Der Gedanke, daß Frauen für eintönige Arbeiten besser geeignet seien als Männer, blieb nicht auf den Erziehungsbereich beschränkt. Auch bei der Fabrikarbeit habe sich gezeigt, "daß weibliche Arbeiterinnen gleichförmige Tätigkeiten besser vertragen sollen, also für monotone Tätigkeiten, mithin für Fließbandarbeit besser geeignet sind als der Durchschnitt der männlichen Schaffenden."[745]
Auch die Intelligenz der Frauen sei im wesentlichen anders beschaffen als die der Männer und stehe insbesondere "im abstrakten Denken und Beobachten ... hinter dem Mann zurück;"[746] bei technischem Denken versage die Frau darüber hinaus völlig[747].

Die bisherigen Ausführungen finden ihre Bestätigung in den "Richtlinien für die Beschäftigung von Frauen im Mobfall,"[748] die u.a. regelten: "...3. Frauen sollen nicht mit Arbeiten beschäf-

---

744. Picker, Tischgespräche S. 218.

745. Arbeitswissenschaftliches Institut der DAF Jahrbuch 1939 Bd. I S. 447 zit. in: Tröger, Die Frau in ihrem wesensmäßigen Einsatz in: Frauengruppe Faschismusforschung (Hrsg.), Mutterkreuz und Arbeitsbuch S. 246 ff, 264.

746. Arbeitswissenschaftliches Institut der DAF, Jahrbuch 1940/41 Bd. I, S. 383 zit. in: Tröger, Die Frau in ihrem wesensmäßigen Einsatz in: Frauengruppe Faschismusforschung (Hrsg.), Mutterkreuz und Arbeitsbuch S. 246 ff, 264.

747. wie FN 740 und Horst RArbBl. 41, III, 324 ff, 324.

748. Runderlaß Nr. 426/38 des Reichswirtschaftsministers vom 19.10.1938 abgedr. in: Gersdorff, Frauen im Kriegsdienst, Dok. 111.

tigt werden, die besondere Geistesgegenwart, Entschlußkraft und schnelles Handeln erfordern. 4. Frauen sollen im allgemeinen nicht mit Arbeiten betraut werden, die besonderes technisches Verständnis und technische Kenntnisse erfordern." ...."[749].

B Frauen in sog. gehobenen Tätigkeiten

I Ausbildungsbeschränkungen

Die Ansichten über die "Verwendbarkeit" der Frau und das ideologische Fernziel der Rückführung der Frauen in den Beruf der Hausfrau und Mutter hatten unmittelbare Auswirkungen auf die Bereiche, in denen aus arbeitsmarktpolitischen Gesichtspunkten wegen des Vorhandenseins und der Einsatzfähigkeit von Männern am ehesten auf die Mitarbeit der Frauen verzichtet werden konnte - auf die sog. gehobenen Berufe der leitenden Angestellten, Lehrerinnen, Juristinnen und Ärztinnen.

Bereits im April 1933 wurde ein numerus clausus für Frauen mit der ideologischen Begründung, Intellekt sei unweiblich[750], an den deutschen Universitäten eingeführt; nur noch 10% aller Studierenden durften weiblichen Geschlechts sein[751].

Damit wurde vielen Frau bereits die Basis für

---

749. vgl. auch: Mason, Sozialpolitik im Dritten Reich S. 278 f.

750. Said, Zur Situation der Lehrerinnen in der Zeit des Nationalsozialismus in: Frauengruppe Faschismusforschung (Hrsg.), Mutterkreuz und Arbeitsbuch S. 105 ff, 110.

751. Gesetz gegen Überfüllung an Deutschen Hochschulen vom 28.4.1933.

einen der o.g. Berufe entzogen. Zu dieser deutlichen gesetzlichen Maßnahme kamen tatsächliche Beschränkungen durch Propaganda und Druck auf die Schülerinnen[752]. Darüber hinaus wurden auch im Studium die hauswirtschaftlichen Aufgaben der Frau und deren grundsätzliche Unvereinbarkeit mit einer akademischen Ausbildung betont[753].

II Maßnahmen im Bereich des öffentlichen Dienstes

Neben diesen rechtlichen und faktischen Ausbildungsbeschränkungen für (akademische) Berufe verschlechterten sich die Berufsaussichten für weibliche Selbständige, Beamtinnen und Akademikerinnen zusehends[754].

Da das natinalsozialistische Regime im Bereich des öffentlichen Dienstes naturgemäß die besten und unmittelbarsten Eingriffsmöglichkeiten hatte, erfolgten Einstellungs- bzw. Beförderungsbeschränkungen für Frauen bereits im ersten Halbjahr des Jahres 1933[755].
Im Zuge der "Doppelverdienerkampagne"[756] waren zunächst verheiratete Frauen betroffen. Mit Gesetz vom 30.6.1933[757] wurde die Entlassung von

---

752. Thalmann, Frausein im Dritten Reich S. 104 ff; Weyrather, Numerus Clausus für Frauen in: Frauengruppe Faschismusforschung (Hrsg.), Mutterkreuz und Arbeitsbuch S. 131 ff, 143 ff.

753. Klinksiek, Die Frau im NS-Staat S. 45; Thalmann, Frausein im Dritten Reich S. 104 ff.

754. Kuhn/Rothe, Frauen im deutschen Faschismus Bd. 2, S. 88; Reichenau, Frauenarbeit im Dritten Reich in: Die Frau in der Gesellschaft S. 364 ff, 368 f.

755. Thalmann, Frausein im Dritten Reich S. 95 ff m.w.N.

756. Reichenau, Frauenarbeit im Dritten Reich in: Die Frau in der Gesellschaft S. 370.

757. Gesetz zur Änderung von Vorschriftenauf dem Gebiete

Beamtinnen und Angestellen im öffentlichen Dienst ermöglicht, wenn das Familieneinkommen durch den Ehemann gesichert war[758]. Lagen die Voraussetzungen für eine Entlassung nicht vor oder sollte diese aus anderen Gründen nicht veranlaßt werden, konnte die Besoldung der verheirateten Frauen gekürzt werden.[759] Darüber hinaus war nunmehr gesetzlich verankert, daß verheiratete Frauen erst mit Vollendung ihres 35. Lebensjahres in das Beamtenverhältnis übernommen werden konnten[760]. Knapp ein Jahr später - im Mai 1934 - wurden diese Vorschriften auf alle Frauen ausgedehnt[761], so daß seit 1934 auch unverheiratete Frauen und Frauen arbeitsloser Männer betroffen waren.

Diese Sonderbestimmungen für Frauen im öffentlichen Dienst entsprechen der bis ca. 1935 eindeutig verfolgten arbeitsmarktpolitischen Zielsetzung, Frauen aus dem Erwerbsleben zu verdrängen, um die Wirtschaftskrise und die Arbeitslosigkeit von Männern überwinden zu können[762].

Diese Tendenz, Frauen aus dem öffentlichen Dienst zu entfernen, setzte sich allerdings auch fort, nachdem die Vollbeschäftigung nahezu erreicht war und in anderen Bereichen Frauen - z.B. als Industriearbeiterinnen - wieder ver-

---

des allgemeinen Beamten-, des Besoldungs- und Versorgungsrechts vom 30.6.1933, RGBl. I, 433 ff.

758. RGBl. 33, I, 433, Kapitel III des Gesetzes wie FN 751, das sich mit der "Rechtsstellung der weiblichen Beamten" befaßt.

759. RGBl. 33, I, 433 ff, Kap. III, Zif. 7.

760. RGBl. 33, I, 433 ff, Kap. III, Zif. 2.

761. Gesetz wie FN 757 i.d.F. vom 31.5.1934, RGBl. I, 471, Kap. I, Zif. 2.

762. vgl. z.B. Parallelen bzgl. der Gesetzgebung zum Ehestandsdarlehen (s.o. 1. Kapitel § 2, B).

stärkt als Arbeitskraft gefragt waren. Die nationalsozialistische Auffassung, Frauen seien grundsätzlich für einige Tätigkeiten nicht verwendbar, wurde in § 1 III der Verordnung vom 28.2.1939[763] manifestiert. Danach durften Frauen nur solche Staatsstellen zugewiesen werden, die nach ihrer Art allein[764] mit Frauen besetzbar waren. Schon bevor dies gesetzlich geregelt war, war die nahezu ausschließliche Besetzung - insbesondere höherer - Beamtenstellen mit Männern ständige Verwaltungspraxis, nachdem der "Führer und Reichskanzler" diese Vorgehensweise in einem einfachen Rundbrief 1937 angeordnet hatte[765]. In der Praxis erscheint dabei der Fall einer Astronomin auffällig, die für eine Observatorenstelle einer Sternwarte nur deshalb abgelehnt wurde, weil sie eine Frau war, obwohl sie wegen ihrer außerordentlich hohen Qualifikation und langjährigen Berufserfahrung keine vergleichbaren männlichen Mitbewerber hatte[766].

Die einschneidenden Bestimmungen zu der Beschäftigung von Frauen im öffentlichen Dienst haben

---

763. VO über die Vorbildung und Laufbahnen der deutschen Beamten vom 28.2.1939, RGBl. I, 371 f.

764. entfällt

765. Gersdorff, FRauen im Kriegsdienst S. 283, wo dieses Schreiben im Dok. 110 erwähnt wird; vgl. Thalmann, Frauen im Dritten Reich S. 102 f.

766. Es handelt sich um Frau Dr. Margarete Güssow, für die die Reichsfrauenführerin Gertrud Scholz-Klink sich einsetzte und an den Stabsleiter des Führers Martin Bormann am 24.1.1938 u.a. schrieb: "...Die Tendenz, hochbegabte, leistungsfähige Frauen in ihrer Arbeit nicht weiter kommen zu lassen, ihre Leistungen, nur weil sie von einer Frau kommen, nicht zu fördern, nimmt in letzter Zeit zu..." abgedr. in: Gersdorff, Frauen im Kriegsdienst Dok. 110. Frau Güssow scheint die Stelle noch erhalten zu haben, vgl. Thalmann, Frausein im Dritten Reich S. 104 - dort werden weitere Beispiele angeführt.

sich im hohen Maße auf die Situation der Lehrerinnen im Dritten Reich ausgewirkt, weil gerade in dieser Berufsgruppe Frauen mit einem überdurchschnittlich großen Anteil vertreten waren[767].

III Juristinnen

Weniger von gesetzlichen Regelungen getragen - dafür aber um so gravierender - waren die Maßnahmen gegen die Juristinnen im Dritten Reich.

Bereits 1878 regelte die Rechtsanwaltsordnung[768] zwar die Zulassung zur Rechtsanwaltschaft geschlechterunabhängig; dabei muß aber darauf hingewiesen werden, daß die Zulassung zur Rechtsanwaltschaft allgemein die "Befähigung zum Richteramt" voraussetzte[769]. Erst 1922 wurde unter Reichsjustizminister Gustav Radbruch und Reichspräsident Friedrich Ebert für Frauen die Möglichkeit eröffnet, die Befähigung zum Richteramt zu erwerben und zur Richterin, Handelsrichterin, Amtsanwältin, Gerichtsschreiberin und Gerichtsvollzieherin ernannt zu werden[770]. Diese Gesetze wie auch die Weimarer Reichsverfassung, deren Art 119 die Gleichheit von Mann und Frau normierte[771], hatten auch während der Zeit von

---

767. ausführlich: Said, Zur Situation der Lehrerinnen in der Zeit des Nationalsozialismus in: Frauengruppe Faschismusforschung (Hrsg.), Mutterkreuz und Arbeitsbuch S. 105 ff; diesen Ausführungen ist im Rahmen dieser Arbeit nichts hinzuzufügen.

768. Rechtsanwaltsordnung vom 1.7.1878, RGBl. I, 177.

769. Rechtsanwaltsordnung vom 1.7.1878, RGBl. I, 177.

770. Art. I des Gesetzes über die Zulassung der Frauen zu Ämtern und Berufen der Rechtspflege vom 11.7.1922, RGBl. I, 573ff; Art. 128 WRV garantierte gleichen Zugang zu öffentlichen Ämtern.

771. Art. 119 WRV RGBl. 19, I, 1383.

1933 bis 1945 zumindest formelle Gültigkeit, d.h. sie wurden nicht durch entsprechende gesetzgebungs- bzw. verfassungsändernde Verfahren außer Kraft gesetzt.

Noch 1934 erging eine Anordnung des Reichsjustizministeriums, wonach Juristinnen, die im Bund Nationalsozialistischer Deutscher Juristen (BNSDJ) organisiert waren, eine besondere Vertretung erhalten sollten, "um den besonderen Aufgaben der Frauen auf dem Gebiete des Rechts Rechnung tragen zu können."[772] Wie diese Anordnung im Hinblick auf die Anfang 1935 folgenden Diskriminierungen weiblicher Juristen auszulegen ist, erscheint zumindest zweifelhaft.

Trotz dieser - dem Wortlaut nach für Frauen eher positiven- Tendenz der Anordnung und der bestehenden Gesetzeslage erhielten die Oberlandesgerichtspräsidenten und Generalstaatsanwälte im September 1935 seitens des Reichsjustizministeriums die Mitteilung, daß eine Anstellung von Frauen als Richter und Staatsanwälte künftig nicht mehr möglich sei[773]. In der Folgezeit wurde diese Anweisung gegenüber den o.g. Stellen wiederholt mit dem Hinweis, man werde bemüht sein, Assessorinnen im verwaltenden Justizdienst unterzubringen[774]. Die Bereitschaft, die Frauen im Justizdienst zu beschäftigen, wurde damit

---

772. AnO Nr. 8/34 des Reichsjustizkommissars Frank abgedr. in: DR 34, 137.

773. Erlaß des RJM vom 17.9.1935 - Ia 10615 - s. Meier-Scherling DRiZ 75, 10ff, 11; Deutscher Juristinnenbund (Hrsg.), Juristinnen in Deutschland S. 18.

774. Schreiben des RJM vom 10.1.1936 - Ia 907b - abgedr. in: Deutscher Juristinnenbund (Hrsg.), Juristinnen in Deutschland, Anhang 25; Schreiben des RJM vom 24.8.1936 - III A 1 - HT 2204/11 - abgedr. wie vor, Anhang 26 und Gersdorff, Frauen im Kriegsdienst Dok. 108; Schreiben des RJM vom 16.1.1937 - 3176 - Ia

begründet, daß "diese Frauen ... auf ihre Ausbildung erhebliche Mittel verwandt und sie in der ganz überwiegenden Mehrzahl - z.T. unter sehr erheblichen Opfern - mit Fleiß und Ernst zu einem erfolgreichen Abschluß gebracht" haben[775]. Es wurden in Anlehnung an diese Anweisungen zwar Juristinnen in den Verwaltungsdienst übernommen; die meisten von ihnen wurden aber unter Anwendung der besoldungsrechtlichen Vorschriften[776] geringer bezahlt und in untergeordneteren Positionen beschäftigt als es ihrer Ausbildung entsprochen hätte[777].

Was die Zulassung zur Rechtsanwaltschaft anbelangt, so wurde die geschlechtsunabhängige Behandlung, wie sie die Rechtsanwaltsordnung von 1878 vorsah, durch nationalsozialistische Gesetze fortgeschrieben. Die zwischen 1933 und 1945 erlassenen diesbezüglichen Gesetze trafen zwar Regelungen, die Nicht-Arier von der Rechtsanwaltschaft ausschlossen, ließen Frauen aber ohne Einschränkung zu bzw. enthielten keine Bestimmungen gegenüber Frauen[778].

730/37 - abgedr. wie vor: Juristinnen Anhang 27 und Gersdorff Dok. 109.

775. Schreiben des RJM vom 16.1.1937 - 3176 - Ia 730/37 abgedr. vgl. FN 767.

776. Gesetz zur Änderung von Vorschriften auf dem Gebiet des allgemeinen Beamten-, Besoldungs- und Versorgungsrechts vom 30.6.1933, RGBl. I, 433 f, Kap. III, Zif. 7.

777. Deutscher Juristinnenbund (Hrsg.), Juristinnen in Deutschland S. 19 m.w.N..

778. Gesetz über die Zulassung zur Rechtsanwaltschaft vom 7.4.1933, RGBl. I, 188; Gesetz zur Überleitung der Rechtspflege auf das Reich vom 16.2.1934, RGBl. I, 91 (Art. 3); Zweites Gesetz zur Änderung der Rechtsanwaltsordnung vom 13.12.1935, RGBl. I, 1470 ff.

Gerade die Beschränkung auf Arier macht deutlich, daß auch diese Gesetzgebung von nationalsozialistischem Gedankengut geprägt und durchzogen war. Um so mehr verwundert es, daß frauenbezogene Normen fehlten. Dies läßt sich möglicherweise damit erklären, daß der gesetzliche Ausschluß von Frauen den Unmut unter den Juristen hätte zu groß werden lassen; darüber hinaus bestanden zum einen nur beschränkte Möglichkeiten für Frauen, Rechtswissenschaften zu studieren, zum anderen hatten erst relativ wenige Frauen das Assessorexamen mit Erfolg abgelegt[779], so daß u. U. auch ein praktisches Bedürfnis noch einer gesetzlichen Regelung aus nationalsozialistischer Sicht gefehlt haben mag[780].

Obwohl die Gesetze nicht zwischen Männern und Frauen unterschieden, wurden Frauen seit Dezember 1935 nicht mehr zur Rechtsanwaltschaft zugelassen[781]. Nach § 4 der Reichsrechtsanwaltsordnung[782] entschied der Reichsjustizminister über die Zulassung der Anwälte und erteilte Frauen unter Hinwies auf den Willen des Führers keine Zulassung mehr[783].

---

779. s.o. 3. Kapitel § 11, B, I.

780. Wie in vielen anderen Bereichen kann die Frage, aus welchem Grunde die gewählte Regelungstechnik angewandt wurde, auch hier nicht abschließend geklärt werden; vgl. Kirschenmann, "Gesetz" im Staatsrecht und in der Staatsrechtslehre im Nationalsozialismus.

781. Meier-Scherling DRiz 75, 10 ff, 11.

782. RGBl. 35, I, 1470 ff.

783. Schreiben des RJM vom 16.1.1937 - 3176 - Ia 730/37 abgedr. vgl. FN 774; trotzdem führt Noack, Rechtsanwaltsordnung § 1 Anm. 8 aus, daß Frauen hinsichtlich der Zulassung den Männern völlig gleichgestellt waren.

Während des Zweiten Weltkrieges kam es auch in Justiz und Rechtspflege zu Engpässen. Für den Bereich des höheren Dienstes erging bzgl. der planmäßigen Anstellung von Frauen im Januar 1940 ein Schreiben des Generalbevollmächtigten für die Reichsverwaltung an die obersten Reichsbehörden. Darin wurde zunächst darauf hingewiesen, daß grundsätzlich nur Männer für den höheren Dienst ernannt werden sollten. Allerdings schließe § 1 III LaufbahnVO[784] Frauen nicht gänzlich aus. Ihre Einstellung sei lediglich auf bestimmte Stellen beschränkt, die "nach ihrer Art allein von Frauen besetzbar"[785] seien. Mit einer umfangreichen Begründung wird ausgeführt, daß im Hinblick auf den Wortlaut des § 1 III LaufbahnVO dann keine Bedenken gegen die Einstellung von Assessorinnen in den höheren Dienst bestünden, "wenn es sich um Stellen handelt, zu deren Besetzung sich Frauen besser eignen als Männer"[786]. Dies sei insbesondere auf dem Gebiet der Wohlfahrtspflege und bei Aufgaben, die die Betreuung von Frauen und Kindern verlangen, der Fall. Ob aufgrund dieses Rundschreibens weitere Frauen auf Planstellen im höheren Dienst eingestellt worden sind, ist mangels Statistik nicht nachprüfbar. Das Schreiben zeigt, daß wie im Bereich der (Rüstungs)-Arbeiterinnen bei Arbeitskräftemangel von der Ideologie abgewichen wurde.

---

784. Verordnung über die Vorbildung und die Laufbahnen der deutschen Beamten vom 28.2.1939, RGBl. I, 371 (LaufbahnVO).

785. § 1 Abs. 3 LaufbahnVO (vgl. FN 784)

786. Schreiben des Generalbevollmächtigten für die Reichsverwaltung vom Januar 1940 - GBV - 1229/39 - abgedr. in: Gersdorff, Frauen im Kriegsdienst Dok. 126.

Diese Tendenz bestätigt sich durch die spätere Wiederverwendung von Frauen im Grundbuchwesen und in der freiwilligen Gerichtsbarkeit[787]. Von der streitigen Gerichtsbarkeit blieben Frauen allerdings nach wie vor ausgeschlossen[788].

Auch eine Zulassung zur Rechtsanwaltschaft blieb den Frauen trotz der Einberufung zahlreicher Anwälte zum Kriegsdienst versagt. Es wurde ihnen lediglich gestattet, die Kanzlei eines Einberufenen als Vertreterin weiterzuführen, wenn es sich um den Ehegatten oder einen nahen Verwandten handelte[789].

Dieses Vertretungsrecht endete jedoch mit dem Tod des Rechtsanwaltes[790]. Daran wird deutlich, daß das Vertretungsrecht den Frauen nicht zu ihren eigenen Gunsten erteilt wurde, sondern allein, um dem Mann die Existenzgrundlage zu erhalten. Für die Frauen bedeutete dann der Tod des Mannes oder Bruders nicht nur einen schmerzlichen persönlichen Verlust; er entzog ihnen außerdem ihren bisherigen Wirkungskreis und die Einnahmequelle, so daß diese Frauen besonders hart betroffen waren.

---

787. Schreiben des RJM vom 16.1.1942 - 2200 Ia 36 - abgedr. in: Deutscher Juristinnenbund (Hrsg.), Juristinnen in Deutschland, Anhang 32; in diesem Schreiben wird ausdrücklich darauf hingewiesen, daß Grundbuch- und Registersachen mehr verwaltungsrechtlichen Charakters seien und der Einsatz der Frau daher gerechtfertigt erscheine; Schreiben des RJM vom 27.3.1942 - 2200 Ia 572 - abgedr. wie vor, Anhang 33.

788. Meier-Scherling DRiZ 75, 10ff, 12.

789. Deutscher Juristinnenbund (Hrsg.), Juristinnen in Deutschland S. 20; Meier-Scherling DRiZ 75, 12.

790. Schreiben des Reichsleiters Martin Bormann vom 11.8.1944 abgedr. in: Deutscher Juristinnenbund (Hrsg.), Juristinnen in Deutschland, Anhang 44.

Die Diskriminierung der Juristinnen auf allen Gebieten juristischer Entfaltungsmöglichkeit geht weit über die bisher erörterten arbeitsmarkt- und bevölkerungspolitischen Aspekte nationalsozialistischer Beschränkung von Frauenarbeit hinaus und läßt sich mit der Notwendigkeit der Schaffung von Arbeitsplätzen für männliche Kollegen oder dem Mutterschaftsgedanken allein nicht mehr begründen. Hier zeigt sich vielmehr das nationalsozialistische Verständnis sowohl von den Fähigkeiten und Einsatzmöglichkeiten der Frauen als auch den dem männlichen Intellekt vorbehaltenen Gebieten.

In zahlreichen Veröffentlichungen über Aufgaben, Charakter und Idealbild des nationalsozialistischen Juristen ist allein von Männern die Rede; Frauen werden überhaupt nicht erwähnt[791]. Für die Ausbildung des Juristen sei u.a. die "Heranbildung deutscher Manncharaktere" zu beachten [792], wobei die "für die Justiz notwendige Festigkeit des Charakters beim richtig erzogenen Mann[793] zu erwarten" sei[794] und ein Volk nur "durch Männer geführt" werden könne[795]. Auch die Ausführungen über den Richter weisen diese Tendenz auf: "Unser Richterideal ist der Mann[796], der mit dem Volk fest verwurzelt ist"[797] und: es leuchtet ein, daß das "Arbeiten des Richters

---

791. vgl. statt vieler Freisler DJ 33, 382 ff m.w.N.

792. Freisler DJ 33, 462 f, 463.

793. Hervorhebung: d.Verf.

794. Freisler DJ 33, 468 ff, 470.

795. Freisler DJ 33, 468 ff, 469.

796. Hervorhebung: d.Verf.

797. Göring DJ 35, 536 ff, 538.

eine gewaltige Aufgabe ist, und daß daher das Zielbild des Nationalsozialismus vom Richter das eines wahrhaft königlichen Mannes[798] sein muß"[799].

Hitler selbst hat auf einer Parteitagsrede 1936 das Bild der Juristin auf die Gegenüberstellung mit der kinderreichen Mutter beschränkt: "Wenn heute eine weibliche Juristin noch so viel leistet und nebenan wohnt eine Mutter mit fünf, sechs, sieben Kindern, die alle gesund und gut erzogen sind, dann möchte ich sagen: Vom Standpunkt des ewigen Wertes unseres Volkes hat die Frau, die Kinder bekommen und erzogen hat, und die unserem Volk damit das Leben in die Zukunft wiedergeschenkt hat, mehr geleistet, mehr getan!"[800]

Der eigentliche Kern der Ausschaltung der Juristin dürfte aber nicht in der von Hitler propagierten bevölkerungspolitischen Komponente liegen, sondern - wie in den übrigen Zitaten anklingt - in einem anderen Bereich zu suchen sein. Was von anderen nur angedeutet wird, spricht Landgerichtspräsident Diedrich in seinem Aufsatz "Der Beruf der Frau zur Rechtssprechung"[801] deutlich aus: "... die Hereinnahme der Frauen in die Gerichtsbarkeit bedeutete ein schweres Unrecht gegen den Mann wie gegen die Frau selbst. Das Unrecht wider den Mann gipfelt

---

798. im Original gesperrt gedruckt.

799. Freisler DJ 35, 1160 ff.

800. Hitler DJ 36, 1385 ff, 1391.

801. Diedrich DJ 33, 1255 ff.

in den altgeheiligten Grundsatz der Männlichkeit des Staates"[802]. Auf die Darstellung der historischen Hegemonialstellung des Mannes und der Mütterlichkeit der Frau folgen Ausführungen zur geistigen und körperlichen Eignung der Frau zum "Beruf der Rechtsprechung". "Die Natur hat den Mann bei den Eigenschaften des Verstandes und des Willens bevorzugt, das Weib dagegen mit der ganzen Blütenpracht eines reichen und wunderbaren Gemüts- und Gefühlslebens überschüttet. Das entspricht auch der natürlichen Bestimmung der beiden Geschlechter .... Daß Rechtsgefühl und logischer Sinn den Frauen vielfach abgehen, lehrt eine uralte Erfahrung. Das streng folgerichtige Denken ist den meisten Frauen nicht gegeben, gerade weil ihr Geist sprühender, aber darum auch flatterhafter ist als der des Mannes."[803] Darüberhinaus geraten die Frauen "abgesehen von Schwangerschaft und Wochenbett von Zeit zu Zeit in einen Zustand, der sie manchmal zu Geistes- und Willenshandlung nahezu unfähig machen kann."[804]

Um die Justiz von diesen weiblichen Unzulänglichkeiten freizumachen und "der deutschen Frau ihre schönste Tugend, die echte holde Weiblichkeit"[805] zurückzugeben, schlug Diedrich vor, die Frauen aus dem Rechtswesen zu entfernen[806].

---

802. Diedrich DJ 33, 1255 ff, 1255.

803. Diedrich DJ 33, 1256.

804. Diedrich DJ 33, 1257.

805. Diedrich DJ 33, 1258.

806. vgl. in abgeschwächter Form: Frank JW 37, 1619. Reichsminister Frank sprach vor einer Studentinnengruppe über die Stellung der Frau im Rechtswahrerberuf und führte aus, es sei zwar die natürlichste Aufgabe der Frau innerhalb der Volksgemeinschaft, Mutter und Hüterin des deutschen Familienlebens zu sein. Dies solle aber nicht die gänzliche Entfernung

Dabei sei bzgl. der schon berufstätigen Juristinnen[807] ein schrittweiser Abbau erforderlich, um unzumutbare Härten zu vermeiden. Die völlige "Ausschaltung der Frauen aus dem Rechtswesen" sei aber das endgültige Ziel. "Sie (die Frauen - d. Verf.) müßten sich damit trösten, daß sie Opfer einer Zeitwende sind."[808]

Überlegungen - männlicher - Autoren zur geistigen und körperlichen Eignung der Frau zu bestimmten, gerade logisches Denken voraussetzenden Tätigkeiten, sind vor und nach der Zeit des Nationalsozialismus in Deutschland und in aller Welt angestellt worden, können also nicht ohne weiteres als nationalsozialistische Besonderheit charakterisiert werden. Die Schärfe und Deutlichkeit der Formulierung und die Forderung, baldmöglichst praktische Konsequenzen zu ziehen und Frauen aus der Justiz gänzlich zu verdrängen, bleiben im 20. Jahrhundert in Deutschland Eigenarten der Nationalsozialisten.

Gerade am Beispiel der Juristinnen wird die nationalsozialistische Tendenz, Frauen von sog. gehobenen Tätigkeiten fernzuhalten [809], deut-

---

aus den Tätigkeitsbereichen bedeuten, in denen die Frau wertvolle Dienste für das Volksganze leisten könne. Als Rechtswahrerin könne die Frau viele Aufgaben - besonders (Hervorhebung von d. Verf.) rechtsbetreuender und fürsorglicher - Art "erschließen". Die gewählte Formulierung "...Aufgaben erschließen " weist daraufhin, daß in den klassischen juristischen Berufen auch Frank keinen Platz für Frauen sah.

807. dieser Begriff wird von Diedrich konsequenterweise nicht benutzt.

808. Diedrich DJ 33, 1259.

809. Reichenau, Frauenarbeit im Dritten Reich in: Die Frau in der Gesellschaft S. 346 ff, 368.

lich. Anders als in anderen Bereichen war[810] die Anzahl der Arbeitsplätze in leitenden Positionen, für die eine qualifizierte Ausbildung erforderlich ist, relativ gering, so daß eine tatsächliche Notwendigkeit, Frauen zu beschäftigen - wie z. B. bei Industriearbeiterinnen - nicht bestand. Insoweit stellte sich die Frage einer vorübergehenden arbeitsmarktbedingten Beschäftigung der Frauen zumindest vor dem Krieg nicht; das propagierte Fernziel, die Frauen gänzlich von der Berufstätigkeit zu "befreien", war also leichter durchsetzbar.

Dies als einzigen Grund für die "Sonderbehandlung" von Frauen in gehobenen Positionen darzustellen, wäre sicherlich verfehlt. Vielmehr dürfte das nationalsozialistische Verständnis von der Rollenverteilung zwischen den Geschlechtern und der Aufgabe der Frau als Mutter den Ausschlag gegeben haben.

---

810. und ist.

Übergreifende Auswertung der Gemeinsamkeiten des Familien-, Erb- und Arbeitsrechts im Dritten Reich

Die vorangegangenen Untersuchungen haben nach Rechtsgebieten aufgeteilt die Stellung der Frau im Recht des Nationalsozialismus aufzeigen sollen. Sowohl im Familien- und Erb- als auch im Arbeitsrecht sind nationalsozialistische Strömungen und Tendenzen aufgefallen, die sich zum Teil in allen drei Rechtsgebieten wiederfinden und Rückschlüsse auf die rechtliche Sonderbehandlung der Frauen von 1933 bis 1945 zulassen.

Um die rechtlichen frauenbezogenen nationalsozialistischen Besonderheiten über deren Vorhandensein in den behandelten Bereichen hinaus in einen Gesamtzusammenhang zu stellen, sollen im folgenden möglicherweise bestehende Gemeinsamkeiten untersucht und damit die eingangs gestellte Frage, ob das Recht des Nationalsozialismus frauenfreundlich oder frauenverachtend war, im wesentlichen für den Bereich des Zivilrechts beantwortet werden.
Anhaltspunkte hierfür bieten die in den drei Rechtsgebieten am häufigsten auftretenden Gesichtspunkte, so daß diese die Grundlage für die Auswertung bilden sollen. Da straf- und öffentlichrechtliche Aspekte nur am Rande Gegenstand dieser Arbeit sind, müssen diese Gebiete bei einer zusammenfassenden Auswertung außer Betracht bleiben. Aus den folgenden Erörterungen soll deshalb nicht der Eindruck entstehen, das Recht des Nationalsozialismus sei umfassend einbezogen. Vielmehr soll die überwiegende Beschränkung auf zivilrechtliche Aspekte des Familien-, Erb- und Arbeitsrechts deutlich bleiben.

Die frauenbezogene Ausrichtung dieser Arbeit gebietet eine Hintanstellung rassischer und engenischer Momente. Im Familien-, Erb- und Arbeitsrecht waren insoweit keine geschlechtsspezifischen Unterschiede feststellbar, auf die jedoch im Hinblick auf das Thema der Arbeit das Hauptaugenmerk gerichtet sein mußte. Das darf indes nicht dazu führen, die Rassepolitik im Dritten Reich außer Betracht zu lassen. Die Diskriminierung und Verfolgung von Nicht-Arierinnen hat sich vielmehr auch im Zivilrecht - respektive Familien-, Erb- und Arbeitsrecht - von 1933 bis 1945 niedergeschlagen. Erinnert sei nur an das Blutschutz- und Erbgesundheitsgesetz[811], das Eheverbot zwischen Juden und Ariern[812], die Erbunwürdigkeit von Juden, Beschäftigungs- und Einstellungsverbote und Kündigungsgründe aus rassischen Erwägungen.

Beispiele ließen sich weitgefächert anhand entsprechender Gesetzgebung, Rechtsprechung und Literatur anführen. Eine detaillierte Darstellung und Interpretation dieser Problematik würde den Rahmen der Arbeit sprengen und soll daher nicht erfolgen - wobei diese Aussparung kein Anhaltspunkt gegen die herausragende Bedeutung der Rassepolitik im Recht des Nationalsozialismus sein soll und darf.

B Bevölkerungspolitik

Bevölkerungspolitische Aspekte ziehen sich wie ein roter Faden durch das Recht des Nationalso-

---

811. s. 1. Kap. § 3 C II u. III.

812. s. 1. Kap. § 3 C III.

zialismus. Rückläufige Geburtenzahlen standen den imperialistischen Expansionsbestrebungen des nationalsozialistischen Regimes entgegen. Um die politischen, wirtschaftlichen und nicht zuletzt militärischen Pläne verwirklichen zu können und genügend Menschen "nordischer Rasse" zur Besiedelung des Ostraumes nach dessen Eroberung zur Verfügung zu haben, war die Steigerung der Geburtenrate ein wichtiges Ziel[813]. Biologische Gegebenheiten führten in diesem Zusammenhang dazu, daß Gesetzgebung, Rechtsprechung und Politik, die eine erhöhte Geburtenrate bezweckten, Frauen in ihrem Lebensinhalt betrafen; naturgemäß unterscheiden sich Lebensrhythmus, -wandel und -aufgabe der kinderlosen Frauen von dem der Mütter im familiären, beruflichen und gesellschaftlichen Bereich von Grund auf.

Die bevölkerungspolitische Ausrichtung tritt auf dem Gebiet des Familienrechts besonders deutlich zutage. Propaganda darüberhinaus sollte die Mutterrolle aufwerten, unterstützt von gesetzlichen Maßnahmen wie der Verleihung des Mutterkreuzes[814]. Finanzielle Zuwendungen durch Steuerbeihilfen sollten die Familiengründung und Zeugung von Nachkommen erleichtern bzw. in die Wege leiten. Derartige Instrumente sind zwar auch heute noch zum Teil vorhanden, im Zusammenhang mit der Schärfe der Propaganda und der Betonung des Interesses des Volksganzen an der Geburt zahlreicher Kinder zeigt sich aber der nationalsozialistische Charakter ihres Einsatzes, Überlegungen, wegen der kriegsbedingten Ausfälle pro Mann zwei Frauen zuzulassen, verstärken diesen Eindruck[815].

---

813. s. 1. Kap. §§ 1 u. 2.

814. s. 1. Kap. § 2.

815. s. 1. Kap. § 1 a. E.

Die nationalsozialistische Definition der Ehe als Grundlage des völkischen Lebens und der Erzeugung von Nachkommen[816], die Gesetzgebung und die in den meisten Fällen ihr vorangegangene Rechtsprechung zum Eherecht tragen deutlich bevölkerungspolitische Züge. Insbesondere im Bereich der Eheaufhebung, Ehescheidung und des daraus resultierenden Unterhaltsanspruchs ist häufig zu Lasten der "alten" Ehefrau entschieden worden, wenn der Partner die Möglichkeit hatte, mit einer anderen Frau mehr Kinder zu zeugen[817]. Ein Schutz der Frauen stand dabei weit im Hintergrund.

Im Bereich des Scheidungsrechts werden die bevölkerungspolitischen Intentionen des nationalsozialistischen Gesetzgebers und der ebenfalls in diese Richtung tendierenden Rechtsprechung besonders deutlich. So stellte u.a. die Verweigerung der Fortpflanzung ohne wichtigen Grund einen Scheidungsgrund dar[818] mit der Begrüdung, wer Kinder verweigere, negiere die Ehe im nationalsozialistischen Sinn[819] und handele jeglicher Bevölkerungspolitik zuwider[820]. Auch die vorzeitige Unfruchtbarkeit eines Ehegatten sollte das Scheidungsverlangen des fruchtbaren Partners rechtfertigen[821]. Bei zerrütteter Ehe gewährte

816. s. 1. Kap. § 1.

817. vgl. insbesondere Rechtsprechung zu § 55 II EheG 38 1. Kap. § 3 H 5) b); FN 299, 302/303, 307, 336.

818. s. 2. Kap. insbesondere § 5 C u. § 7 E.

819. vgl. 1. Kap. § 3 H I 2).

820. vgl. FN 201 u. 202.

821. vgl. Urteil des LG Rudolstadt JW 37, 1308 ff, FN 210.

§ 55 EheG 38 einen Scheidungsgrund, wobei dem beklagten Ehegatten ein Widerspruchsrecht zustand[822]. Im Rahmen dieses Widerspruchsrechts standen bevölkerungspolitische Aspekte wiederum im Vordergrund[823]. Waren aus der von dem Ehemann angestrebten neuen Verbindung Kinder zu erwarten, wurde die Ehe in den meisten Fällen geschieden, ohne daß die Interessen der beklagten Ehefrau Beachtung fanden. Vielmehr setzte sich die Rechtsprechung z.T. über die von den Frauen geäußerten Wünsche und Bedenken hinweg und bestimmte die Interessenlage der Frauen von sich aus, indem z.B. festgestellt wurde, die Lösung der Ehe könne der Frau förderlich sein[824].

Auch das Scheidungsfolgerecht - insbesondere der Unterhaltsanspruch - war weitgehend geprägt von bevölkerungspolitischen Zielen. Mit § 66 EheG 38 wurde für die in den meisten Fällen als Unterhaltsberechtigte in Frage kommende Ehefrau eine grundsätzliche Arbeitspflicht normiert[825] und damit u.a. die bevölkerungspolitische Intention verfolgt, daß die geschiedenen Ehegatten sich leichter für eine neue Ehe sollten entschließen können: der Mann, weil er keinen Unterhalt zu

---

822. vgl. 1. Kap. § 3 H II 3).

823. Da die veröffentlichten Entscheidungen, die eine Scheidungsklage nach § 55 EheG 38 zum Inhalt hatten, - soweit ersichtlich - auf von Ehemännern eingereichte Klagen zurückgingen, ist der Widerspruch von Frauen eingelegt worden. Die Gründe, wegen derer ein Widerspruch für beachtlich oder unbeachtlich (vgl. dazu Auflistung in FN 282) gehalten wurde, betrafen daher die Ehefrauen.

824. vgl. dazu im einzelnen 1. Kap. § 3 H II 5) b).

825. vgl. Ausführungen bei FN 296 ff, in denen dieser Gesichtspunkt im Hinblick auf bevölkerungspolitische "Volksinteressen" vertieft wird.

zahlen hatte, und die Frau, um durch eine neue Ehe einer ansonsten notwendigen Erwerbstätigkeit zu entgehen[826].

Im Bereich des Erbrechts erfolgte eine derartig gezielte bevölkerungspolitische Ausrichtung nicht. Anreize zur Zeugung von Kindern enthielt das bäuerliche Erbrecht, auf das sich die nationalsozialistischen Neuerungen beschränkten, nicht[827]. Es blieb bei Appellen an die Frauen, sich mit der Notwendigkeit der agnatischen Erbfolge abzufinden und im Interesse des Volkes möglichst viele Kinder in diesen Rechtszustand hineinzugebären.
Das Arbeitsschutzrecht enthielt dagegen wiederum bevölkerungspolitische Aspekte, die sich insbesondere in Gesetzen und Verordnungen niederschlugen, die den Schutz der Gesundheit und der Gebärfähigkeit der Frauen zum Ziel hatten[828]. So wurden umfangreiche Arbeitsregelungen getroffen, in denen vorwiegend die Rücksichtnahme auf die körperlichen Fähigkeiten einer Frau Ausdruck fand - allerdings mit dem Ziel, die Gesundheit und damit die Gebärfähigkeit der Frauen zu erhalten[829]. Auch die zwischen 1933 und 1945 erlassenen Beschäftigungsverbote in bestimmten die Gesundheit gefährdenden Berufen und Arbeitsbereichen betrafen Tätigkeiten, die nahezu ausnahmslos die Gebärfähigkeit der Frauen oder die Entwicklung der Leibesfrucht beeinträchtigen konnten[830]. Sogar während des Krieges wurde eine

826. s. 1. Kap. § 3 J II 1) c); FN 403.

827. vgl. FN 411.

828. Die zeigte sich insbesondere bei Arbeitszeitregelungen und Beschäftigungsverboten s. 3. Kap. § 9 A u. B.

829. vgl. 3. Kap. § 9 A.

830. z.B. Tragen schwerer Lasten, Arbeiten mit Chemikalien etc.; vgl. Tabelle 3. Kap. § 9 B I und Ausführungen dazu im 3. Kap. § 9 B II.

Tagung über den Arbeitsschutz der Frauen abgehalten, die die Ziele der Bevölkerungspolitik betonte[831]. Im selben Sinne wurde in der Präambel zum Mutterschutzgesetz von 1942 eine Pflicht zur Mutterschaft proklamiert[832].

Hinter diesen bevölkerungspolitischen Interessen hatten die Belange der Frau zurückzustehen. Daß Frauen von den bevölkerungspolitischen Intentionen des nationalsozialistischen Regimes stärker betroffen waren als Männer, liegt in der Natur der Sache.

Es stellt sich die Frage, ob diese bevölkerungspolitische Ausrichtung von Rechtsprechung und Gesetzgebung eine frauenfeindliche Tendenz des nationalsozialistischen Systems beinhaltet und zum Ausdruck bringt.

Die Bevölkerungspolitik mit dem erklärten Fernziel, Frauen ganz aus dem Arbeitsprozeß zu entfernen und "in den Schoß der Familie"[833] zurückzuführen, damit möglichst viele Kinder aus den Ehen hervorgehen konnten, reduziert die Daseinsberechtigung einer Frau auf die Mutterrolle. Eine anderweitige Entfaltung der weiblichen Persönlichkeit wird dadurch ausgeschlossen. Die Geringschätzung, die der Frau im Dritten Reich begegnete, drückt sich jedoch nicht in der ihr allein zugedachten Mutterrolle aus. Für ihre Mutterschaft wurde die Frau in hohem Maße gelobt und belobigt[834]. Die frauenfeindliche Tendenz im

---

831. vgl. Ausführungen im Text bei FN 678.

832. s. 3. Kap. § 9 c.

833. s. 3. Kap. § 9 c.

834. z.B. mit dem Mutterkreuz.

nationalsozialistischen Regime wird im Bereich der Bevölkerungspolitik vielmehr an der Ausschließlichkeit der der Frau zugedachten Rolle und nicht zuletzt an der Art und Weise, mit der die Frauen in die Mutterrolle gedrängt bzw. gezwungen werden sollten, deutlich.

Diese Feststellung darf allerdings nicht ohne Hinweis darauf erfolgen, daß auch von dem Mann bedingungsloser Einsatz für Volk und Vaterland - insbesondere als Soldat - gefordert wurde. Insoweit stellt sich die Frage, ob nicht auch der Mann zum Werkzeug der Interessen des Regimes - propagiert als die Interessen "des Volkes" - gemacht wurde. Das hätte zur Konsequenz, nicht von einer frauenfeindlichen oder -verachtenden Politik, Rechtsprechung und Gesetzgebung sprechen zu können, sondern von einer allgemein menschenverachtenden, die Interessen des einzelnen völlig unberücksichtigt lassenden.

Die vorangegangenen Überlegungen bieten den Anknüpfungspunkt dafür, zu prüfen, inwieweit die Verpflichtung zur Mutterschaft und zum Soldatentum wirklich gleichgestellt werden kann. Bedeutung und Stellenwert der Mutter in Relation zum Soldaten wurden einmal so ausgedrückt: "Die deutsche kinderreiche Mutter soll den gleichen Ehrenplatz in der Volksgemeinschaft haben wie der Frontsoldat, denn ihr Einsatz von Leib und Leben für Volk und Vaterland war der gleiche wie der der Frontsoldaten im Donner der Schlachten"[835]. Die darin verankerte gesellschaftliche und moralische Gleichstellung beider "Leistungen" sagt indes nichts über die Auswirkungen auf

---

835. Zitat s. FN 99; 1. Kap. § 2 E.

 die Betroffenen aus.

Hat der Soldat im Krieg Arbeitskraft, Körper und Leben voll einzubringen, so handelt es sich hierbei um einen prinzipiell zeitlich begrenzten Einsatz. Darüber hinaus sind und waren auch Frauen durch die kriegsbedingten Ausfälle und Mißstände stark betroffen. Insbesondere das Moment der zeitlichen Begrenzung kommt für die Aufgabe als Mutter nicht in dem Maße in Betracht wie für den Soldaten. Selbst wenn man von einer frühen Selbständigkeit der Kinder ausgeht, ist bei den angestrebten zahlreichen Nachkommen ein Zeitraum von 15-20 Jahren, in der die Mutter zur Verfügung stehen soll, leicht erreicht. Schon daraus ergibt sich die grundsätzliche Diskrepanz zwischen Mutter und Soldat: während die Mutter quasi eine "Lebensstellung" hat, hofft der Mann, als Soldat eine möglichst kurze Zeit zu verbringen. Die geplante Lebensstellung der Frau als Mutter wird verdeutlicht durch das nationalsozialistische Fernziel, Frauen nur noch Mutter sein zu lassen und von der außerhäuslichen Arbeit gänzlich fernzuhalten.

Insoweit scheint die Situation Mutter/Soldat nicht auf eine Stufe zu stellen zu sein, so daß die Reduzierung der Frau auf die Mutterrolle eine zu Lasten der Frauen einschneidende Maßnahme bleibt. Die Intention des nationalsozialistischen Regimes, der Frau keine Wahl zu lassen und ihr die Mutterschaft geradezu aufzuoktroyieren, weist daher eher die Tendenz einer die Frauen verachtenden Ideologie auf.

C Arbeitsmarkt- und Sozialpolitik

Die Arbeitsmarktpolitik im Dritten Reich ist - wie nahezu unter allen politischen Systemen - nicht zu trennen von der jeweiligen Wirtschafts-

lage. Hält man sich jedoch das Fernziel, die Frauen vom Arbeitsmarkt zu entfernen, und die bevölkerungspolitischen Ziele vor Augen, werden die nationalsozialitischen Besonderheiten der arbeitsmarkt- und sozialpolitisch orientierten Rechtsprechung und Gesetzgebung deutlich.
An der Ausgestaltung und Fortentwicklung des Ehestandsdarlehens[836] läßt sich z.B. die Tendenz aufzeigen, Frauen dann und dort einzusetzen, wo gerade Bedarf war. Zu Zeiten der Arbeitslosigkeit war die Vergabe von Ehestandsdarlehen an die Aufgabe der Berufstätigkeit seitens der Frau geknüpft, während dieses Erfordernis bei Erreichen der Vollbeschäftigung, als also die Industrie auf die Frau als billige Arbeitskraft nicht verzichten wollte, wegfiel. Lückenfüllerpositionen wurden den Frauen vermehrt auch im Krieg zugeschoben.

Neben dieser bedarfsgesteuerten Einsatzmöglichkeit der Frau spielten im Bereich des Familienrechts auch Unterhaltsfragen bei Scheidungen eine Rolle, wenn es um die Erwerbstätigkeit der Frau ging. Hier stand die bevölkerungspolitische Intention, dem Mann mit einer anderen Frau ohne Belastung durch Unterhaltspflichten die Zeugung und Ernährung von Kindern zu ermöglichen bzw. zu erleichtern und u.U. die unterhaltsberechtigte Frau zu einer neuen, fruchtbaren Ehe zu bewegen, über jeder arbeitsmarktpolitischen Erwägung[837]. Unabhängig davon, ob der Arbeitsmarkt Frauen brauchte oder aufnehmen konnte, wurde zugunsten der bevölkerungspolitischen Perspektive der Ar-

836. s. 1. Kap. § 2 B.

837. vgl. FN 817.

beitseinsatz der geschiedenen Frau verlangt[838]. Mit § 66 EheG 38 bzw. dessen Auslegung und Anwendung im nationalsozialistischen Sinne wurde eine grundsätzliche Pflicht zur außerhäuslichen Erwerbstätigkeit normiert und der Frau insoweit eine Unterhaltsberechtigung abgesprochen[839].
Die Belange der Frau fanden auch in diesem Bereich wenig Berücksichtigung.
Ohne Rücksicht auf den tatsächlichen Bedarf wurden Frauen von den sog. höheren Berufen ferngehalten[840]. Insoweit scheinen arbeitsmarktpolitische Überlegungen nicht Platz gegriffen zu haben. Vielmehr eigneten sich Frauen nach nationalsozialistischer Auffassung nicht für gehobene Tätigkeiten, da es Frauen an der Fähigkeit zum abstrakten Denken und Beobachten und insoweit an Intelligenz mangele. Frauen seien eher für monotone Tätigkeiten wie Fließbandarbeiten[841] geeignet. Im Bereich der Arbeitsmarktpolitik sind Frauen gegenüber männlichen Arbeitnehmern diskriminiert worden, indem sie nur je nach Bedarf und öffentlichem bzw. ideologischem Interesse auf dem Arbeitsmarkt erwünscht und zugelassen waren.

D Geschlechtsspezifische Fähigkeiten und Einsatzmöglichkeiten

In allen drei behandelten Rechtsgebieten klingt die Einstellung an, Frauen seien zu bestimmten Handlungen und Tätigkeiten weniger gut als Männer oder gar überhaupt nicht geeignet.

Im Familienrecht wurde dabei die weiteste Zu-

---

838. s. 1. Kap. § 3 J II c.

839. vgl. FN 403 und dazu Ausführungen im Text.

840. s. 3. Kap. § 11 B I.

841. vgl. Zitat FN 748, 3. Kap. § 11 B I.

rückhaltung geübt, indem lediglich der vor 1933 bestehende Rechtszustand des gesetzlichen Güterstandes der Nutznießung und Verwaltung, der dem Mann in weiten Teilen Entscheidungsbefugnis zubilligte, aufrecht erhalten wurde. Es standen sogar Überlegungen im Raum, die Rechtstellung der Ehefrau zu verbessern - dies allerdings nicht ohne Hinweis darauf, daß dann mehr Frauen sich zur Ehe entschließen könnten, was bevölkerungspolitisch zu begrüßen sei[842].

Die rechtlichen Beeinträchtigungen der Frauen im bäuerlichen Erbrecht, die sich insbesondere auf den Verlust der Anerbenstellung und die "enteignungsgleiche" Vererbung des Anteils der Frau am Hof auf den Anerben zu deren Lebzeiten beziehen, haben primär nicht eine Diskriminierung der Frauen wegen ihrer mangelnden Fähigkeit, einen Hof zu führen, zum Ziel gehabt. Es sollte vielmehr die agnatische Erbfolge und damit der Verbleib des Hofes in der Sippe gewährleistet sein. Mittelbar mußte diese Gesetzgebung auf die betroffenen Frauen, aber gerade den Eindruck erwecken, als werde ihnen die Fähigkeit, einen Hof zu bewirtschaften, abgesprochen[843]. Inwieweit diese Vorstellung die erbhofrechtlichen Regelungen und insbesondere die agnatische Erbfolge getragen hat, ist nicht nachprüfbar.

Im Bereich des Arbeitsrechts wurde die nationalsozialistische Beurteilung der Fähigkeiten von Frauen dagegen überdeutlich. Zum einen fehle den Frauen jedes technische Denkvermögen, zum anderen seien sie für stupide, monotone Fähigkeiten besonders geeignet. Darüber hinaus wurde

---

842. s. 1. Kap. § 3 B.

843. s. 2. Kap. § 5 A und § 6.

allein ein Einsatz in den "typisch weiblichen" pflegerischen und erzieherischen Berufen befürwortet. Aus den sog. höheren Berufen sollten Frauen möglichst ganz entfernt werden[844].

An diesen Beispielen wird die nationalsozialistische Vorstellung von den geistigen Kapazitäten der Frau im Vergleich zum Mann deutlich. Die ca. seit Beginn des 20. Jahrhunderts zu beobachtende Entwicklung, Frauen nach und nach mehr zuzutrauen und dementsprechend mehr Tätigkeiten zu überlassen, wurde demnach von 1933 bis 1945 gehemmt. Mit der nationalsozialistischen Bewertung der Fähigkeiten der Frau korrespondiert das Ziel, Frauen aus dem außerhäuslichen Arbeitsfeld ganz zu entfernen. Die Geringschätzung der Fähigkeiten und Einsatzmöglichkeiten der Frau dürfte neben den bevölkerungspolitischen Aspekten für dieses Fernziel ursächlich gewesen sein. Die Eignung der Frau als Mutter und Erzieherin möglichst vieler Kinder wurde von dem nationalsozialistischen Regime dagegen hervorgehoben und auf vielfälitige Weise propagandistisch unterstützt. Die bevölkerungspolitische Ausrichtung von Gesetzgebung und Rechtsprechung sollte dieses Ziel fördern. Auch und gerade hieran wird die nationalsozialistische Auffasssung von der geschlechtsspezifischen Einsatzmöglichkeit der Frau deutlich.

E Gemeinwohlgedanke

Die Wahrung der öffentlichen Interessen und der Belange des Volksganzen stand im gesamten Recht des Nationalsozialismus im Vordergrund. Das Interesse einzelner fand daneben nahezu keiner-

---

844. s. 3. Kap. § 11 B I.

lei Berücksichtigung mehr. Im Hinblick auf detaillierte Veröffentlichungen zu diesem Komplex soll hier eine Vertiefung unterbleiben[845].

Letztlich sollte das Rechtssystem nach und nach darauf ausgerichtet werden, die angestrebte wirtschaftliche, politische und militärische Hegemonialstellung des deutschen Volkes zu erreichen und dann zu sichern. Um dieses Ziel zu erreichen, mußten Einzelinteressen außer Betracht bleiben. Diesen Überlegungen haben auch die zahlreichen - insbesondere bevölkerungs- und arbeitsmarktpolitischen - frauenbezogenen rechtlichen Besonderheiten Rechnung getragen. Ohne die beschriebenen Einschränkungen zu Lasten der Frauen und ohne die zumindest moralische Verpflichtung der Frau zur Mutterschaft war die notwendige Steigerung der Geburtenrate nicht zu erreichen und jegliche Expansionsbestrebungen wären auf längere Sicht zum Scheitern verurteilt gewesen. Ähnliches gilt für die arbeitsmarktpolitischen Maßnahmen zur Ankurbelung der Wirtschaft.
Daß Frauen von dem Versuch, diese Ziele zum Wohle des Volksganzen zu erreichen, aufgrund ihrer biologischen Gegebenheiten besonders betroffen waren, ist bereits diskutiert worden[846].

F Ideologie und Recht

Eine exakte Definition der nationalsozialistischen Ideologie zur Stellung der Frau läßt sich zwar - wie bereits eingangs erwähnt[847] - nicht

845. vgl. zum Ganzen Stolleis, Gemeinwohlformeln m.w.N.

846. vgl. z.B. 1. Kap. § 3 H 5) b); dort auch gg).

847. vgl. Einleitung.

treffen. Insbesondere aufgrund der starken bevölkerungspolitischen Ausrichtung des Zivilrechts im Nationalsozialismus wird jedoch deutlich, daß, wenn es überhaupt eine "Frauenideologie" gab, dies eine "Mutterschaftideologie" war[848]. Das Fernziel der Rückführung der Frauen in den Schoß der Familie veranschaulicht dieses neben den zahlreichen bevölkerungspolitisch orientierten Entscheidungen der nationalsozialistischen Gesetzgebung und Rechtsprechung. Die rechtlichen Ausformungen enthielten und bezweckten eine schrittweise Hinführung auf den Endzustand, bei dem die Frau nur noch als Mutter fungieren und eingesetzt werden sollte. Im Hinblick auf den bevölkerungspolitischen Aspekt, den das Rechtssystem des Nationalsozialismus beinhaltete und der insbesondere das Familienrecht weitestgehend prägte, zeigt sich, daß Ideologie und Recht in diesem Punkt korrespondierten und die Ideologie in Rechtsprechung und Gesetzgebung Verwirklichung finden sollte. Die Inhalte des Familien-, Erb- und Arbeitsrechts bekräftigen damit die o.g. These, daß die nationalsozialistische frauenbezogene Ideologie einer "Mutterschaftsideologie" gleichkam.

848. Klinksiek, Die Frau im NS-Staat S. 24 und s. auch Einleitung.

Familienrecht

Das erste Kapitel befaßt sich mit der Frau in der Ehe. Ehe - im nationalsozialistischen Sinne verstanden - sollte die Grundlage des völkischen Lebens und der Erzeugung von Nachkommen sein. Schon in dieser Definition der Ehe wird die Forderung deutlich, die persönlichen Interessen auf den Nutzen für das Volksganze zu reduzieren. Die Intention, Ehe auf das Ziel der Vermehrung auszurichten, gipfelte in den Überlegungen, wegen des kriegsbedingten Überschusses an Frauen für jeden Mann zwei Frauen zuzulassen.
Für eine erfolgreiche Bevölkerungspolitik, deren Voraussetzungen Eheschließung und die daraus erhoffte Geburt möglichst vieler Kinder waren, versuchte das Regime verschiedene Anreize zu geben. Neben der Beeinflussung durch den umfangreichen Propagandaapparat wurden als Anreiz Ehestandsdarlehen, Kinderbeihilfen und Steuerermäßigungen als finanzielle Zuwendungen gewährt. Eine gesellschaftspolitische Aufwertung der Mutterrolle sollte das Mutterkreuz bewirken, das der kinderreichen, "würdigen" Mutter verliehen wurde.

Die mit dieser Politik und Gesetzgebung bezweckte Förderung der Eheschließung und Steigerung der Geburtenrate und Ehen, hat wohl nicht zu dem erhofften Erfolg geführt. Zwar war ein leichter Anstieg der entsprechenden Zahlen zu verzeichnen; ob dessen Ursache aber allein auf die eingesetzten Instrumentarien oder auch auf die verbesserte Konjunktur und sinkende Arbeitslosigkeit zurückzuführen ist, ist nicht nachprüfbar.
Erbgesundheits- und Blutschutzgesetz, die dem Schutz des Nachwuchses und des gesunden deut-

schen Erbgutes dienen sollten, zeigten gleichfalls bevölkerungspolitischen Intentionen des Gesetzgebers. In die selbe gleiche Richtung wiesen Reformgedanken zum ehelichen Güterrecht mit dem Ziel, die Rechtsposition der Frauen zu erweitern, um sie besser in die Ehe integrieren und zur Eheschließung bewegen zu können.

Das Ehegesetz von 1938 traf eine umfassende Neuregelung bzgl. der Ehemündigkeit, -nichtigkeit, -aufhebung, -scheidung und deren Folgen. Das EheG38 war durchzogen von unbestimmten Rechtsbegriffen, die nach nationalsozialistischer Ansicht nur einer Art der Auslegung fähig waren: der nationalsozialistischen. Rechtsprechung und Gesetzgebung zur Eheaufhebung bei Irrtum des Mannes über Rassezugehörigkeit, Krankheit und vorehelichen Geschlechtsverkehr der Frau veranschaulichen das Postulat der nationalsozialistischen Auslegung. Das Reichsgericht hatte bereits vor Inkrafttreten des Ehegesetzes von 1938 unter Anwendung des § 1333 BGB a.F. die Ehe in diesen Irrtumsfällen für anfechtbar erklärt. Die Krankheit der Frau wurde als deren "persönliche Eigenschaft" behandelt, wobei die Anforderungen an die medizinisch einwandfreie Feststellung der Erkrankung der Frau von 1933 an zusehends geringer wurden. War zunächst die Unheilbarkeit einer Krankheit, dann deren größte Sicherheit, später große Wahrscheinlichkeit gefordert, reichte im September 1935 bereits die begründete Besorgnis des Vorliegens einer Krankheit aus. Diese richterliche Rechtsfortbildung erfolgte ohne Ausnahme bei Krankheiten, die die Gebärfähigkeit der Frauen betrafen, eine Fallgruppe, die im EheG 38 dann als Scheidungsgrund aufgenommen wurde.

Im Hinblick auf die bevölkerungspolitische Ausrichtung der Ehe wurden die Scheidungsgründe im

EheG38 deutlich erweitert und z.Teil geschlechtsspezifisch ausgelegt.

Die Scheidung konnte nach § 48 EheG auch der begehren, dessen Ehegatte ohne triftigen Grund die Erzeugung von Nachkommen verweigerte. Wer Kinder ablehnte, negierte nach nationalsozialistischer Vorstellung die Ehe und mußte daher geschieden werden. Schon vor 1938 hatte das Reichsgericht eine Ehe unter Berufung auf § 1568 BGB a.F. geschieden. Dieser sah die Scheidung bei schwerer Verletzung der durch die Ehe begründeten Pflichten vor. Nach Inkrafttreten des Ehegesetzes ging es nicht mehr um die Frage, ob die Scheidung, sondern unter welchen Voraussetzungen die Weigerung der Fortpflanzung gerechtfertigt war. Körperliche Mängel der Frau waren nur dann Grund zur Weigerung, wenn ihr Leben oder ihre Gesundheit durch Schwangerschaft und Geburt erheblich gefährdet waren. Dies genügte aber dann wieder nicht, wenn dieser Mangel operativ behebbar war. Psychologische Motive der Frau waren unbeachtlich; normale Risiken mußten im "Beruf" der Ehefrau und Mutter getragen werden.

War einer der Ehegatten unfruchtbar, stellte dies nach § 1568 BGB a.F. - anders als nach § 53 EheG 38 - nur dann einen Scheidungsgrund dar, wenn die Unfruchtbarkeit selbstverschuldet war. Im Zuge richterlicher Rechtsfortbildung wurde es im Rahmen des § 53 EheG 38 als ausreichend angesehen, daß die Frau aus neurologischen oder psychiatrischen Gründen keine Kinder bekommen konnte.

Völlig neu eingeführt wurde mit § 55 EheG ein verschuldensunabhängiger Scheidungsgrund. Lebten die Ehegatten drei Jahre getrennt, war die Ehe unheilbar zerrüttet und die Wiederherstellung der ehelichen Lebensgemeinschaft nicht zu erwarten, mußte die Ehe auf Antrag eines Ehegatten geschieden werden, wobei die Zerrüttung positiv festgestellt werden mußte. § 55 II EheG 38 gewährte dem beklagten Ehegatten jedoch ein Widerspruchsrecht, wenn der andere die Zerrüttung ganz oder teilweise verschuldet hatte und die Aufrechterhaltung der Ehe sittlich gerechtfertigt war. Die Aufrechterhaltung der Ehe sollte die Ausnahme bleiben. Die Frage, ob die Aufrechterhaltung sittlich gerechtfertigt war, wurde als Einzelfallentscheidung gelöst unter Abwägung der Dauer der Ehe, Gestaltung der Lebensverhältnisse, Alter der Ehegatten, Notwendigkeit der Kindererziehung, bevölkerungspolitischer Belange.

Die veröffentlichten (höchstrichterlichen) Entscheidungen zu § 55 EheG beruhen alle auf von Männern eingereichten Klagen; Widerspruchsführerinnen waren Frauen, deren persönliche Interessen hinter den aufgelisteten Aspekten zurückzustehen hatten. Das persönliche Interesse der Frau wurde zwar erwähnt, war aber nicht entscheidungsrelevant. Allein bzgl. der Kinder erfolgte eine ausdrückliche Rücksichtnahme, was die bevölkerungspolitische Ausrichtung der Rechtsprechung zu § 55 EheG 38 betont.
Den Unterhaltsanspruch nach einer Scheidung regelte § 66 EheG gegenüber § 1578 BGB a.F. grundsätzlich neu. Die wichtigste Änderung bestand darin, daß die Frau eine Erwerbstätigkeit nicht länger im Hinblick auf die ehelichen Lebensverhältnisse verweigern durfte. § 66 EheG 38 normierte eine grundsätzliche Arbeitspflicht der Frau; nur in besonderen Fällen brauchte sie keiner Erwerbstätigkeit nachzugehen. Mit dieser Neuregelung der Unterhaltspflicht wurden bevölkerungspolitische Ziele verfolgt: dem Mann stand seine Unterhalspflicht bei der Eingehung

einer neuen Ehe nicht im Wege; die Frau fand sich u.U. aus finanziellen Gründen eher zu einer neuen Ehe bereit.

Das Ehegattenerbrecht des Bürgerlichen Gesetzbuches blieb in der Zeit des Nationalsozialismus unverändert. Reformgedanken, wonach der überlebende Ehegatte - wegen der Altersstruktur in den meisten Ehen die Frau - lediglich nicht befreiter Vorerbe werden sollte, wurden nicht realisiert.

Das bäuerliche Erbrecht wurde indes umfangreich novelliert. Das Reichserbhofgesetz von 1933 sollte dazu beitragen, das Bauerntum als "Blutquelle des deutschen Volkes" zu erhalten, und den Erbgang des Hofes innerhalb der Sippe gewährleisten. Der Erbhof sollte als Sondererbmasse ungeteilt auf den - männlichen - Anerben übergehen. Nach der Konzeption des § 20 REG waren Ehefrauen und Mütter eines Bauern von der Anerbenstellung augeschlossen. Übergangsweise sollten Töchter des Bauern vor dessen Brüdern und Vater Anerbinnen werden. Bei Vorliegen eines wichtigen Grundes konnte der Bauer seine Tochter mit Zustimmung des Anerbengerichts als Anerbin einsetzen. Weitere Möglichkeiten, die Anerbenfolge des REG durch letztwillige Verfügung z.B. zugunsten seiner Frau zu ändern, blieben dem Bauern nicht; so wurde die agnatische Erbfolge gesichert. Als Entschädigung für den Verlust der Anerbenstellung sahen das REG und dessen Nebengesetze für die Ehefrau ein Altenteil und ein Verwaltungs- und Nutznießungsrecht vor. Beides mußte aber testamentarisch angeordnet werden, was häufig vergessen wurde. Die zeitgenössische Literatur stellte die durch das REG erfolgten Eingriffe in die Rechtsstellung der Frau als sehr gering dar. Im Hinblick auf die Vorteile für ein freies, gesundes Bauerntum müsse die Ehefrau zurückstehen.
Bereits kurz nach Inkrafttreten des REG zeigte

sich in der bäuerlichen Bevölkerung großer Unmut über die Regelungen des REG. Zunächst wurde allein an die Einsichtsfähigkeit der Bauern appelliert; bald folgten aber Verordnungen, die Milderungen zugunsten der Frauen brachten und dem Bauern wieder größere Entscheidungsspielräume bzgl. seiner Nachfolge ließen.

Eine Sonderregelung für Ehegattenerbhöfe, die im Miteigentum von bauernfähigen Ehegatten standen oder Gesamtgut einer ehelichen Gütergemeinschaft waren, erfolgte schon 6 Wochen nach Inkrafttreten des REG. Abweichend vom REG konnten sich die Ehegatten gegenseitig als Anerben einsetzen. Damit konnte auch die Ehefrau Anerbin werden, war aber auf eine positive Verfügung des Mannes angewiesen. Ohne dementsprechende letztwillige Verfügung wurde der Mann nach § 22 EHRV beim Tode der Frau Anerbe. Verstarb der Mann vor der Frau, trat die agnatische Erbfolge des REG in Kraft und der Hof ging noch zu Lebzeiten der Frau auf den Anerben über. Das bedeutete einen entschädigungslosen Verlust ihres Eigentums für die Frau. Daran wird das Ziel, die Frau als Anerbin ausschalten und die agnatische Erbfolge in letzter Konsequenz einführen zu wollen, deutlich.

Im Kriegsverlauf machte sich die Härte der nationalsozialistischen erbhofrechtlichen Regelung besonders bemerkbar, wenn der Bauer gefallen war, die Frau während seiner Abwesenheit den Hof allein bewirtschaftet hatte und in dieser Situation rechtlos gestellt wurde. Dem wachsenden Unmut der bäuerlichen Bevölkerung trug die Erbhofrechtsfortbildungsverordnung vom September 1943 Rechnung. Die Benachteiligung der Frauen wurde weitgehend aufgehoben. Wegen ihrer kurzen Geltungsdauer bis zum Kriegsende hat die EHFV kaum praktische Bedeutung erlangt. Die Schlechterstellung der Frau zugunsten der agnatischen Erbfolge, die der nationalsozialistische Gesetzgeber zuvor nachhaltig durchzusetzen versucht hat, konnte damit nicht mehr kompensiert werden.

Arbeitsrecht

Arbeitsvertrags, Kündigungsschutzrecht und die Rechtsprechung wiesen keine geschlechtsspezifischen nationalsozialistischen Besonderheiten auf. Tatsächlich erfolgte Ungleichbehandlungen im betrieblichen Alltag können nicht umfassend behandelt werden.
Im Bereich des Arbeitsschutzrechtes sind Neuerungen erfolgt. Arbeitszeitregelungen und -beschränkungen, die für Männer erst nach dem ersten Weltkrieg eingeführt wurden, existierten für Frauen bereits seit Ende des 19. Jahrhunderts und wurden langsam fortentwickelt. Kriegsbedingt wurde 1944 die wöchentliche Mindestarbeitszeit für Männer auf 60, für Frauen auf 56 Stunden angehoben. Damit sollte der volle Einsatz der verfügbaren Arbeitskräfte erreicht werden. Während im ersten Weltkrieg alle Schutzvorschriften aufgehoben waren, erfolgte im zweiten Weltkrieg eine differenzierte Regelung zur Erhaltung der Schaffenskraft und Gebärfähigkeit der Frauen. Insoweit wurden bevölkerungspolitische Aspekte in den Vordergrund gestellt.
Beschäftigungsverbote für Frauen sind keine nationalsozialistische Erfindung. Auffallend ist aber die Fülle der gesetzlichen Regelungen von 1933 bis 1945. Dies mag zum Teil Folge der fortschreitenden Technisierung gewesen sein. Fast alle Beschäftigungsverbote, die in dieser Zeit erlassen wurden, betreffen aber Tätigkeiten, die die Gebärfähigkeit der Frauen oder die Entwicklung der Leibesfrucht gefährden können.

An die bevölkerungspolitische Ausrichtung des

Arbeitsschutzrechtes knüpft das Mutterschutzgesetz von 1942 an. In der Präambel wurde der Schutz der Frau gefordert, damit diese der Pflicht der Mutterschaft nachkommen konnte. Das MuSchG sollte den Anfang des Mutterschutzes darstellen. Das Fernziel war die völlige Rückführung der Frauen in ihre Familien.

Die Löhne für Frauen waren (auch) von 1933 bis 1945 erheblich niedriger als die für Männer. Niedrigstlöhne für weibliche Arbeitnehmer veranlaßten viele Arbeitgeber, Frauen zu körperlichen Schwerstarbeiten heranzuziehen. Körperliche Schäden waren die Folge. Ein Lohnausgleich für Frauen ist in Erwägung gezogen, aber nicht eingeführt worden.

Trotz des Arbeitskräftemangels während des Krieges erfolgte keine allgemeine Dienstverpflichtung für Frauen. Es wurde lediglich Propaganda für den Arbeitseinsatz betrieben. Diese Zurückhaltung zeigt eine erstaunlich frauenfreundliche Tendenz.
Gezielte Propaganda und Gesetzgebung führte dazu, Frauen aus bestimmten Tätigkeitsbereichen ganz zu verdrängen. Die Ausbildung der Mädchen erfolgte bereits im Hinblick auf deren spätere Muterrolle. "Weibliche Berufe" im pflegerischen und erzieherischen Bereich wurden gefördert. In den sog. gehobenen Berufen sollten Frauen nicht mehr bzw. nur noch eingeschränkt tätig sein (als leitende Angestellte, Ärztinnen, Lehrerinnen, Juristinnen). Nur noch 10 % aller Studenten durften Frauen sein, wodurch schon die Ausbildungsmöglichkeit für die vorgenannten Berufe stark reduziert war.
1933 ermöglichte die sog. Doppelverdienerkampagne die Entlassung der Frau, wenn der Mann verdiente. Die Verbeamtung von verheirateten Frauen erfolgte erst mit 35 Jahren. Frauen soll-

ten im öffentlichen Dienst nur solche Stellen erhalten, die nach ihrer Art allein von Frauen besetzt werden konnten. Dies hat besonders Lehrerinnen betroffen.
Erst seit 1922 hatten Frauen die Möglichkeit, die Befähigung zum Richteramt zu erwerben. Nach 1933 wurde ohne gesetzliche Grundlage angeordnet, daß Frauern als Richterinnen und Staatsanwältinnen nicht eingestellt und als Rechtsanwältinnen nicht zugelassen werden durften. Daß die Frau als Juristin mit der nationalsozialistischen Ideologie nicht in Einklang zu bringen sei, wurde deutlich zum Ausdruck gebracht.

Gemeinsame Tendenzen

Eine die drei behandelten Rechtsgebiete übergreifende Analyse zeigt, daß bevölkerungs- und arbeitsmarktpolitische Aspekte zu Lasten der Frauen durchgesetzt wurden. Das Interesse der einzelnen Frau hatte dabei im Hintergrund zu bleiben, wenn öffentliche Belange - das Interesse des Volksganzen - gewahrt schienen. Aufgrund biologischen Eigenarten der Frau ist ihr Recht und ihre Stellung dem Gemeinwohlgedanken untergeordnet gewesen. Dabei zeigt das Fernziel, Frauen ganz vom Arbeitsmarkt zu entfernen und in den Schoß der Familie zurückzuführen, die Reduzierung der Existenzberechtigung der Frau auf die Mutterschaft deutlich. Dieser "Mutterschaftsideologie" hat das Recht im Nationalsozialismus zum größten Teil ohne jede Rücksichtnahme auf die Belange der Frau Vorschub geleistet, um den ideologischen Idealzustand Realität werden zu lassen. Die Rücksichtslosigkeit und Unbedingtheit, mit der die Frauen in die Muterrolle gedrängt werden sollten, läßt das nationalsozialistische Zivilrechtssystem frauenverachtend erscheinen.